CATALOGUE

DES LIVRES

DE LA VILLE D'ANNONAY.

CATALOGUE

DES LIVRES

DE LA SOCIÉTÉ DE LECTURE

ET DE CEUX

DE LA VILLE D'ANNONAY,

PRÉCÉDÉ

D'UN HISTORIQUE DE LA SOCIÉTÉ DE LECTURE, DE SON RÈGLEMENT,
DE LA LISTE DES SOCIÉTAIRES,
ET D'UN AVANT-PROPOS SUR LE CATALOGUE ;

SUIVI

DE LA TABLE ALPHABÉTIQUE DES AUTEURS DONT LES OUVRAGES SONT
COMPRIS DANS CE CATALOGUE.

PAR A. ALLÉON,

Docteur en Médecine et Président de la Société de Lecture.

LYON.

IMPRIMERIE TYPOGRAPHIQUE ET LITHOGRAPHIQUE

DE LOUIS PERRIN,

RUE D'AMBOISE, 6, QUARTIER DES CÉLESTINS.

1835.

HISTORIQUE

DE LA

SOCIÉTÉ DE LECTURE.

—

I.

Au mois de mars 1823, plusieurs membres du Cercle dit *des Jeunes Gens* proposèrent d'établir une cotisation qui serait affectée à l'achat des nouveautés littéraires et politiques. Cette proposition n'obtint pas les suffrages nécessaires pour être réalisée; mais elle devint l'occasion d'une souscription destinée à établir un Cabinet de Lecture à l'usage exclusif des souscripteurs. Ce projet fut saisi avec ardeur par plusieurs personnes, et le zèle que l'on mit à l'exécuter, permit dès lors d'espérer que cette Société naissante pourrait un jour prendre un essor plus étendu, et atteindre un but plus élevé que celui qu'on se proposait pour le moment.

Les fondateurs de la Société, réunis chez M. Camille Seguin, un des plus zélés partisans du projet, désignèrent MM. Vincent Mignot, Julien Mignot, Nicod aîné, Camille Seguin, et le docteur Alléon pour élaborer un réglement, qui fut présenté à la Société et adopté par elle le 23 mars 1823. On le mit en vigueur dès le 6 avril suivant et le Comité administratif pour 1823 fut nommé d'après le mode qu'il prescrivait.

Pendant les premiers temps le docteur Alléon se chargea du soin et du dépôt des livres; mais au mois d'octobre leur nombre s'étant accru rapidement, il devint nécessaire d'avoir une salle pour les contenir. La Société loua un appartement pour cet objet, et accepta les offres généreuses de MM. Colonjon frères, qui voulurent bien prendre la surveillance de tout ce qui concernait la bibliothèque. Au mois de mars 1824, après une année d'existence, ce service devint trop considérable et trop assujétissant pour qu'il fût permis de le confier plus long-temps à la bonne volonté des sociétaires: on créa une place de bibliothécaire à honoraires fixes; depuis lors cette fonction a été constamment rétribuée.

L'expérience d'une année fit reconnaître l'insuffisance du réglement; il fut modifié le 29 février 1824; après une discussion assez longue, la Société l'adopta en assemblée générale tel qu'il fut imprimé à cette époque. L'année suivante, le 2 janvier 1825, la Société y ajouta une disposition qui permit de recevoir des abonnés sous le titre de *membres honoraires* et aux conditions fixées par l'article 27. Le 6 janvier 1826; elle reconnut aux célibataires la faculté de désigner un héritier à la Société de Lecture; cette même année elle s'unit à l'administration municipale, pour former, de concert avec elle, une Bibliothèque publique; ce qui l'obligea à reviser encore son réglement pour le mettre en rapport avec sa nouvelle position. Elle confia ce travail important à son Comité administratif, qui s'en occupa pendant le mois de janvier 1827, et arrêta le réglement tel qu'on le trouvera ci-après. La Société approuva cette rédaction dans son assemblée du 30 décembre 1827, et confirma de nouveau le droit dont elle avait investi son comité.

Le 27 novembre 1824, fut faite la proposition de réunir la bibliothèque de la Société et celle de la Ville. Cette proposition, qui fut adoptée à l'unanimité, imprime à la Société une direction grande, généreuse et libérale : il ne s'agit de rien de moins en effet, que de fonder une bibliothèque publique à l'aide de souscriptions particulières, dont la masse ne pourra jamais être retirée par ceux qui l'auront fournie ou par leurs héritiers. Afin de faire comprendre comment une Société aussi peu nombreuse, puisqu'elle ne comptait alors que cinquante-sept membres, et aussi peu riche, puisqu'elle n'avait que treize cent quarante-un francs de revenu, a pu concevoir et réaliser un projet aussi disproportionné avec ses ressources, il est nécessaire de dire quel concours heureux de circonstances fit naître cette idée, et en favorisa l'accomplissement.

Feu, M. Léorat-Picancel, curé d'Annonay, avait légué par testament ses livres à la ville, avec la condition expresse qu'elle les placerait dans une bibliothèque ouverte au public deux fois par semaine, et qu'elle serait desservie par un bibliothécaire. Honneur à la mémoire d'un si vénérable curé ! que son exemple serve de modèle à ses collègues, et dissipe, d'autre part, les préventions de ceux qui considèrent les prêtres comme ennemis des sciences et des lumières ! L'administration de la ville (1) avait trop bien compris la portée de ce testament, pour ne pas s'empresser d'en remplir les conditions; ses dispositions furent connues de la Société de Lecture, qui se montra jalouse

---

(1) M. Giraud, maire.

de participer à un acte si éminemment libéral et d'y apporter aussi sa part d'influence. Ce fut dans ce but que, le 27 novembre 1824, elle chargea MM. Camille Seguin, le docteur Alléon, l'avocat Desgrand et M. Thoreinc, de se concerter avec la Ville sur tout ce qui serait nécessaire pour opérer cette heureuse association. Il est si rare de rencontrer à la fois et sur un même point la sympathie d'un curé, d'un maire et des administrés, qu'Annonay doit s'estimer heureux d'en fournir un mémorable exemple. Puisse ce concours si précieux se reproduire souvent, et former pour le pays une trinité bienfesante!

La ville de son côté possédait déja un fonds de bibliothèque qui provenait de deux sources différentes : 1° d'un legs fait en 1763, par M. le marquis Fay-Gerlande, et 2° des dépouilles du couvent des Cordeliers et des Récollets.

Le legs de M. de Gerlande avait été fait aux Cordeliers, à la charge d'ouvrir leur bibliothèque au public les dimanches et jours de fête; mais ils le refusèrent, parce qu'ils trouvèrent onéreux de rendre publique leur propre bibliothèque. Cet incident engagea l'administration municipale à accepter le legs pour ce qui la concernait, et donna lieu à un procès entre elle et les Cordeliers. Il fut suivi à Nîmes; le jugement qui intervint au tribunal de cette ville en 1766, reçut la répudiation du legs faite par les Cordeliers, adjugea les livres légués à la ville d'Annonay, et condamna les religieux à tous les dépens de l'instance. Ces livres furent placés dans des tablettes que les consuls firent construire exprès dans la grande salle de l'hôtel de la ville.

Les livres qui se trouvaient aux couvents des Cordeliers et des Récollets lors de la suppression des ordres religieux, furent mis sous le séquestre, et devaient être transférés à Tournon, chef-lieu d'arrondissement. La ville d'Annonay obtint du comité d'Instruction publique un arrêté qui lui maintint la possession des livres; elle dut cet avantage à la protection de notre concitoyen Boissy d'Anglas, alors membre de la Convention Nationale.

Les choses en restèrent là jusqu'au moment où le gouvernement consulaire s'établit et que l'ordre parut renaître ; alors on nomma une commission pour veiller à la conservation de la bibliothèque et pour l'administrer. Cette commission se composait de MM. Desfrançais-Delolme, maire ; Tavernier père, et Barou-Canson, adjoints, MM. Léorat-Picancel, curé d'Annonay; Actori, directeur de l'école Secondaire; Duret, médecin; Desfrançais-Thoreinc, Dayme père, Canson aîné, et L. T. Chomel. Elle déposa les livres de la ville à l'école Secondaire ; placée elle-même dans l'ancien local des Cordeliers, fit un réglement provisoire (brumaire an XII, ou 1802), qui probablement aura été définitif et par lequel elle constituait bibliothécaire le directeur de l'école Secondaire, défendait de laisser sortir aucun livre de la bibliothèque, sous quelque prétexte et à la demande de qui que ce fût, et ouvrait cette bibliothèque au public les jours de dimanche et de fête.

Il résulta de ces dispositions que les livres furent déposés au collége d'Annonay, que le public profita peu ou point de ce dépôt, parce qu'il était composé en général d'ouvrages qui ne sont pas à sa portée, et que la manière de s'en servir était peu commode. Ce premier effort de l'administration municipale en faveur des sciences et des lettres n'obtint pas tout le résultat qu'on eût pu s'en promettre ; ses livres restèrent étrangers à ses administrés, et son institution tomba dans un oubli si grand, que l'on parut apprendre une chose nouvelle lorsque le testament de M. Léorat-Picancel vint réveiller l'idée d'une bibliothèque publique, idée qui fut saisie avec empressement par M. Giraud, maire de la ville, et par la Société de Lecture. Ce fut une même pensée qui présida au travail de la mairie et des commissaires de la Société, lorsqu'ils arrêtèrent leur association aux conditions suivantes :

Le conseil municipal de la ville d'Annonay ayant résolu de réunir dans un seul local les livres que la ville possède, et voulant donner à ce dépôt un but d'utilité publique, a nommé, dans sa séance du 8 mars 1824, une commission pour cet objet.

De son côté, la Société de Lecture désirant coopérer de tous ses moyens à un établissement aussi avantageux, a nommé, dans sa séance du 27 novembre 1824, une commission pour se concerter avec celle du conseil municipal.

L'une et l'autre ayant respectivement fait leur rapport, le maire autorisé par ladite délibération du 8 mai, et les commissaires de la Société de Lecture, par celle du 27 novembre, on arrêta les articles suivants comme base de la réunion :

Article 1er.

La réunion de la Société de Lecture à la Bibliothèque de la Ville n'altère en rien l'organisation primitive de cette société, qui reste administrée comme elle l'a été jusqu'à ce jour par ses réglements particuliers.

Article 2.

Les livres que la Société possède, sont déposés dans le même local que ceux de la ville; il en sera de même pour ceux dont elle fera l'acquisition.

Article 3.

La Bibliothèque est ouverte au public le mardi et le vendredi de chaque semaine, depuis trois jusqu'à six heures; les jours et [heures pourront être changés si le comité le juge convenable.

Article 4.

Les membres de la Société ont le droit d'emporter à domicile les livres de la Bibliothèque, et d'y avoir un libre accès en se conformant, dans l'un et l'autre cas, aux mesures de police intérieure qui règlent l'exercice de ce droit.

Article 5.

Les intérêts généraux de la Bibliothèque sont confiés à un comité, qui se compose de trois membres du conseil municipal, et des trois premiers fonctionnaires de la Société, sous la présidence de M. le Maire.

Article 6.

Le comité indiquera les ouvrages qui doivent être mis à la disposition du public.

Article 7.

La Ville fournit le local nécessaire pour recevoir et conserver les livres de la Bibliothèque.

Article 8.

La Société supportera par moitié avec la Ville les frais, 1° d'un bibliothécaire; 2° d'un concierge, qui sera, de préférence, celui de la Mairie ; 3° de l'éclairage ; 4° du chauffage, et 5° des autres menues dépenses d'entretien matériel.

Article 9.

La Ville et la Société ayant supporté par portion égale les frais de l'établissement, sont copropriétaires des étagères formant corps de bibliothèque et du mobilier, dont inventaire a été dressé.

Article 10.

En cas de dissolution, la Ville sera obligée de garder les étagères ci-dessus, estimées à l'amiable ou par expert. Quant au mobilier, la ville aura la faculté de le conserver aux mêmes conditions, ou de le partager avec la Société.

Article 11.

La Ville et la Société se réservent chacune le droit de dissoudre la réunion après avoir fixé amiablement l'époque de la séparation, qui sera déclarée aussitôt qu'elle aura été arrêtée ; mais il sera accordé à la Société un délai qui ne pourra pas être moins d'un mois, afin d'avoir la faculté d'emporter ses livres.

Fait en double expédition à Annonay, le 30 avril 1826.

Les Commissaires de la Société de Lecture,

Signé : A. ALLÉON, D. M. ; C. SEGUIN ; DESFRANÇAIS-THOREINC ; J. B. DESGRAND.

Le Maire d'Annonay, chevalier de la Légion-d'Honneur,

Signé GIRAUD.

La Société de Lecture, jalouse de donner à ses travaux tout le degré d'utilité dont ils sont susceptibles, décide, dans son assemblée générale du 31 décembre 1826, que l'on prêtera aux établissements d'instruction publique les ouvrages qui pourraient être utiles à l'exercice du professorat; et que les sociétaires auront la faculté de procurer aux étrangers l'accès de la Bibliothèque. Elle vote ensuite, des remercîments à MM. Desfrançais-Thoreinc, Desgrand, avocat, Camille Seguin, Johany Fournat, et docteur Alléon, qui ont bien voulu se charger personnellement de faire transporter les livres de la ville, ainsi que ceux de la Société, à la maison de Ville, rue de Cance, où ils ont été déposés et où ils forment aujourd'hui une bibliothèque d'environ cinq mille volumes.

On retrouve encore une pensée de bien public dans la délibération que la Société prit le 10 mars 1825. Ce fut, en effet, pour reconnaître, d'une manière aussi solennelle que sa position le lui permettait, les services rendus à la Bibliothèque de la ville par M. Boissy d'Anglas, pair de France, et pour donner en même temps à sa faiblesse l'appui et l'autorité d'un nom aussi recommandable, qu'elle lui offrit à cette époque le titre de *président honoraire*, qu'il eut la bonté d'accepter pour encourager de sa personne et de son exemple nos premiers efforts à propager le goût de la lecture et à multiplier les moyens de s'instruire.

En l'année 1831, la Société de Lecture apprend que la Mairie a un pressant besoin d'argent pour la construction d'un Hôtel-de-Ville, où doit figurer une salle très vaste destinée au service de la bibliothèque ; aussitôt elle s'assemble, et, par décision du 4 avril de la même année, elle fait à l'administration municipale un prêt de dix mille francs, sans intérêts, mais remboursables annuellement par cinquième. C'est ainsi qu'elle aime à reconnaître l'appui et la bienveillance qu'elle n'a cessé de rencontrer auprès des autorités locales.

La Société de Lecture a pris rang parmi les institutions publiques de notre ville, par le caractère de générosité et l'esprit d'utilité qui distinguent ses travaux. Fonder une Bibliothèque publique par des souscriptions particulières et sans qu'aucun des sociétaires puisse jamais retirer sa mise; perpétuer l'existence de cette fondation par l'intérêt bien entendu des héritiers à la soutenir; assurer son indépendance par des traités précis avec la Ville; favoriser les établissements d'instruction publique par des dispositions bienveillantes ; ouvrir aux étrangers l'accès de ses richesses, et en dernier lieu avancer des secours à l'administration municipale : tels sont, en effet, les titres qui la recommandent à l'attention publique. Sa prospérité a toujours été croissante depuis son origine ; elle a vu arriver avec empressement dans son sein les citoyens les plus recommandables de la ville, et tout doit faire augurer qu'elle jouira de plus en plus de l'estime et de la considération qu'on ne peut refuser à toute société qui a pour but l'intérêt général, et pour moyens ses propres ressources.

Je joins à l'historique de la Société de Lecture, 1° la *Nomenclature de ses Comités administratifs*, parce que c'est sur les membres qui les composent, que retombe la responsabilité de son administration ; 2° la *Liste des Sociétaires par ordre de réception*, parce qu'ils trouveront ici l'indication de leurs titres de copropriété; 3° la *Liste des Personnes qui ont donné des ouvrages à la Bibliothèque*, parce que c'est une dette de reconnaissance à acquitter, et un bon exemple à offrir au public.

NOMENCLATURE
DES COMITÉS ADMINISTRATIFS
DE LA
SOCIÉTÉ DE LECTURE.

Comité administratif pour l'année 1823.

Président, SEGUIN (Camille).
Vice-Président, ALLÉON, docteur.
Secrétaire, MIGNOT (Pierre).
Trésorier, CHAPUIS (Xavier).
Économe, MIGNOT (Gabriel).
Bibliothécaires, COLONJON frères.

Conseillers.

MIGNOT (Julien).   RAVEL (Siméon).
NICOD aîné.   SEGUIN aîné.

Comité administratif pour l'année 1824.

Président, SEGUIN (Camille).
Vice-Président, ALLÉON, docteur.
Secrétaire, MIGNOT (Pierre).
Trésorier, CHAPUIS (Xavier).
Économe, MIGNOT (Gabriel).
Bibliothécaires, COLONJON aîné, et Auguste.

Conseillers.

DESFRANÇAIS-THOREINC. BLACHIER.
CANSON (John). SEGUIN aîné.
DESGRAND (Pierre). NICOD aîné.

―

Comité administratif pour l'année 1825.

Président, SEGUIN (Camille).
Vice-Président, ALLÉON, docteur.
Sécretaire, MIGNOT (Pierre).
Trésorier, CHAPUIS (Xavier).
Économe, MIGNOT (Gabriel).
Bibliothécaire, COLONJON aîné.

Conseillers.

DESFRANÇAIS-THOREINC. FOURNAT (Johany).
DESGRAND père. SEGUIN aîné.
CANSON (John). TRACOL père.
RAVEL (Siméon).

Comité administratif pour l'année 1826.

Président, SÉGUIN (Camille).
Vice-Président, ALLÉON, docteur.
Secrétaire, MIGNOT (Pierre).
Trésorier, CHAPUIS (Xavier).
Économe, MIGNOT (Gabriel).
Bibliothécaire, COLONJON aîné.

Conseillers.

DESFRANÇAIS-THOREINC.	DESGRAND père.
CANSON (John).	ALLÉON aîné.
FOURNAT (Johany).	RAVEL (Siméon).
TRACOL père.	

—

Comité administratif pour l'année 1827.

Président, ALLÉON, docteur.
Vice-Président, D'AYME père.
Secrétaire, MIGNOT (Pierre).
Trésorier, CHAPUIS (Xavier).
Économe, MIGNOT (Gabriel).
Bibliothécaire, COLONJON aîné.

Conseillers.

DESFRANÇAIS-THOREINC.	RAVEL (Siméon).
TRACOL père.	FOURNAT (Johany).
LIOUD.	CANSON (John).
TAVERNIER.	

Comité administratif pour l'année 1828.

Président, ALLÉON, docteur.
Vice-Président, D'AYME père.
Secrétaire, MIGNOT (Pierre).
Trésorier, CHAPUIS (Xavier).
Économe, MIGNOT (Gabriel).
Bibliothécaire, COLONJON aîné.

Conseillers.

DESFRANÇAIS-THOREINC. RAVEL (Siméon).
TRACOL père. FOURNAT (Johany).
LIOUD. CANSON (John).
TAVERNIER.

—

Comité administratif pour l'année 1829.

Président, ALLÉON, docteur.
Vice-Président, D'AYME père.
Secrétaire, MIGNOT (Pierre).
Trésorier, LIOUD.
Économe, MIGNOT (Gabriel).
Bibliothécaire, COLONJON aîné.

Conseillers.

DESFRANÇAIS-THOREINC. FOURNAT (Johany).
TRACOL père. CANSON (John).
TAVERNIER. DESGRAND, docteur.
RAVEL (Siméon).

Comité administratif pour l'année 1830.

Président,	ALLÉON, docteur.
Vice-Président,	CANSON (John).
Secrétaire,	MIGNOT (Pierre).
Trésorier,	LIOUD.
Économe,	MIGNOT (Gabriel).
Bibliothécaire,	COLONJON aîné.

Conseillers.

DESFRANÇAIS-THOREINC.	RAVEL (Siméon).
TAVERNIER.	LOMBARD (J. J.)
DESGRAND, docteur.	SEGUIN (Camille).
FOURNAT (Johany).	

Comité administratif pour l'année 1831.

Président,	ALLÉON, docteur.
Vice-Président,	CANSON (John).
Secrétaire,	MIGNOT (Pierre).
Trésorier,	LIOUD.
Économe,	MIGNOT (Gabriel).
Bibliothécaire,	COLONJON aîné.

Conseillers.

DESFRANÇAIS-THOREINC.	TAVERNIER.
DESGRAND, docteur.	FOURNAT (Johany).
CHOMEL, d'Olivet.	ALLÉON (Henri).
LOMBARD (J. J.).	

MEMBRES

DE LA

SOCIÉTÉ DE LECTURE.

✻

Fondation de la Société en avril et mars 1823.

MESSIEURS,
ALLÉON, docteur.
ALLÉON (Henri).
CHAPUIS (Dextret), a cédé ses droits à son gendre.
CHAPUIS (Charles).
CHAPUIS (Xavier).
CLOZEL (Marcelin).
DURET (Laurent).
GALEY (Sylvain), décédé le 12 octobre 1828.
JOHANOT aîné.
JOHANOT (Ferdinand).
LÉORAT (M.)
MIGNOT (Siméon).
MIGNOT (Vincent).

MESSIEURS,
MIGNOT (Pierre).
MIGNOT (Julien).
MIGNOT (Gabriel).
MITIFIOT, absent de la ville.
MOURETON (Henri).
MOURETON (Pierre).
NICOD aîné, décédé le 22 mai 1831.
PEIRON (Benjamin).
RAVEL (Simon).
RAVEL (Louis).
ROSTAING aîné.
SEGUIN aîné.
SEGUIN (Camille).
SEGUIN (Paul).

Dates des Réceptions.

BÉCHETOILLE (Baptiste), 12 août 1823.
FOURNAT (Johany), 12 août 1823.
FRACHON (Vincent), 12 août 1823;
    Retiré le 9 janvier 1825.
BLACHIER, 16 novembre 1823.
CHAPUIS aîné, 16 novembre 1823.
COLONJON aîné, 16 novembre 1823.
COLONJON, avocat, 16 novembre 1823.
D'AYME, 16 novembre 1823.
DESFRANÇAIS-THOREINC, 16 novembre 1823.
DESGRAND père (Jean-Baptiste), 16 novembre 1823;
    Décédé le 5 septembre 1827.
FOURNAT (Paulin), 16 novembre 1823.
LIOUD (François), 16 novembre 1823.
LOMBARD (Jean-Jacques), 16 novembre 1823.
PEIRON (Antoine), 16 novembre 1823;
    A cessé de faire partie de la Société.
CANSON (John), 21 décembre 1823.
CANSON (James), 21 décembre 1823.
CROS D'AVENAS, 21 décembre 1823.
BOISSONNET (Hippolyte), 11 janvier 1824.
CANSON aîné, 11 janvier 1824.
MALGONTIER, notaire, 11 janvier 1824.
MONTIVERT père, 11 janvier 1824;
    Décédé le 15 octobre 1828.

SORAS père, 11 janvier 1824;
Retiré le 9 janvier 1824.
TRACOL (Julien), 11 janvier 1824.
GRANGIER père, 15 janvier 1824.
REYBARD, docteur, 23 février 1824.
FUCHEY (Jean), 28 juin 1824.
DESGLESNES-COLONJON, 2 août 1824.
DESGRAND, avocat, 2 août 1824.
GAGNIÈRE, 9 août 1824; Absent depuis.....
DUSSERT fils, 30 octobre 1824.
FOURNAT DE BREZENAUD, 18 novembre 1824;
Décédé en août 1834.
ALLÉON aîné, 4 janvier 1825.
Décédé en mai 1835.
GIRAUD fils, 4 janvier 1825.
VERCASSON (Aimé), 4 janvier 1825;
PERDUCET (Laurent), 9 janvier 1825; Retiré en...
TAVERNIER, 9 janvier 1825.
MONTGOLFIER aîné, 5 février 1825.
BÉCHETOILLE (Louis), 12 février 1825.
MARTHORET aîné, père, 12 février 1825.
MOURIER, notaire, 12 février 1825; Retiré en....
Présenté comme honoraire le 8 février 1831.
PERDUCET aîné, 12 février 1825.
JACQUEMET-BONNEFOND, 25 juin 1825.
MONTGOLFIER (Étienne), 25 juin 1825.
DESSAUX, gantier, 13 août 1825;
A cessé de faire partie de la Société.
RICHARD LIOUD, 2 novembre 1825.

CHABERT, 24 novembre 1825.
FAURITE, 24 novembre 1825.
CHALAYE, 6 janvier 1826.
CHAPUIS (Lucien), 6 janvier 1826.
MIGNOT (Louis), 6 janvier 1826.
PRESLES, 6 janvier 1826.
VEYRIN, 6 janvier 1826.
RATTIER, 19 janvier 1826.
ALLÉON (Achille), 6 avril 1826.
LARDON père, 18 novembre 1826.
CANSON (Étienne), 31 décembre 1826.
CHAPUIS, notaire, 31 décembre 1826.
GISCARD aîné, 31 décembre 1826.
MISSOLZ, avocat, 31 décembre 1826.
PERRIER cadet, 31 décembre 1826.
VAQUETTE, 31 décembre 1826.
DESGRAND, docteur, 2 mai 1827.
DESGRAND (Jean-Antoine), 22 décembre 1827;
    A quitté la ville le...
FILHOL (Joseph), 18 mars 1828.
CHOMEL D'OLIVET, 12 janvier 1828.
CHARLON (Leo.), 3 janvier 1830.
MONTGOLFIER (Élie), 3 janvier 1830;
    A quitté la ville le....
ROUX-CANSON, 2 janvier 1831.
CHAPUIS (Saint-Ange), 6 mars 1831.
BÉCHETOILLE (J. B. Antoine), 29 décembre 1833.
BERTRAND (César), 9 janvier 1834.
LESTRANGE (marquis de), 8 avril 1835.

LISTE

DES PERSONNES QUI ONT DONNÉ DES LIVRES A LA SOCIÉTÉ.

SA MAJESTÉ LOUIS-PHILIPPE Ier.

Feu le marquis de FAY-GERLANDE.
Feu le comte BOISSY D'ANGLAS, pair de France.
Feu le curé PICANCEL.
Feu l'abbé BARRIER.
Feu FOURNAT DE BREZENAUD.
Feu ALLÉON aîné.
Feu FOURNAT (Johany).

Messieurs,

ALLÉON, doct.-médecin.
BÉCHETOILLE (Bapt.).
BOISSONNET, notaire.
BOISSY D'ANGLAS, député.
CANSON (James)
CHABERT.
CHAPUIS D'EXTRAIT.
CHAPUIS (Xavier).
COLLONJON, abbé.
CROS D'AVENAS.
D'AYME, père.
D'AIME (Louis).
DESGRAND, docteur.
DESFRANÇAIS-THO-REINC.
DURET (Laurent).
GIRAUD (Louis-Laurent).
LIOUD (François).
MALGONTIER, notaire.
MALLEVAL, ex-proviseur du collége de Louis-le-Grand.
MIGNOT, abbé
MIGNOT aîné.
MIGNOT (Vincent).
MITIFIOT.
PEIRON (André-Fleury).
PEIRON (Benjamin).
POURRET DES GAUDS.
RAVEL (Siméon).
RICHARD-LIOUD.
SEGUIN aîné.
SEGUIN (Camille).
TRACOL (Julien).

RÉGLEMENT

DE LA SOCIÉTÉ DE LECTURE

D'ANNONAY.

CHAPITRE PREMIER.

Organisation.

ARTICLE PREMIER.

La Société prend le nom de *Société de Lecture*; elle a pour objet :

1° L'acquisition des ouvrages qui se rattachent plus particulièrement à l'histoire et à la littérature ;

2° De conserver ces collections dans un dépôt où les Sociétaires puissent avoir un accès journalier et les obtenir à domicile, ainsi qu'il sera statué par le Réglement ;

3° De former une bibliothèque usuelle pour la Société ;

4° Cette bibliothèque sera ouverte au public certains jours de la semaine et aux heures déterminées, conformément aux conventions passées avec M. le Maire.

ART. II.

La Société se compose d'un nombre illimité de membres.

ART. III.

La Société date son existence du premier janvier 1823.

ART. IV.

L'administration de la Société sera confiée à treize membres, parmi lesquels se trouveront un Président, un Vice-Président, un Secrétaire, un Trésorier, un Bibliothécaire, un Econome et sept Conseillers; ces charges seront distribuées, ainsi qu'il sera statué au chapitre des élections.

ART. V.

La cote annuelle de chaque sociétaire est de vingt francs, exigibles dès le premier janvier ; en cas de retraite ou de mort, la Société reste propriétaire de tout ce qu'il aura fourni.

ART. VI.

En cas de mort d'un sociétaire, celui de ses fils qui se présentera dans le courant de l'année qui suivra son décès, ou à sa majorité, s'il est à cette époque mineur, sera dispensé de payer le droit d'entrée déterminé par l'article 26, et prendra le lieu et place de son père ; il ne pourra néanmoins faire partie de la Société que lorsqu'il aura atteint l'âge fixé par l'article 20, et qu'il aura été soumis aux formalités prescrites par le chapitre des réceptions. Si plusieurs fils du sociétaire décédé se présentent à la fois, le plus âgé aura la préférence.

Le même avantage, et aux mêmes conditions, est accordé à celui qui sera désigné par un sociétaire décédé sans enfant mâle ; cette désignation sera faite au comité, et par écrit.

CHAPITRE II.

Des Assemblées générales.

ART. VII.

Il y aura chaque année, au mois de janvier, une assemblée générale des Sociétaires :

1º Pour recevoir les comptes du conseil d'administration;

2º Pour renouveler le conseil d'administration ;

3º Pour délibérer sur les changements proposés au présent Réglement.

4º L'assemblée générale prendra connaissance de toutes les propositions qui pourront lui être faites séance tenante ; il sera permis de les développer, mais elles ne pourront être soumises à la discussion : elles seront renvoyées de droit au comité, qui jugera si elles sont de nature à provoquer une séance générale extraordinaire; dans les cas contraires, le comité fera son rapport dans la plus prochaine assemblée générale. Le Secrétaire rédigera le procès-verbal, qui devra être approuvé par le comité dans sa plus prochaine réunion.

ART. VIII.

Tous les Sociétaires convoqués individuellement et par écrit, au moins trois jours à l'avance, les décisions prises à la majorité des membres présents seront valables.

ART. IX.

Les votes se prennent à la majorité absolue par assis et par levé, ou au scrutin secret si deux membres le réclament.

ART. X.

L'assemblée générale sera présidée par le Président du comité; le Secrétaire y tiendra la plume.

CHAPITRE III.

Des Élections.

ART. XI.

Tous les membres de la Société sont de droit éligibles à toutes les fonctions.

ART. XII.

On procédera successivement à la nomination d'un Président, d'un Vice-Président, d'un Secrétaire, d'un Trésorier, d'un Bibliothécaire, d'un Économe et de sept Conseillers.

ART. XIII.

Si un premier tour de scrutin ne produit pas la majorité voulue par l'article 9 (chapitre 2) il sera procédé au ballotage entre les deux sociétaires qui auront réuni le plus de voix.

ART. XIV.

La Société ne nomme ses fonctionnaires que pour un an.
Les mêmes pourront être nommés aux élections suivantes.

CHAPITRE IV.

Des Fonctions et des Pouvoirs du Comité d'Administration.

ART. XV.

Le comité veille à l'exécution du Réglement et en fait l'application. Il est chargé du choix et de l'achat des livres ; il s'assemble au moins une fois par mois, ou sur la convocation du Président, ou sur la demande de trois membres du comité.

Il reçoit les candidats à la Société, ainsi qu'il est statué par le Réglement (chap. 5).

Chaque année, il rendra à l'assemblée générale des Sociétaires, un compte détaillé de son administration et de l'état de la Société.

Il convoquera extraordinairement l'assemblée générale pour lui soumettre un objet déterminé, toutes les fois qu'il l'estimera convenable ou qu'il en sera requis par dix Sociétaires.

Il tiendra registre de ses délibérations, les fera connaître à la Société par l'organe de son Président; ses décisions se prennent à la majorité absolue, et en cas d'égalité de suffrage, elles seront suspendues jusqu'à nouvelle réunion.

ART. XVI.

Président.

Le Président préside le comité et la Société réunie en assemblée générale; il ouvre et lève les séances, donne et maintient la parole, pose les questions, provoque les délibérations, dépouille le scrutin, prononce les décisions du comité et de la Société; il vise les états de compte et tout ce qui émane officiellement de la Société; c'est à lui que doivent être adressées toutes espèces de réclamations.

ART. XVII.

Vice-Président.

En cas d'absence du Président, le Vice-Président le remplace; s'il est absent lui-même, il sera remplacé par le plus âgé des Conseillers présents.

ART. XVIII.

Secrétaire.

Le Secrétaire est chargé de la rédaction des procès-verbaux, de la correspondance de la Société concernant l'acquisition et le transport des livres, qu'il devra, immédiatement après leur réception, remettre au Bibliothécaire ; il transmet aux Sociétaires les ordres de convocation, conserve les documents et pièces officielles de la Société ; il annonce aux membres nouvellement reçus leur réception, tire sur le Trésorier les mandats nécessaires à l'achat et au transport des livres.

ART. XIX.

Trésorier.

Le Trésorier est chargé du dépôt de l'argent et des recouvrements de fonds, qu'il devra opérer chaque année avant la fin de février ; en cas de refus de paiement, il en instruit le comité, qui prendra telle mesure qu'il jugera convenable ; il acquitte les dépenses sur les mandats tirés par le Secrétaire et par l'Économe ; il tient note sur un registre du montant des dépenses et recettes, rend ses comptes à la Société dans son assemblée générale et annuelle.

ART. XX.

Bibliothécaire.

Le Bibliothécaire est chargé du soin et du dépôt des livres ; les reçoit du Secrétaire, les livre aux Sociétaires sur la demande qu'ils en font ; reconnaît l'état dans lequel ils lui sont rendus, et en cas de dégradation, il la fait constater par le comité ; il veille spécialement à l'exécution de l'article qui fixe la durée du temps de lecture, et tient un registre des livres en lecture.

ART. XXI.
Économe.

L'Économe, d'accord avec le comité, est chargé de l'entretien matériel de la Société et de toutes les mesures et dépenses que peuvent nécessiter son établissement et sa conservation, telles que chauffage, lumière, meubles et reliures de livres.

ART. XXII.
Sociétaires.

Tout Sociétaire doit obéissance au Réglement et déférence au Président ; chacun s'engage à ne pas prêter à des étrangers à la Société les livres qu'il aura pris en lecture.

L'exécution de cet article, d'où dépendent les avantages et l'agrément de la Société, est recommandée à l'honneur et à la délicatesse de chaque Sociétaire.

CHAPITRE V.
Des Réceptions.

ART. XXIII.

Pour être admis membre de la Société, il faut avoir dix-neuf ans révolus.

ART. XXIV.

Pour devenir Sociétaire, il faudra être présenté au comité par deux membres de la Société, lesquels déclareront avoir fait connaître le Réglement au candidat.

Si le comité ne trouve pas de motifs d'exclusion, il fera afficher le nom du candidat dans la salle de lecture pendant une semaine.

Au bout de ce temps, s'il ne lui a été transmis aucune objection valable, le comité admettra le candidat.

ART. XXV.

On procédera à la réception du candidat par scrutin secret.

Pour qu'elle soit valable, il faut que la délibération ait été tenue par neuf membres, au moins, du comité d'administration.

En cas d'absence des membres du comité, le Président désignera dans la Société les membres nécessaires pour compléter le nombre neuf.

Deux boules noires suffisent pour le rejet du candidat.

ART. XXVI.

Le récipiendaire, outre la cote annuelle, paiera un droit d'entrée, qui sera fixé annuellement par la Société réunie en assemblée générale.

ART. XXVII.

La Société recevra des membres honoraires à raison d'une taxe qui sera fixée chaque année au premier janvier.

Les membres honoraires n'auront droit qu'à la lecture des livres de la Société livrés à domicile.

Leur réception sera faite au scrutin secret, comme celle des membres titulaires ; mais elle sera renouvelée chaque année, et ils ne pourront avoir droit de présence et de vote.

Ils seront soumis aux réglements de la Société en tout ce qui concerne la conservation des livres et l'ordre des lectures.

CHAPITRE VI.

Du Choix des livres et de l'Ordre de lecture.

ART. XXVIII.

Le choix et l'achat des livres appartiennent au comité.

ART. XXIX.

Il y aura dans la salle de Lecture un registre d'indication où tout Sociétaire pourra inscrire les ouvrages dont il recommandera l'acquisition ; ce registre sera consulté par le comité toutes les fois qu'il aura quelques choix à faire.

ART. XXX.

La Bibliothèque sera ouverte tous les jours de la semaine, aux heures qui seront fixées par le comité.

Le Bibliothécaire délivrera dans le local de la bibliothèque, les livres aux Sociétaires, aux heures fixées par le comité.

ART. XXXI.

Tous les ans le Catalogue des livres de la Société sera imprimé et distribué à ses membres ; tous les cinq ans il sera fait un Catalogue général.

ART. XXXII.

Parmi les ouvrages de la Société, les uns resteront constamment déposés dans le local de la Société, d'autres devront y rester un temps déterminé ; d'autres enfin pourront être mis en lecture à domicile. Cette classification sera faite par le comité.

ART. XXXIII.

Il y aura dans la Bibliothèque un tableau indicatif des livres dont la lecture se fera à domicile, et de ceux qui resteront déposés dans la salle même de la Bibliothèque.

ART. XXXIV.

Le comité aura la faculté de suspendre momentanément la circulation à domicile d'un ouvrage quelconque.

ART. XXXV.

L'ordre des lectures sera fixé au commencement de chaque année par le comité, et maintenu par lui toute la durée de l'année qui suivra son arrêté ; le comité pense qu'il est de l'intérêt de la Société de recommander les décisions qu'il aura prises à ce sujet, aux administrateurs qui le remplaceront.

ART. XXXVI.

Lorsque le comité recevra des ouvrages, il en fera afficher la liste dans la salle de la Bibliothèque.

ART. XXXVII.

Après leur lecture, les livres seront remis immédiatement au Bibliothécaire, il ne pourra y avoir aucune transmission d'un Sociétaire à un autre.

CHAPITRE VII.

Des Amendes.

ART. XXXVIII.

Le Sociétaire qui, à l'expiration du terme fixé, n'a pas rapporté le livre à lui remis, paiera une amende de vingt-cinq centimes pour chaque journée de retard.

ART. XXXIX.

Les amendes ci-dessus seront payées aux mains du Bibliothécaire, qui en rendra compte chaque mois au Trésorier.

Le Sociétaire qui aura encouru l'amende, tant qu'il sera en retard de l'acquitter, ne pourra obtenir aucun livre à domicile.

ART. LX.

Le comité pourra refuser, pendant trois mois au plus, tout prêt de livre à domicile :

1° Au Sociétaire qui apportera une négligence habituelle à la restitution des livres ;

2° A celui qui aurait emporté un livre sans le faire enregistrer.

ART. LXI.

Celui qui perdra un livre en paiera la valeur ou le remplacera, au gré du comité.

Si ce livre appartient à une collection ou à un ouvrage en plusieurs volumes, on remettra cet ouvrage au Sociétaire, qui en fournira un autre exemplaire complet.

ART. LXII.

Celui qui endommagera un livre, sera tenu de le faire réparer à ses frais ; si le livre ne peut être réparé, de le remplacer ou d'en payer la valeur ; si le livre est par trop endommagé, il rentre dans la catégorie des livres perdus.

ART. LXIII.

Toutes les difficultés qui s'élèveront sur les dispositions du présent chapitre entre les Sociétaires et le Bibliothécaire, seront portées au comité et décidées par lui.

CHAPITRE VIII.

Révision du Réglement.

ART. LXIV.

Toute proposition de modification au présent Réglement doit être signée par trois Sociétaires, affichée dans la salle de Lecture huit jours au moins avant la séance générale, dans laquelle elle sera développée.

Le tiers des membres de la Société doit être présent à la délibération sur la proposition, qui, pour être adoptée, doit réunir les deux tiers des suffrages.

ART. LXV.

La dissolution de la Société ne pourra être prononcée qu'après avoir été proposée par écrit, et que cette proposition aura été portée et présentée à l'assemblée générale pendant trois séances consécutives, qui se réuniront, à cet effet, de mois en mois; elle ne pourra, dans aucun cas, avoir lieu lorsque dix sociétaires y formeront opposition.

ART. LXVI.

En cas de dissolution, la Société prononcera sur la propriété et la destination des livres.

DISPOSITIONS RÉGLÉMENTAIRES PRISES PAR LA SOCIÉTÉ.

Tout Sociétaire a la faculté d'introduire un étranger dans la salle de la Bibliothèque, pour y lire tel ouvrage qu'il désirera.

On prêtera aux établissements d'Instruction publique les ouvrages qui pourraient être utiles à l'exercice du professorat.

(*Procès-verbal, assemblée générale du 31 décembre 1826.*)

Tout individu demeurant à plus de trois lieues de pays de la ville d'Annonay, ne pourra faire partie de la Société de Lecture.

(*Procès-verbal, Comité du 4 avril 1829*).

DU CATALOGUE.

La Société de Lecture, dans sa séance du 2 janvier 1825, arrêta que tous les cinq ans il serait dressé un Catalogue général de la Bibliothèque ; c'est ce travail que j'ai entrepris, et comme il est particulièrement destiné aux membres de la Société de Lecture, je crois devoir exposer les motifs qui m'ont décidé à adopter l'ordre que j'ai suivi dans la rédaction de ce Catalogue.

Il eût été plus expéditif et plus commode de donner un catalogue sous forme de dictionnaire, et d'aligner les ouvrages à la suite les uns des autres par ordre alphabétique : cette méthode dispense de connaître la matière dont traite un ouvrage ; mais elle a contre elle le grave inconvénient de tout confondre et de ne laisser dans l'esprit aucune notion exacte sur la composition d'une bibliothèque ; c'est cet inconvénient que j'ai voulu éviter en m'assujetissant à classer dans un ordre systématique tous nos ouvrages.

Il devient aisé à l'aide de cette méthode de connaître la partie de la bibliothèque qui est pauvre ou riche, qui réclame des livres ou qui en surabonde ; et cette connaissance place le Comité administratif dans la position de faire ses achats avec calcul et combinaison, tandis que sans elle il agirait presqu'au hasard, ou bien ses choix exigeraient des recherches minutieuses qui absorberaient beaucoup de temps ; d'autre part, un ordre systématique met le lecteur à même de suivre ses lectures d'après un plan méthodique : il peut au premier coup d'œil connaître tous les livres qui traitent de l'histoire de son pays ou de tout autre, ceux qui ont trait aux Romans, au Théâtre, aux Sciences, etc. ; il évite ainsi l'ennui de feuilleter un Catalogue entier avant de trouver l'ouvrage du genre qu'il désire. Ces motifs, puisés dans l'intérêt des Sociétaires, m'ont paru si puissants, et ce travail m'a paru si nécessaire au Comité, que je me suis déterminé à l'entreprendre au risque d'encourir une juste critique par l'imperfection à laquelle le condamnent mes faibles connaissances bibliographiques.

Décidé à ranger nos ouvrages par ordre de matières, il me restait un choix à faire sur les divers systêmes bibliographique ; j'ai adopté celui de M. Barbier, et j'ai pris des divisions et subdivisions dans le catalogue de M. de La Valière, dressé par Debure. Je ne me dissimule aucune des difficultés que renferme cette classification, et aucune des objections qu'on peut lui adresser ; je n'entrerai néanmoins dans aucun détail à ce sujet, parce que ce serait ouvrir une discussion interminable et qui en définitive ne serait que critique, puisqu'elle se bornerait à révéler les défauts sans indiquer les moyens de faire mieux. Après l'examen de plusieurs systêmes bibliographiques, il m'a paru démontré qu'on ne pouvait pas plus classer les produits de l'intelligence que ceux de la nature sans rencontrer de nombreuses aberrations, quelque méthode qu'on adoptât. Ces réflexions m'ont rendu moins difficile sur le choix d'un système bibliographique, et j'ai donné la préférence à celui de feu M. Barbier, parce qu'il offre cinq grandes classes qui, quoique arbitraires, sont consacrées par une longue habitude, et qu'il indique d'une manière frappante les principales directions de l'esprit humain. L'Histoire, les Belles-Lettres, les Sciences, la Jurisprudence, et la Théologie, forment ces cinq classes, qui comprennent elles-mêmes plusieurs subdivisions.

De savants bibliographes ont agité la question de savoir s'il convenait de commencer un catalogue par la science divine, comme étant la plus relevée, ou bien par la grammaire et l'alphabet, comme étant les plus indispensables; heureusement la Société de Lecture m'a délivré de tout scrupule à cet égard, en établissant par le premier article du réglement que son but est l'acquisition des ouvrages qui se rattachent plus particulièrement à l'Histoire et à la Littérature; ce qui m'a mis fort à mon aise, et m'autorise suffisamment à commencer ce Catalogue par la partie historique et littéraire, et à les faire suivre des Sciences, de la Jurisprudence et de la Théologie, sans attacher toutefois aucune idée de prééminence entre elles, ni aucun avantage particulier pour le lecteur, bien persuadé qu'une bibliothèque n'est qu'à l'usage des personnes lettrées qui sont déja pourvues d'un grand nombre de connaissances élémentaires.

J'ai joint au Catalogue méthodique les noms des auteurs qu'il renferme, afin de faciliter les recherches, parce que très souvent on se rappelle le nom de l'écrivain sans pouvoir retrouver le titre de son ouvrage, et parce qu'en second lieu, un livre peut, par la matière dont il traite, occuper plusieurs places dans un cadre bibliographique: c'est ainsi que les *Lettres provinciales* de Pascal pourraient être mises parmi les Épistolaires ou avec les Controversistes entre autre ordre religieux; que *Bossuet* figurerait aussi bien dans l'Éloquence de la chaire que dans la Théologie paranétique; les *Discours du général Foy* seraient aussi bien placés à l'article Éloquence tribunitienne qu'à l'article Politique, etc., etc. Dans ces divers cas le nom de l'auteur fait disparaître toute indécision, et c'est là un des avantages de la table qui l'indique.

Il serait sans doute très utile que ce Catalogue contînt des notes sur la valeur littéraire ou scientifique d'un ouvrage; que ces notes indiquassent l'esprit dans lequel est écrit le livre, à quelle classe de lecteurs il convient plus particulièrement, et si l'édition est estimée ou non, rare ou commune. Mais ce travail exige de grandes connaissances littéraires et bibliographiques, il demande un temps considérable pour être achevé; je ne puis, à cet égard, qu'engager les membres de la Société de Lecture à entreprendre ces sortes de notes, à vouloir bien me les communiquer, et je me ferai un devoir d'en profiter pour la prochaine réimpression de ce Catalogue.

Quelque imparfait que soit ce travail, je prie la Société de Lecture de l'agréer comme une faible expression de l'intérêt que je porte à sa prospérité, et de le considérer comme un effort fait pour répondre à la confiance qu'elle m'a témoignée pendant plusieurs années consécutives, en m'appelant à l'honneur de la présider. Mes connaissances bibliographiques sont si bornées, qu'il est à craindre qu'il n'existe quelques erreurs de classification, je serai très obligé à ceux qui me les feront connaître, et j'accueillerai leurs observations avec reconnaissance.

TABLE SYSTÉMATIQUE DU CATALOGUE.

HISTOIRE.

I. Prolégomènes historiques, page 1.
II. Géographie, page 1.
III. Voyages, page 2.
IV. Chronologie, page 6.
V. Histoire universelle, page 7.
VI. Histoire religieuse, page 8.
    1° Histoire du peuple juif, page 8.
    2° Histoire ecclésiastique, page 9.
    3° Histoire des conciles généraux et particuliers, page 11.
    4° Histoire des papes, cardinaux et conclaves, page 11.
    5° Martyrologes, vie des saints et personnages illustres en piété, page 12.
    6° Histoire des ordres religieux, séculiers et réguliers, p. 14.
    7° Histoire des hérésies, page 15.
    8° Histoire des inquisitions, page 16.
    9° Missions, page 16.
VII. Histoire Ancienne, page 17.
VIII. Histoire Grecque, page 17.
IX. Histoire Romaine, page 17.
X. Histoire Byzantine, page 19.
XI. Histoire d'Italie, page 19.
XII. Histoire de France, page 20.

A. *Histoire de France avant la révolution.*

    1° Histoire générale, page 20.
    2° Histoires générales d'une époque, page 21.
    3° Histoires particulières d'un événement, d'un règne ; Mémoires, Journaux ; Vie des Princes, page 23.
    4° Histoire de provinces ou villes de France, page 24.

B. *Histoire de France depuis la révolution.*

    1° Histoire générale, page 25.
    2° Histoires particulières d'un événement, d'un règne ; Mémoires, Journaux ; Vie des Princes, page 26.
    3° Mémoires contemporains, page 29.

C. *Mélanges et observations sur l'Histoire de France,* p. 33.

XIII. Histoire de Suisse, page 34.
XIV. Histoire des Pays-bas, page 34.
XV. Histoire d'Allemagne, page 34.
XVI. Histoire d'Espagne, page 35.
XVII. Histoire de Portugal, page 35.
XVIII. Histoire d'Angleterre, page 35.
XIX. Histoire du nord de l'Europe, page 36.
XX. Histoire des Arabes, des Sarrasins, des Turcs, de la Morée et des îles de l'Archipel, page 38.
XXI. Histoire de l'Asie, page 39.
XXII. Histoire de l'Afrique, page 39.
XXIII. Histoire de l'Amérique, page 39.
XXIV. Histoire Littéraire, Académique et Bibliographique, page 41.
XXV. Vie des Hommes illustres; Dictionnaires historiques, page 44.
XXVI. Mélanges historiques, page 46.
XXVII. Antiquités, page 48.
XXVIII. Science héraldique ou généalogique, page 49.

BELLES-LETTRES.

Introduction à l'étude des Belles-Lettres, page 50.

I. Langues diverses; Dictionnaires, page 50.
II. Langues orientales, page 51.
III. Langue grecque, page 52.
IV. Langue latine, page 52.
V. Langue italienne, page 53.
VI. Langues espagnole et portugaise, page 53.
VII. Langue française, page 53.
VIII. Langue hollandaise, page 54.
IX. Langue allemande, page 54.
X. Langue irlandaise, page 54.
XI. Langue anglaise, page 54.
XII. Rhétorique, ou l'Art oratoire, page 54.
XIII. Orateurs, ou Éloquence, page 55.
XIV. Poétique, page 57.
XV. Poètes, page 57.

    1° Poètes grecs, page 57.
    2° Poètes latins, page 58.
    3° Poètes italiens, page 59.
    4° Poésie et littérature espagnole, page 60.
    5° Poésie et littérature portugaise, page 60.
    6° Poésie et littérature allemande, page 60.
    7° Poésie et littérature russe, page 60.
    8° Poésie et littérature orientale, page 61.
    9° Poètes anglais, page 61.
    10° Poètes français, page 61.
    11° Théâtre français, page 64.

XVI. Auteurs de fables et d'apologues, page 66.
XVII. Romans, page 66.

    1° Romans divers, par ordre alphabétique, page 66.
    2° Romans de Lesage, page 74.

3º Romans historiques, page 74.
4º Romans de Walter-Scott, page 78.
5º Romans de Fenimore-Cooper, page 81.
6º Romans de Picard, page 82.
7º Romans de Victor Ducange, page 82.
8º Romans de Madame Cottin, page 83.

XVIII. Facéties, pièces burlesques, page 83.
XIX. Philologie et critique, Interprétations et éclaircissements sur les auteurs, page 83.
XX. Polygraphes, page 84.
XXI. Dialogues et Entretiens sur divers sujets, p. 87.
XXII. Épistolaires, page 87.

SCIENCES.

Introduction; Traités généraux et préparatoires, p. 90.

I. Philosophie, page 91.
II. Logique et Dialectique, page 93.
III. Éthique, ou Morale, page 94.
IV. Économie, page 96.
V. Politique, page 97.
    Brochures politiques par ordre chronologique, page 101.
VI. Économie politique, page 105.
VII. Métaphysique, page 107.
VIII. Physique, page 109.
    Physique générale.
IX. Histoire naturelle, page 110.
    1º Histoire naturelle générale, page 110.
    2º Histoire naturelle de la terre, des montagnes et volcans, page 111.
    3º Règne minéral, page 111.
    4º Règne végétal, page 111.
        a. *Économie rustique, Agriculture et Jardins*, p. 111.
        b. *Botanique*, p. 114.
    5º Règne animal, page 114.

X. Médecine, page 115.
  Médecine vétérinaire, page 116.
XI. Pharmacie, page 116.
XII. Chimie, page 116.
XIII. Mathématiques, page 117.
XIV. Astronomie, page 118.
XV. Astrologie, page 118.
XVI. Hydrographie ou science de la Navigation, p. 118.
XVII. Hydraulique, page 118.
XVIII. Gnomique ou science des Cadrans, page 119.
XIX. Musique, page 119.
XX. Mélanges sur différentes parties des sciences, p. 119.
XXI. Instruments de mathématiques, page 119.

ARTS.

Introduction à la théorie et à la pratique, page 120.

I. Art de la mémoire naturelle et artificielle, page 120.
II. Art de l'écriture et de l'imprimerie, page 120.
III. Art du dessin, de la peinture et de la gravure, p. 120.
IV. Art de l'architecture, page 121.
V. Art militaire, page 121.
VI. Arts divers, page 121.

JURISPRUDENCE.

I. Droit public universel, page 122.
II. Droit civil ancien, page 122.
III. Droit canonique, page 122.
IV. Droit italien ou ecclésiastique, page 126.

V. Droit français, page 128.

Introduction, Traités généraux sur le Droit français, p. 128.

    A. Droit public, page 129.
    B. Édits et ordonnances des rois de France, page 129.
    C. Arrêts des parlements et cours souveraines, page 129.
    D. Traités particuliers, page 130.
    E. Style et pratique des tribunaux de justice, page 131.
    F. Plaidoyers, factums, mémoires et harangues, page 131.

VI. Droit criminel, page 131.

THÉOLOGIE.

    A. *Théologie naturelle ou rationnelle*, page 132.
    B. *Théologie révélée*, page 132.

I. Écriture Sainte, page 132.

    1° Prolégomènes de l'Écriture Sainte, page 132.
    2° Textes et versions, page 133.
        Versions faites par des protestants, page 132.
    3° Harmonies, concordances, dictionnaire de la Bible, p. 139.
    4° Interprètes et commentateurs, page 140.
    5° Histoire et figures de la Bible, page 144.
    6° Écrits apocryphes, page 144.
    7° Philologie sacrée, page 144.

II. Conciles, synodes, page 145.

III. Saints Pères, par ordre chronologique, page 145.

IV. Liturgie, page 149.

V. Théologie scolastique et dogmatique, page 150.

    1° Traités généraux, page 150.
    2° Traités particuliers, page 152.

VI. Théologie morale, page 158.

VII. Théologie catéchétique ou instructive, page 161.

VIII. Théologie parénétique ou sermonaire, page 162.

IX. Théologie mystique ou contemplative, page 171.

X. Théologie polémique, page 177.
    1° Pour la défense de la religion chrétienne, page 177.
    2° Contre les athées et les philosophes, page 178.
    3° Contre les hérésies anciennes et modernes, page 179.
    4° Entre divers controversistes, page 184.
    5° Jansénisme, page 185.

XI. Théologie hétérodoxe, page 189.

  C. *Théologie des Chinois, des Perses, des Romains, des Mahométans, etc., page* 132.

CATALOGUE.

HISTOIRE.

I. PROLÉGOMÈNES HISTORIQUES.

Esquisse d'un Plan de Lectures historiques, par *Julien*; brochure in-8.

Leçons d'Histoire prononcées à l'École Normale, par *Volney*; 1 vol. in-8. Paris, 1821.

L'Esprit de l'Histoire, ou Lettres d'un père à son fils, sur la manière d'étudier l'Histoire, et particulièrement l'Histoire de France, par Antoine *Ferrand*; deuxième édition; 4 vol. in-8. Paris, 1803.

II. GÉOGRAPHIE.

Pausaniæ veteris Græciæ Descriptio; 1 vol. in-fol. Florentiæ, 1551. (Belle reliure à tranche dorée.)

Pomponii Melæ De situ orbis libri tres, summa fide et diligentia recogniti; 1 vol. in-4. Parisiis, 1557. (Relié en parchemin.)

La Géographie Royale, par le P. Philippe *Labbe*; 1 vol. petit in-8. Paris, 1646.

Atlas universel, par *Robert*, géographe, et par *Robert de Vaugondi* son fils, aussi géographe, corrigé et augmenté de la Carte de la République française, divisée en départements, par *Delamarche*, géographe, leur successeur; 1 vol. grand in-fol. Paris.

Dictionnaire historique portatif de la Géographie Sacrée ancienne et moderne, ouvrage très utile pour l'intelligence de l'Ancien et du Nouveau-Testament et de l'Histoire de l'Eglise; 1 vol. in-8. Paris, 1759.

Le grand Dictionnaire Géographique, Historique et Critique, par M. *Bruzen de La Martinière*, géographe de Philippe V, roi d'Espagne; 6 vol. in-fol. Paris, 1739.

Dictionnaire Géographique portatif, trad. de l'anglais par *Vosgien*; 1 vol. in-8. Paris, 1757.

III. VOYAGES.

Le Voyageur de la Jeunesse dans les quatre Parties du Monde, par Pierre *Blanchard*; 6 vol. in-12. Paris, 1809.

Histoire générale des Voyages, ou Nouvelle Collection des relations de Voyages par mer et par terre, par *Walckenaer*, membre de l'Institut; in-8. Paris, 1826. (L'ouvrage continue par souscription.)

Histoire de la Vie et des Voyages de Christophe Colomb, par *Wasington Irving*; 4 vol. in-8. Paris, 1828.

Journal des Voyages de Monconys, publié par *de Liergues*, son fils; 2 vol. in-4. Paris, 1677.

Voyages de M. P. S. Pallas en différentes provinces de l'empire de Russie et dans l'Asie septentrionale, traduits de l'allemand par *Gauthier de La Peyronie*; 5 vol. in-4, et 1 de planches. Paris, 1707.

Saint-Pétersbourg et la Russie en 1829, par J. B. *May*; 2 vol. in-8. Paris, 1830.

Voyage à l'Ile de France, par *Bernardin de Saint-Pierre*; 2 vol. in-8. Paris, 1818.

Itinéraire de Paris à Jérusalem, par M. *de Châteaubriand*; 3 vol. in-8. Paris, 1826.

Itinéraire de Paris à Jérusalem, et de Jérusalem à Paris, en allant par la Grèce et revenant par l'Égypte, la Barbarie et l'Espagne, par *F. A. de Châteaubriand*; 3 vol. in-8. Paris, 1811.

Voyage en Amérique et en Italie, par M. *de Châteaubriand*; 2 vol. in-8. Paris, 1827.

Voyages des frères Bacheville en Europe et en Asie, deuxième édition; 1 vol. in-8. Paris, 1822.

Correspondances de l'Orient en 1830 et 1831, par *Michaut* et Me *Poujoulat*; 2 vol. in-8. Paris, 1833.

Voyages dans la Grande-Bretagne, entrepris relativement aux services publics de la Guerre, de la Marine et des Ponts-et-Chaussées en 1816, 1817, 1818 et 1819, par Charles *Dupin*; 6 vol. gr. in-4 et un Atlas,

Voyage historique et littéraire en Angleterre et en Ecosse, par *Pichot*, D. M.; 3 vol. in-8. Paris, 1825.

Voyage d'un jeune Français en Angleterre et en Écosse, pendant l'automne de 1833, par Adolphe *Blanqui*; 1 vol. in-8. Paris, 1834.

La Grande-Bretagne en 1833, par le baron *d'Haussez*; 2 vol. in-8. Paris, 1833.

Impressions de Voyages, par Alexandre *Dumas*; 2 vol. in-8. Paris, 1834.

Voyages en France et autres pays, en vers et en prose; 5 vol. in-18. Paris, 1824.

Voyage en Suisse fait dans les années 1817, 1818 et 1819, par *L. Sismond*; 2 vol. in-8. Paris, 1824.

Voyage en Autriche, par *Marcellin de Serres*; 4 vol. in-8. Paris, 1814.

Itinéraire descriptif de l'Espagne, et Tableau élémentaire de différentes branches de l'administration et de l'industrie de ce royaume, par Alexandre *de Laborde*, deuxième édition; 5 vol. in-8. Paris, 1809.

Voyage en Morée, à Constantinople, en Albanie et dans plusieurs autres parties de l'Empire Ottoman, pendant les années 1798, 1799, 1800 et 1801, par *Pouqueville*, D. M.; 3 vol. in-8 et 1 de Cartes. Paris, 1805.

Voyage dans le Levant, en 1817 et 1818, par le comte *de Forbin*, deuxième édition; 1 vol. in-8. Paris, 1819.

Voyages historiques et littéraires d'Italie, pendant les années 1826, 1827 et 1828, ou l'Indicateur italien, par *Valery*; 5 vol. in-8. Paris, 1833.

Souvenirs de la Sicile, par le comte *de Forbin*; 1 vol. in-8.

Voyage à Calcutta, à Bombay et dans les provinces supérieures de l'Inde Britannique, pendant les années 1824 et 1825, suivi d'une Notice sur Ceylan et d'un Voyage à Madras et dans les provinces méridionales en 1826, par *Hebert*, évêque de Calcutta, traduit de l'anglais, par *Prieur de La Combe*; 2 vol. in-8. Paris, 1830.

Voyage en Afrique et en Asie, principalement au Japon, pendant les années 1770—1779, servant de suite au Voyage de Sparmann, par Charles P. *Thunberg*, traduit du Suédois, avec les notes du traducteur; 1 vol. in-8. Paris, 1794.

Journal d'un voyage à Tombouctou et à Jenné dans l'Afrique centrale, par René *Caillé*; 3 vol. in-8. Paris, 1830.

Journal d'une Expédition entreprise dans le but d'explorer le cours et l'embouchure du Niger, par *Richard* et John *Lander*; 3 vol. in-8. Paris, 1832.

Voyage à la mer Rouge, sur les côtes de l'Arabie, en

Egypte et dans les déserts de la Thébaïde, par *Lyles Irwin*, traduit sur la troisième édition anglaise, par *Parraud*, avec deux Cartes géographiques ; 2 vol. in-8. Paris, 1792.

Voyage en Égypte et en Syrie, par *Volney* ; 2 vol. in-8. Paris, 1821.

Correspondance de Victor *Jacquemont* avec sa famille et plusieurs de ses amis, pendant son voyage dans l'Inde ; 2 vol. in-8. Paris, 1834.

Tableau du Climat et du Sol des États-Unis, par *Volney* ; 1 vol. in-8. Paris, 1821.

Voyages à Caïenne, dans les Deux-Amériques, et chez les Anthropophages ; par *Pilon*, deuxième édition, 2 vol. in-8. Paris, 1807.

Voyage au Brésil, dans les années 1815, 1816 et 1817, par S. A. S. *Maximilien*, prince de Wied-Neuwied, traduit de l'allemand par *Eyriès* ; 3 vol. in-8. Paris, 1821.

Voyage pittoresque de Paris, ou Indication de tout ce qu'il y a de plus beau dans cette grande ville, etc. ; deuxième édition, 1 vol. in-8. Paris, 1752.

Voyage à Paris, ou Esquisse des Hommes et des Choses dans cette Capitale, par le marquis Louis *Rainier-Lanfranchi* ; 1 vol. in-8. Paris, 1830.

Voyage d'Anacharsis en Grèce, vers le milieu du quatrième siècle avant l'ère chrétienne, par J. J. *Barthélemy* ; 7 vol. in-8. Paris, 1822.

Voyage de Polyclète, ou Lettres romaines, par le baron Alexandre *de Theis* ; deuxième édition ; 2 vol. in-8. Paris, 1822.

Histoire des Naufrages, par *Desperthes* ; 3 vol. in-12. Paris, 1828.

IV. CHRONOLOGIE.

Josephi Scaligeri Julii Cæsaris F. opus de Emendatione temporum; 1 vol. in-fol. Coloniæ Allobrogum, 1639.

D. Petavii aurelianensis, e Societate Jesu, Rationarum temporum in partes duas libros tredecim distributum; 1 vol. petit in-12. Parisiis, 1652.

Recherches nouvelles sur l'Histoire Ancienne, par *Volney*; 2 vol. in-8. Paris, 1821.

L'art de vérifier les Dates des Faits Historiques, des Inscriptions, des Chroniques et autres anciens monuments avant l'ère chrétienne, par un Religieux de la congrégation de Saint-Maur; 5 vol. in-8. Paris, 1819.

L'Art de vérifier les Dates des Faits Historiques, des Chartes de chroniques et autres anciens monuments, depuis la naissance de notre Seigneur jusqu'à 1770, par un Religieux de la congrégation de Saint-Maur; 18 vol. in-8. Paris, 1818 et 1819.

Atlas historique, généalogique, chronologique et géographique de *Le Sage* (comte de Las Cases); 1 vol. in-fol. Paris, 1829.

Onuphrii Panvinii Fastorum libri V, à Romulo rege usque ad imperatorem Cæsarem Carolum V; 1 vol. in-folio Heidelberg, 1588.

La Généalogie de l'Ame fidèle, ou autrement l'Histoire de l'état de l'Eglise, tant sous la loi de nature, que sous la loi écrite et de grace, par le R. P. Hilaire-*Monlouys*; 1 vol. in-fol. Lyon, 1649.

Tabula chronographica Status Ecclesiæ catholicæ Christo nato ad annum 1614, autore Jacobi *Gaulterio* Annonæensi, Societatis Jesu; 1 vol. in-fol. Lyon, 1616.

Table chronographique de l'Etat du Christianisme depuis la naissance de Jésus Christ jusqu'à l'année 1612, par Jacques *Gauthier*, de la compagnie de Jésus, natif d'Annonay en Vivarez; 1 vol. in-fol. Lyon, 1613.

Chronologie historique et universelle, qui contient tous les événements mémorables qui sont arrivés depuis le commencement du monde jusqu'à présent, avec leurs époques et leurs principales circonstances, par M. *Gayot*, 20 vol. in-12. Liége, 1737.

Histoire Générale de tous les Siècles, laquelle enseigne ce qui est arrivé de plus notable dans l'Eglise et dans le monde, tous les jours de l'année, depuis la naissance de Jésus Sauveur jusqu'à présent, par le R. P. David *Lenfant*; deuxième édition, 6 vol. in-12. Paris, 1684.

Histoire chronologique des Peuples du monde, depuis le déluge universel jusqu'à ce jour, par *Baillot-Saint-Martin*; 4 vol. in-8. Paris, 1820.

Le Chronologiste manuel, dans lequel on trouve les principales époques de l'Histoire de chaque peuple, la succession des patriarches, juges et rois hébreux, etc.; 1 vol. petit in-12. Paris, 1766.

V. HISTOIRE UNIVERSELLE.

Discours sur l'Histoire universelle, par *Bossuet*; 2 vol. in-12. Paris, 1750.

Discours sur l'Histoire universelle, par *Bossuet*, édition augmentée des nouvelles additions et des variantes du texte; 2 vol. in-8. Paris, 1823.

Résumé de l'Histoire générale, par *Voltaire*; 1 vol. in-8. Paris, 1826.

L'Histoire Universelle de Trogue-Pompée, traduite en abrégé par *Justin*, et traduite en français par *de Colomby*; 1 vol. in-12. Lyon, 1690.

Chronica Philippi *Melanchthon*; 1 vol. in-18, 1551. (Sans frontispice; le livre commence par la page 5 de l'Epître dédicatoire.)

Severi Sulpitii sacræ Historiæ; 1 vol. in-12. Lugduni Batavorum, 1643. (Elzévir.)

Sulpitii Severi Historia Sacra; 1 vol. in-18. (Sans frontispice, et relié en parchemin.)

Francisci Guicciardinii, patricii Florentini Historiarum sui temporis libri viginti, ex italico in latinum Sermonem conversi; 1 vol. in-8. Basileæ, 1567. (Ce volume ne renferme que les dix premiers livres.)

Histoire entière, déduite depuis le déluge jusqu'au temps présent, par Jean *Steidan*; 1 vol. in-8, 1561. (Tranche dorée, et relié en parchemin.)

Johanis Claveri Historiarum totius mundi epitome a prima rerum origine usque ad annum Christi, 1638; 1 vol. petit in-4. Lugduni Batavorum, 1660.

Mémoires chronologiques pour servir à l'Histoire profane de l'Europe, depuis 1600 jusqu'en 1716; 4 vol. in-12. Amsterdam, 1725.

Histoire Universelle, sacrée et profane, depuis le commencement du monde jusqu'à nos jours, par dom Augustin *Calmet*; 8 vol. in-4. Strasbourg, 1735.

Eléments d'Histoire générale, par M. l'abbé *Millot*; 9 vol. in-12. Paris, 1790.

Histoire Universelle, ancienne et moderne, par M. le comte *de Ségur*; 10 vol. in-8. Paris, 1821.

Cours d'Histoire moderne, professé par M. *Guizot*; 2 vol. in-8. Paris, 1829.

Moniteur, à compter de l'année 1815.

VI. HISTOIRE RELIGIEUSE.

1° HISTOIRE DU PEUPLE JUIF.

Histoire des Juifs, écrite par *Flavius* (Josephe), sous le titre d'Antiquités Judaïques, traduite sur l'original grec, revu sur divers manuscrits, par Arnaud *d'Andilly*; 1 vol. in-fol. Paris, 1667.

— Le même; 5 vol. in-12. Paris, 1673.

Histoire des Juifs, depuis Jésus-Christ jusqu'à présent, pour servir de Supplément et de continuation à l'Histoire de Josephe, par M. *Basnage*; 5 vol. in-12. Rotterdam, 1706. (Le premier volume manque.)

Histoire des Institutions de Moïse et du peuple Hébreux, par M. *Salvador*; 3 vol. in-8. Paris, 1828.

2° HISTOIRE ECCLÉSIASTIQUE.

Historiæ Ecclesiasticæ scriptores Græci, nempè : *Eusebius*, *Socrates* scholasticus, *Theodoritus*, *Hermias* Sozomenus, *Euagrius* scholasticus, etc.; 1 vol. in-fol. Coloniæ Agrippinæ, 1612.

Nicephori Historiæ Ecclesiasticæ; 2 vol. in-fol. Lutetiæ Parisiorum, 1630.

A primordio Ecclesiæ Historia Joannis *Horatii*, *Scoglii* Catanensis, cùm chronologia ab orbe condito ad annum Domini 1640; 1 vol. in-4. Rome, 1642.

Compendium temporum et Historiarum Ecclesiasticarum ab ascensione Christi usque ad nostra tempora, authore Johane *Rioche*; 1 vol. in-8. Parisiis, 1576. (Relié en parchemin.)

Annales Ecclesiastici Cæsaris *Baronii*, in epitomen redacti, opera Henrici *Spondani*; 2 vol. in-fol. Lugduni, 1686.

— Le même, en 2 vol. in-fol., avec approbation du 29 avril 1622, et portant le titre suivant : *Annalium Baronii* epitomes.

Annales Ecclesiastici Cæsaris *Baronii*, à Ludovico *Aurelio* Perusino, in totidem libellos brevissime redacti; 2 vol. in-12. Parisiis, 1637. (Reliés en parchemin.)

Annales Ecclesiastici, auctore Cæsare *Baronio* Sorano; 12 vol. in-fol., 1610.

Annalium Ecclesiasticorum Cæsaris *Baronii*, continuatio ab anno 1597, quo is desiit, ad finem, 1646, per Henricum *Spondanum*; 2 vol. in-fol. Lugduni, 1678.

Annales de l'Église catholique, apostolique et romaine, par Claude *Vilette*; 1 vol. in-4. Paris, 1616.

Natalis Alexandri Historia Ecclesiastica veteris novique Testamenti ab orbe condito ad annum post Christum natum millesimum sexcentesimum; 7 vol. in-fol. Parisiis, 1699.

Histoire Ecclésiastique de M. l'abbé *Fleury*, et continuation de cette Histoire; 37 vol. in-4. Paris, 1720.

Histoire politique de l'Église, par M. A. *de Vidaillan*; 3 vol. in-8. Paris, 1833.

Mémoires Chronologiques et Dogmatiques, pour servir à l'Histoire Ecclésiastique, depuis 1600 jusqu'en 1716; 4 vol. in-12, 1720.

Histoire Abrégée du Sacrilége, avec des notes historiques sur les Persécutions religieuses, par *du Loiret*; 1 vol. in-8. Paris, 1825.

Traité historique de l'Établissement et des prérogatives de l'Eglise Romaine, par *Maimbourg*; 1 vol. petit in-12. Paris, 1685.

Origine des Églises de France; 1 vol. in-8. Paris, 1688.

Histoire de l'Église Gallicane, par Jacques *Longueval*; 7 vol. in-4. Paris, 1730. (Le premier volume manque.)

Histoire du Mariage des Prêtres en France, particulièrement depuis 1789, par M. *Grégoire*, ancien évêque de Blois; 1 vol. in-8. Paris, 1826.

Collection Ecclésiastique, ou Recueil complet des ouvrages faits depuis l'ouverture des Etats généraux relativement au Clergé et à sa constitution civile, décrétée par l'assemblée Nationale, sanctionnée par le Roi, par l'abbé *Barruel*; 12 vol. in-8. Paris, 1824.

Histoire Ecclésiastique d'Allemagne, contenant l'érection, le progrès et l'état ancien et moderne de ses archevêchés et évêchés; 2 vol. petit in-8. Bruxelles, 1724.

Vie et Mémoires de Scipion *de Ricci*, évêque de Pistoie

et de Prato, réformateur de la Catholicité en Toscane, sous le règne de Léopold ; 4 vol. in-8. Paris, 1826.

Résumé de l'Histoire des Croisades, par M. *Saint-Maurice* ; 1 vol. in-18. Paris, 1824.

Histoire des Croisades, par *Michaud* ; 7 vol. in-8. Paris, 1812.

3º HISTOIRE DES CONCILES GÉNÉRAUX ET PARTICULIERS.

Historia Conciliorum generalium, auctore Edmundo *Richerio* ; 3 vol. in-4. Coloniæ, 1681.

Histoire du Concile de Trente, traduite de l'italien de Pierre *Soave Polan*, par Jean *Deodati* ; quatrième édition ; 1 vol. in-fol. Paris, 1665.

Joannis Cabassutii Notitia ecclesiastica Historiarum Conciliorum et canonum invicem veterumque juxta de recentiorum ecclesiæ rituum, etc. ; 1 vol. in-fol. Lugduni, 1690.

4º HISTOIRE DES PAPES, CARDINAUX ET CONCLAVES.

Breviarium chronologicum Pontificum et Conciliorum omnium quæ à santo Petro, ad hæc usque nostra tempora celebrata sunt, studio ac labore Francisci *Longi* ; 1 vol. in-fol. Lugduni, 1623.

Francisci Carrière Historia chronologica Pontificum romanorum ; editio secunda ; 1 vol. in-12. Lugduni, 1663. (Relié en parchemin.)

Historia Platinæ, de vitis Pontificum romanorum a Jesu Christo usque ad Paulum II ; 1 vol. in-fol. Coloniæ, 1574.

Les Vies, Mœurs et Actions des Papes de Rome, ensemble les Schismes et Hérésies, etc., etc., par *Platine*, et traduites en notre langue par le sieur *Coulon* ; 1 vol. in-4. Paris, 1651.

L'Histoire Sainte, contenant l'Histoire des Papes et de

l'Etat de l'Eglise sous leur pontificat; 2 vol. in-12. Lyon, 1691.

Vie et Pontificat de Léon X, par William *Roscoe*, traduite de l'anglais, par *Henry*; 4 vol. in-8. Paris, 1813.

Mémoires du cardinal Pacca, sur la captivité du pape Pie VII, par *Bellagnet*; 2 vol. in-8. Paris, 1833.

L'Histoire des Cardinaux illustres qui ont été employés dans les affaires d'Etat, par *du Verdier*; 1 vol. in-4. Paris, 1653.

5° MARTYROLOGES, VIES DES SAINTS ET PERSONNAGES ILLUSTRES EN PIÉTÉ.

Vitæ et sententiæ Patrum Occidentis, opera et studio Benedicti *Gononi*; 2 vol. in-fol. Lugduni, 1625.

Sanctorum Catalogus, vitas, passiones, miracula, commodissime annectens; 1 vol. in-4. Lugduni, 1543.

La Monarchie Sainte de France, ou les Vies des Saints et Bienheureux qui sont sortis de la Tige royale de France, par *Dominique de Jésus*; 1 vol. in-8. Clermont, 1670.

Florilegium insulæ Sanctorum, seu Vitæ et acta Sanctorum Hiberniæ; 1 vol. in-fol. (Relié en parchemin, le titre à moitié coupé.)

La Vie des Saints pour tous les jours de l'année; 2 vol. in-8. Lyon, 1696. (Ouvrage dépareillé.)

Vies des Saints, tirées des Auteurs Ecclésiastiques anciens et modernes, par *de Blémur*; 3 vol. in-fol. Lyon, 1689.

Les Nouvelles Fleurs des Vies des Saints, recueillies par le père *Ribadeneyra*, et augmentées par Simon *Martin*; cinquième édition; 2 vol. in-fol. Paris, 1667.

Acta Sanctorum, quæ Colligit Bollandus; 52 vol. in-fol. Antuerpiæ, 1668.

Sancti Aurelii Augustini Hipponensis episcopis Vita, ex

ejus potissimum scriptis concinnata; 1 vol. in-fol. Parisiis, 1700.

La Vie de saint Augustin, évêque d'Hippone, par Antoine *Godeau*; troisième édition; 1 vol. in-8. Lyon, 1685.

La Vie de saint Basile le Grand, et celle de saint Grégoire de Naziance, par Godefroy *Hermant*; 2 vol. in-4. Paris, 1679.

La Vie du R. P. François de Borgia, troisième général de la Compagnie de Jésus, par *Ribadeneyra*; 1 vol. in-8. Lyon, 1609. (Relié en parchemin.)

La Vie de M. Boudon, par M. *Collet*; 1 vol. in-8. Paris, 1762.

La Vie de saint François, par le P. Candide *Chalippe*; 1 vol. in-4. Paris, 1728.

De Vita et moribus Ignatii Loiolæ, qui Societatem Jesus fundavit, auctore Joanne Petro *Maffeio*; 1 vol. petit in-8. Lyon, 1638.

La Vie de saint Pierre d'Alcantara, réformateur et fondateur de quelques provinces de Récollets; 1 vol. in-4. Lyon, 1670.

La Vie de saint Thomas d'Aquin, avec un exposé de sa Doctrine et de ses Ouvrages, par *Touron*; 1 vol. in-4. Paris, 1737.

Acta primorum Martyrum sincera et selecta, opera et studio Theodorici *Ruinart*; editio seconda; 1 vol. petit in-fol. Amstelodami, 1713.

Martyrologium Romanum, auctore Cæsare *Baronio* Sorano; 1 vol. in-fol. Parisiis, 1613.

Martyrologium Franciscanum, cura ac labore *Arturi*; editio seconda; 1 vol. in-fol. Parisiis, 1653.

Sacrum Gynecæum, seu Martyrologium amplissimum, cura et labore Arturi à Monasteris; 1 vol. in-fol.

6° HISTOIRE DES ORDRES RELIGIEUX SÉCULIERS ET RÉGULIERS.

Histoire des Ordres Religieux et des Congrégations régulières et séculières de l'Eglise, selon l'ordre des temps, par *Herman*; seconde édition, 3 vol. in-12. Rouen, 1727.

Bibliotheca Præmonstratensis ordinis, auctore Joanne *Le Paige*; 1 vol. in-fol. Parisiis, 1633.

Sacri et canonici ordinis Præmonstratensis annales; 2 vol. in-fol. Nanceii, 1704.

Orbis Seraphicus: Historia de tribus ordinibus a seraphico patriarcha sancto Francisco institutis; 1 vol. in-fol. Lugduni, 1685.

Fundamenta duodecim ordinis Fratrum Minorum Sancti Francisci, auctore Petro *Marchant*; 1 vol. in-fol. Antuerpiæ, 1657.

La gloire du tiers-ordre de Saint-François, ou l'Histoire de son établissement et de son progrès, par *Hilarion* de Nolay; 1 vol. in-4. Lyon, 1694.

Annales des Frères Mineurs, abrégées et traduites en français par Sylvestre *Castel*; 4 vol. in-4. Tolose, 1680.

Regula et Vita Fratrum minorum : de Seraphico patris nostri Francisci spiritu instituto; 1 vol. in-4. (Sans frontispice ; relié en parchemin.)

Chroniques des Frères Mineurs, dans lesquelles sont décrites les vies admirables, les cruels martyres, les merveilleux miracles, etc., etc., des religieux et religieuses de la Religion de Saint-François; 3 vol. in-4. Paris, 1609. (Le premier et le second volume manquent de frontispice.)

Annalium, seu Sacrarum Historiarum ordinis Minorum Sancti Francisci qui capucini nuncupantur; 2 vol. in-fol. Lugduni, 1632.

Constitutiones et Statuta Fratrum Minorum recolectorum provinciæ Sancti Francisci Galliæ; 1 vol. in-4. Lugduni, 1630. (Relié en parchemin.)

Fiume del Terrestre Paradiso; 1 vol. in-4.

Histoire générale de la province Saint-Bonaventure, dépendante de l'ordre de Saint-François; 1 vol. in-4, 1618. (Sans frontispice.)

Histoire des Chevaliers hospitaliers de Saint-Jean de Jérusalem, appelés depuis *chevaliers de Rhodes*, et aujourd'hui *chevaliers de Malte*, par l'abbé *de Vertot*; cinquième édition, 5 vol. in-12. Amsterdam, 1757.

— La même; dernière édition, 5 vol. in-12. Amsterdam, 1772.

Promenade au monastère de la Trappe; 1 vol. in-12.

Le Martyrologe des Chevaliers de Saint-Jean de Jérusalem dits *de Malthe*, contenant leurs éloges, armes, blasons, preuve de chevalerie et descente généalogique de la plupart des maisons illustres de l'Europe; 1 vol. in-fol. Paris, 1654.

Institutum Societatis Jesus, auctoritate Congregationis generalis XVIII meliorem in ordinem digestum, auctum et recusum; 2 vol. in-fol. Pragæ, 1757.

Les Jésuites, par d'Alembert; 1 vol. in-18. (Sans frontispice.)

7° HISTOIRE DES HÉRÉSIES.

Dictionnaire chronologique, historique, critique sur l'Origine de l'Idolâtrie, des Sectes de Samaritains, Juifs, des Hérésies, des Schismes, des Antipapes et de tous les principaux hérétiques et fanatiques qui ont causé quelque trouble dans l'Eglise; 1 vol. in-4. Paris, 1736.

Histoire de l'Arianisme, depuis sa naissance, jusqu'à sa fin, avec l'Origine et les progrès de l'hérésie des Sociniens, par Louis *Maimbourg*; troisième édition; 3 vol. in-12. Lyon, 1683.

Histoire du Schisme des Grecs, par Louis *Maimbourg*; 2 vol. in-12. Paris, 1677.

— Le même; 2 vol. in-12. Paris, 1680.

Leonis Allatii de Libris et Rebus ecclesiasticis Græcorum Dissertatione; 1 vol. in-4.

Histoire du grand Schisme d'Occident, par Louis *Maimbourg*; 2 vol. in-12. Paris, 1678.

Histoire de l'Hérésie des Iconoclastes et de la Translation; 1 vol. in-4.

Histoire du Luthéranisme, par Louis *Maimbourg*; 2 vol. in-12. Paris, 1680.

Histoire du Fanatisme dans la Religion Protestante, ou Histoire des Anabaptistes, par *Catnon*, de la compagnie de Jésus; 2 vol. in-12. Paris, 1733.

Concertatio Ecclesiæ Catholicæ in Anglia adversus Calvino-papistes et Puritanos sub Elizabetha regina, quorumdam hominum doctrina et sanctitate illustrium renovata; 1 vol. in-4, 1588.

8° HISTOIRE DES INQUISITIONS.

Relation des Inquisitions de Goa; 1 vol. petit in-8. Amsterdam. 1719.

Histoire abrégée de l'Inquisition d'Espagne, par Léonard *Legallois*; 1 vol. in-12. Paris, 1823.

Histoire critique de l'Inquisition d'Espagne, depuis l'époque de son établissement par Ferdinand V, jusqu'au règne de Ferdinand VII, par J. A. *Llorente*; deuxième édition, 4 vol. in-8. Paris, 1813.

9° MISSIONS.

Relation des Missions des Evêques français aux royaume

de Siam, Cochinchine, etc., etc.; 1 vol. petit in-4. 1674.

Relation des Missions du Paraguai; 1 vol. petit in-8. Paris, 1754.

VII. HISTOIRE ANCIENNE.

DES ÉGYPTIENS, DES ASSYRIENS, DES MÈDES, DES PERSES ET DES MACÉDONIENS.

Histoire ancienne des Égyptiens, des Carthaginois, des Assyriens, des Babyloniens, des Mèdes, des Perses, des Macédoniens et des Grecs, par Charles Rollin; 14 vol. in-12. Lyon, 1819.

VIII. HISTOIRE GRECQUE.

Thucydidis Olori filii de Bello Peloponesiaco libri octo; 1 vol. in-fol. anno 1564. (Edition d'Henri Etienne.)

L'Histoire de *Thucydide*; de la guerre du Péloponèse, continuée par *Xénophon*, de la traduction de *Perrot*, sieur d'Ablancourt; 1 vol. in-fol. Paris, 1662.

Résumé de l'Histoire ancienne de la Grèce, par *Senty*; 1 vol. in-18. Paris, 1826.

IX. HISTOIRE ROMAINE.

Histoire Romaine, depuis la fondation de Rome jusqu'à la bataille d'Actium, commencée par *Rollin*, et continuée par *Crévier*; 16 vol. in-12. Paris, 1748.

Historiæ Romanæ, Scriptores latini veteres qui extant, omnes Regum, Consulum, Cæsarum res gestas ab urbe condita continentes; 1 vol. in-fol. Aureliæ Allobroum, 1609.

Titi Livii Historiarum ab urbe condita libri qui supersunt, cum omnium Epitomis ac deperditorum Fragmentis; 4 vol. in-12. Edimburgi, 1764.

Titi Livii Historiarum ab urbe condita, decadis primæ pars prima; 1 vol. in-12. Lugduni, 1734.

Histoire du Tribunat des Gracques; 1 vol. in-8. Paris, 1825.

Commentaria Cæsaris nuperrime impressa; 1 vol. petit in-8. (Sans nom d'imprimeur et sans date.)

Julii Cæsaris de Bello Gallico et Civili Commentarii ex recensione Josephi *Scaligeri*; 1 vol. in-12. Lutetiæ Parisiorum, 1736.

Mémoires de Jules César, traduction nouvelle par *Artaud*; 3 vol. in-8. Paris, 1832.

Histoire des Empereurs Romains, depuis Auguste jusqu'à Constantin, par *Crévier*; 12 vol. in-12. Paris, 1749.

Histoire Romaine, contenant tout ce qui s'est passé de plus remarquable depuis le commencement de l'empire d'Auguste jusqu'à celui de Néron, par *Coffeteau*; 3 vol. in-8. Lyon, 1662.

Suetonii Tranquilli de vita XII Cæsarum libri duodecim, seu Prælectio Nicolai *Beraldi* in *Suetonium Tranquillum*; 1 vol. in-8. (Sans frontispice.)

L'Histoire de douze Cæsars, empereurs romains, écrite en latin, par *Suétone*, et traduite par *du Tel*; 1 vol. in-12. Lyon, 1685.

Cornelii Taciti et Velleii Paterculi Scripta quæ exstant; 1 vol. in-fol. Parisiis, 1608.

Histoire Romaine de *Caïus Velléius Paterculus*, traduite par *Déprés*; 1 vol. in-8. Paris, 1825.

Abrégé de l'Histoire Romaine d'*Annæus Florus*; 1 vol. in-8. Paris, 1826.

Cornelii Taciti Opera, supplementis, notis et dissertationibus illustravit Gabriel *Brottier*; 7 vol. in-12. Parisiis, 1776.

Les Œuvres de Tacite, de la traduction de *Perrot*, sieur d'Ablancourt; 3 vol. in-12. Paris, 1674.

L'Histoire de Théodose le Grand, par *Fléchier*; 1 vol. in-12. Paris, 1749.

L'Histoire des Révolutions arrivées dans le gouvernement de la République Romaine, par l'abbé *de Vertot*; cinquième édition; 2 vol. in-12. Amsterdam, 1755.

— La même; même édition.

Considérations sur les Causes de la Grandeur des Romains et de leur Décadence, par *Montesquieu*; 1 vol. in-8. Paris, 1832.

X. HISTOIRE BIZANTINE.

Résumé de l'Histoire du Bas-Empire, par *Raffenel*; 1 vol. in-8. Paris, 1826.

Histoire de la Décadence et de la Chute de l'Empire Romain, traduit de l'anglais d'Edouard Gibbon; nouvelle édition, entièrement revue et corrigée par *Guizot*, 13 vol. in-8. Paris, 1828.

XI. HISTOIRE D'ITALIE.

Résumé de l'Histoire d'Italie; 1 vol. in-18. Paris, 1825.

Histoire d'Italie, de 1789 à 1814, par Charles *Botta*; 5 vol. in-8. Paris, 1824.

Histoire des Républiques Italiennes du moyen âge, par *Sismonde de Sismondi*; 16 vol. in-8. Paris, 1825.

Lettres sur l'Italie, par *Dupaty*; 2 vol. in-18. Paris. 1819.

Italie (l'), par lady *Morgan*; 4 vol. in-8. Paris, 1821.

Histoire générale de la royale Maison de Savoie; 3 vol. in-fol.

Résumé de l'Histoire de Gênes, du Piémont et de la Sardaigne, par *Chambolle*; 1 vol. in-18. Paris, 1825.

Résumé de l'Histoire de la République de Venise, par Carion *Nisas* ; 1 vol. in-18. Paris, 1826.

Histoire de la République de Venise, par *Daru*; deuxième édition; 8 vol. in-8. Paris, 1821.

Résumé de l'Histoire de Naples et de Sicile; 1 vol. in-18. Paris, 1826.

Mémoires historiques, politiques et littéraires sur le Royaume de Naples, par le comte *Orloff*; 5 vol. in-8. Paris, 1819.

Histoire des Révolutions du royaume de Naples, composée par le comte *de Modène*; 3 vol. in-12. Paris, 1667.

XII. HISTOIRE DE FRANCE.

A. Histoire de France avant la Révolution.

1° HISTOIRE GÉNÉRALE.

Lettres sur l'Histoire de France pour servir d'Introduction à l'Etude de cette Histoire, par Augustin *Thierry*; 1 vol. in-8. Paris, 1829.

Etudes ou Discours historiques, par M. *de Châteaubriand*; 5 vol. in-8. Paris, 1831.

Nouvel Abrégé chronologique de l'Histoire de France, depuis Clovis jusqu'à Louis XIV, par le président *Hénault*; 2 vol. in-8. Paris, 1756.

Résumé de l'Histoire de France, par Félix *Bodin*; 1 vol. in-18. Paris, 1822.

Histoire des Gaulois depuis les temps les plus reculés jusqu'à l'entière soumission de la Gaule à la domination romaine, par Amédée *Thiéry*. Paris, 1835.

Histoire de France, depuis l'établissement de la Monarchie française jusqu'à Louis XIV , par le père *Daniel*; 17 vol. in-4. Paris 1755—1757.

Histoire générale de France jusqu'à Louis XIII par *Dupleix*; précédée du Mémoire des Gaules, depuis le déluge jusqu'à l'établissement de la Monarchie française; 4 vol. in-fol. Paris, 1639.

Histoire de France commencée par *Velly*, continuée par *Villaret* et ensuite par *Garnier*, et achevée jusqu'à la mort de Louis XVI par *Fantin des Odoards*; 18 vol. in-8. Paris, 1819.

Histoire de France, racontée par un grand-père à son fils, par *Walter Scott*; 3 vol. in-12. Paris, 1831.

Histoire de France depuis les Gaulois jusqu'à la mort de Louis XVI, par *Anquetil*; 13 vol. in-8. Paris, 1833.

La Gaule Poétique, par M. *de Marchangy*; 6 vol. in-8. Paris, 1824; quatrième édition.

2° HISTOIRES GÉNÉRALES D'UNE ÉPOQUE.

Gregorii, episcopi Turonensis, Opera omnia, necnon *Fredegarii* scolastici Epitome et Chronicum; 1 vol. in-fol. Lutetiæ Parisiorum, 1699.

Illustris viri Jacobi Augusti Thuani Historiarum sui temporis, ab anno Domini 1543 usque ad annum 1607; 5 vol. in-fol. Aurelianæ, 1626; cum Supplemento, 1 vol. in-fol. Parisiis, 1604.

Histoire de M. *de Thou*, des Choses arrivées de son temps; 3 vol. in-fol. Paris, 1659; mise en français par *du Ruyes*.

Histoire universelle de *Thou*, depuis 1543 jusqu'en 1607, traduite sur l'édition latine de Londres; 16 vol. in-4; reliée à tranche dorée. Londres, 1734.

Histoire de France pendant le Dix-huitième Siècle, par *Lacretelle* le jeune; 6 vol. in-8. Paris, 1808.

3° HISTOIRES PARTICULIÈRES, D'UN ÉVÉNEMENT, D'UN RÈGNE; MÉMOIRES, JOURNAUX; VIE DES PRINCES.

Résumé des Guerres de Religion en France, par *Saint-Maurice*; 1 vol. in-18. Paris, 1828.

Histoire de France pendant les Guerres de Religion, par *Lacretelle*; 4 vol. in-8. Paris, 1822.

Histoire des Troubles des Cévènes, par *Court*; 3 vol. in-12. Alais, 1819.

Histoire de Louis XI, suivie de Considérations sur l'Italie; 2 vol. in-8, formant le troisième et le quatrième volume des Œuvres de *Duclos*. Paris, 1820.

Histoire de Louis XI, par *Liskenne*; 2 vol. in-8. Paris, 1830.

Histoire de Louis XII, par *Varillas*; 6 vol. in-12. Paris, 1588.

Louis XII et François Ier, ou Mémoires pour servir à une nouvelle Histoire de leur Règne; par *Rœderer*; 2 vol. in-8. Paris, 1825.

Histoire de la Réforme de la Ligue et du règne de Henri IV, par *Capefigue*; 6 vol. in-8. Paris, 1826.

L'Esprit de la Ligue, ou Histoire politique des troubles de France pendant le seizième et le dix-septième siècle, par *Anquetil*; 3 vol. in-8. Paris, 1767.

Satyres Menippées, de la vertu du Catholicon d'Espagne, et de la tenue des Etats de Paris; dernière édition; 1 vol. in-18, 1599.

L'Intrigue du Cabinet sous Henri IV et Louis XIII, terminée par la Fronde, par Anquetil; 4 vol. in-8. Paris, 1780.

Histoire de la Fronde, par M. *de Saint-Aulaire*; 3 vol. in-8. Paris, 1827.

Histoire de Louis XIV, par *de Limiers*; 3 vol. in-4. Amsterdam, 1720.

Régence du Duc d'Orléans, par *Marmontel*; 1 vol. in-12. Paris, 1819.

Histoire de la Régence et de la Minorité de Louis XV, par *Lemontey*; 2 vol. in-8. Paris, 1832.

Collection universelle des Mémoires particuliers relatifs à l'Histoire de France, depuis Saint-Louis jusqu'au seizième siècle (1589); 62 vol. in-12, plus 2 vol. de Table. Londres, 1785.

Les Historiettes de *Tallement des Reaux*; Mémoires pour servir à l'Histoire du Dix-septième Siècle; 2 vol. in-8. Paris, 1834.

Mémoires de Montchal, archevêque de Toulouse; 1 vol. in-12. Rotterdam, 1718.

Mémoires de Philippe de Comines, depuis 1464 jusqu'en 1498; 5 vol. in-12. Bruxelles, 1723.

Mémoires de Mme de La Vallière; 2 vol. in-8. Paris, 1829.

Mémoires secrets sur le Règne de Louis XIV, la Régence et le Règne de Louis XV; 1 vol. in-8, formant le ......ième volume des Œuvres de *Duclos*. Paris, 1820.

Mémoires de Mme la comtesse du Barri; 2 vol. in-8. Paris, 1829.

Mémoires historiques et anecdotiques du duc de Richelieu; 6 vol. in-8. Paris, 1829.

Mémoires du cardinal Dubois; 4 vol. in-8. Paris, 1829.

Histoire de l'Ordre du Saint-Esprit, par *Sainte-Foix*; 1 vol. in-8. Paris, 1778.

Mémoires secrets et inédits sur les Cours de France, au quinzième, seizième et dix-septième siècle, par Mme la marquise *de Pompadour*; 2 vol. in-8. Paris, 1830.

Souvenirs de la marquise de Créqui, 1710 à 1800; 1 vol. in-8. Paris, 1834.

Mémoires et Correspondance de Madame d'Épinay; 3 vol. in-8. Paris, 1818.

4° HISTOIRES DE PROVINCES OU VILLES DE FRANCE.

Essais historiques sur Paris, par *Sainte-Foix*; 3 vol. in-8. Paris, 1778.

Histoire physique, civile et morale de Paris, par *Dulaure*; 10 vol. in-8. Paris, 1823.

Paris malade; Esquisse du jour, par Eugène *Roch*; 1 vol. in-8. Paris, 1832.

Histoire de la Ville de Vienne durant l'époque gauloise et la domination romaine dans l'Allobrogie, par *Mermet*; 2 vol. in-8. Paris, 1828.

Histoire générale et particulière de Bourgogne, par Urbain *Plancher*, religieux de la congrégation de Saint-Maur; 4 vol. in-fol. reliés en maroquin et à tranches dorées. Dijon, 1739.

Histoire des Ducs de Bourgogne de la maison de Valois (1364—1477), par M. *de Barante*; 11 vol. in-8. Paris, 1824.

Résumé de l'Histoire de Languedoc, par *Vidal*; 1 vol. in-18. Paris, 1825.

Histoire générale de Languedoc, par Joseph *Vaissette*, bénédictin de la congrégation de Saint-Maur; 5 vol. in-fol., reliés en maroquin et à tranches dorées. Paris, 1730.

Procès-verbal de la seconde Session de l'Assemblée Administrative du Département de l'Ardèche, séante à Privas; 1 vol. in-4. Privas, 1791.

Résumé de l'Histoire de Franche-Comté, par *Lefèbvre*; 1 vol. in-18. Paris, 1825.

Résumé de l'Histoire de Flandre et d'Artois, par *Scheffer*; 1 vol. in-18. Paris, 1826.

Résumé de l'Histoire de Bearn, par *Ader*; 1 vol. in-18. Paris, 1826.

Résumé de l'Histoire de Bretagne; 1 vol. in-18. Paris, 1826.

Résumé de l'Histoire de Picardie, par *Lami*; 1 vol. in-18. Paris, 1825.

Résumé de l'Histoire du Roussillon, par *Léonard*; 1 vol. in-18. Paris, 1825.

Résumé de l'Histoire de Normandie, par Léon *Thiessé*; 1 vol. in-18. Paris, 1825.

Résumé de l'Histoire de Lorraine, par Henri *Etienne*; 1 vol. in-18. Paris, 1825.

Résumé de l'Histoire d'Alsace; 1 vol. in-18. Paris, 1825.

Résumé de l'Histoire de la Guienne, par *Thiéry*; 1 vol. in-18. Paris, 1825.

Résumé de l'Histoire de la Champagne, par *Moutrol*; 1 vol. in-8. Paris, 1826.

Résumé de l'Histoire du Dauphiné, par *Laurent*; 1 vol. in-18. Paris, 1825.

Résumé de l'Histoire de l'Ile-de-France, par *Lagarde*; 1 vol. in-18. Paris, 1826.

Résumé de l'Histoire du Lyonnais, par *Jal*; 1 vol. in-18. Paris, 1828.

Résumé de l'Histoire d'Auvergne; 1 vol. in-18. Paris, 1827.

B. Histoire de France depuis la Révolution.

1º HISTOIRE GÉNÉRALE.

Revue Chronologique de 1787 à 1818; 1 vol. in-8. Paris, 1823.

Résumé de l'Histoire de la Révolution Française, par Léon *Thiessé*; 1 vol. in-18. Paris, 1826.

Précis de l'Histoire de la Révolution Française, par *Rabaut-Saint-Étienne*; 1 vol. in-8. Paris, 1827.

Esquisse des principaux Événements de la Révolution Française, par *Dulaure* ; 6 vol. in-8. Paris, 1824.

Histoire de la Révolution Française, par *Mignet* ; 2 vol. in-8. Paris, 1833.

Histoire de la Révolution Française, par *Thiers* et *Bodin* ; 10 vol. in-8, 1823 à......

Histoire de France depuis la fin du règne de Louis XVI jusqu'à l'année 1823, par l'abbé *Montgaillard* ; 9 vol. in-8. Paris, 1827.

2° HISTOIRES PARTICULIÈRES D'UN ÉVÉNEMENT, D'UN RÈGNE; MÉMOIRES, JOURNAUX; VIE DES PRINCES.

Procès-verbal de l'Assemblée des Notables tenue à Versailles en l'année 1787; 1 vol. in-8. Paris, 1788.

Histoire de l'Assemblée Constituante, par Alexandre *de Lameth* ; 2 vol. in-8. Paris, 1828.

Etudes sur Mirabeau, par Victor *Hugo* ; 1 vol in-8. Paris, 1834.

Souvenirs, épisodes, portraits pour servir à l'Histoire de la Révolution et de l'Empire ; par Charles *Nodier* ; 2 vol. in-8. Paris, 1831.

Histoire de la Restauration et des causes qui ont amené la chute de la branche aînée des Bourbons, par un Homme d'Etat ; 2 vol. in-8. Paris, 1831.

Histoire de France depuis la Restauration, par *Lacretelle* ; 2 vol. in-8. Paris, 1829.

Relation d'un Voyage à Bruxelles et à Coblentz, 1791. (Fuite de Louis XVIII, écrite par lui-même); une brochure in-8. Paris, 1823.

Appel au Tribunal de l'Opinion publique, par *Mounier* ; 1 vol. in-8. Londres, 1791.

Recueil de Pièces justificatives de l'Acte énonciatif des Crimes de Louis Capet; 1 vol. in-8.

Procès et Assassinat juridique de Louis XVI ; broch. in-8.

Tableau des Votes dans le procès de Louis XVI, broch. in-8.

Résumé des Guerres de la Vendée ; 1 vol. in-18. Paris, 1827.

Guerre des Vendéens et des Chouans contre la République française ; 2 vol. in-8. Paris, 1824.

Conspiration de Saillans ; in-8. Privas, 1792.

Histoire secrète du Directoire ; 4 vol. in-8. Paris, 1832.

Manuscrit de l'An Trois (1794—1795), contenant les premières transactions des puissances de l'Europe avec la République Française, par le baron *Fain* ; 1 vol. in-8. Paris, 1828.

Histoire de France depuis le 18 brumaire jusqu'à la paix de Tilsit, par *Bignon* ; 6 vol. in-8.

Précis des Événements militaires de 1799 à 1814, par Matthieu *Dumas* ; 17 vol. in-8. Paris.

Catastrophe du Duc d'Enghien, par *Savary* ; broch. in-8.

Le Duc de Rovigo jugé par lui-même, sur la catastrophe du duc d'Enghien ; broch. in-8.

Le Duc de Rovigo et le Prince de Talleyrand ; broch. in-8.

Explication sur le Jugement du duc d'Enghien, par le général *Hullin* ; broch. in-8.

Un Français sur l'Extrait des Mémoires de Savary ; broch. in-8.

Invasion de Rome par les Français en 1808 ; 1 vol. in-8.

Histoire de la Guerre de la Péninsule sous Napoléon, précédée d'un Tableau politique et militaire des puissances belligérantes, par le général *Foy* ; 4 vol. in-8. Paris, 1827.

Histoire de la Guerre de la Péninsule sous Napoléon ; par Robert *Southey*, traduite de l'anglais par *Lardier*, 2 vol. in-8. Paris, 1828.

Manuscrit de 1812 pour servir à l'Histoire de Napoléon, par le baron *Fain*; 2 vol. in-8. Paris, 1827.

Manuscrit de 1813, par le baron *Fain*; 2 vol. in-8. Paris, 1824.

Manuscrit de 1814, par le baron *Fain*; 1 vol. in-8. Paris, 1823.

Portefeuille de 1813, par *Norwins*; 2 vol. in-8. Paris, 1825.

Histoire de Napoléon et de la Grande Armée en 1813, par le général *de Ségur*; 2 vol. in-8. Paris, 1824.

Histoire de Napoléon et de la Grande Armée, par le général *de Ségur*; 2 vol. in-8. Paris, 1825.

Examen critique de l'Histoire de la Grande Armée de Russie, par le général *Gourgaud*; 1 vol. in-8. Paris, 1825.

Explication au sujet de la Grande Armée de Russie, par le général *Partounaux*; 1 vol. in-8.

Souvenirs anecdotiques d'un Officier de la grande armée; 1 vol. in-8. Paris, 1833.

Vie de Napoléon Buonaparte, précédée d'un Tableau préliminaire de la Révolution Française, par sir Walter-Scott; 18 vol. in-12. Paris, 1827.

Recueil de Pièces authentiques sur le Captif de Sainte-Hélène, par *Jay*; 10 vol. in-8. Paris, 1822.

Mémorial de Sainte-Hélène, par *Las-Cases*; 9 vol. in-8. Paris, 1824.

Mémorial de sir Hudson-Low, relatif à la Captivité de Napoléon à Sainte-Hélène; 1 vol. in-8. Paris, 1830.

Mélanges historiques (contenant la mort du duc de Berry); par M. *de Châteaubriand*; 1 vol. in-8. Paris, 1827.

Histoire de l'ambassade dans le grand-duché de Varsovie, par M. *de Pradt*; 1 vol. in-8. Paris, 1816.

La Police dévoilée depuis la Restauration, et notamment

sous MM. Franchet et Delavau, par M. *Froment*; 3 vol. in-8. Paris, 1829.

Souvenirs de la Campagne d'Afrique, par Théodore *de Quatrebarbes*; 1 vol. in-8. Paris, 1831.

Révolution de Juillet 1830; 1 vol. in-8. Paris, 1833.

Souvenirs Historiques sur la Révolution de 1830, par *Bérard*; 1 vol. in-8. Paris, 1834.

Événements de Paris des 27, 28, 29 juillet 1830; sixième édition, 1 vol. in-18. Paris, 1830.

3° MÉMOIRES CONTEMPORAINS.

Mémoires pour servir à l'Histoire secrète de la Révolution Française; 2 vol. in-8.

Mémoires sur la Vendée; 1 vol. in-8. Paris, 1823.

Mémoires sur les Journées de Septembre 1792; 1 vol. in-8. Paris, 1823.

Mémoires sur l'Affaire de Varennes; 1 vol. in-8. Paris, 1823.

Mémoires sur la Catastrophe du Duc d'Enghien; 1 vol. in-8.

Mémoires, souvenirs et anecdotes sur l'Intérieur du Palais de Charles X; 2 vol. in-8. Paris, 1831.

Mémoires de Madame la duchesse *d'Abrantès*, ou Souvenirs historiques sur Napoléon; 10 vol. in-8. Paris, 1831.

Mémoires de Mademoiselle *Avrillon*, sur la vie privée de Joséphine; 2 vol. in-8. Paris, 1833.

Antomarchi (Mémoires du docteur), ou les Derniers Moments de Napoléon; 2 vol. in-8. Paris, 1825.

Bailly (Mémoires de); 3 vol. in-8. Paris, 1821.

Barbaroux (Mémoires inédits de Charles); 1 vol. in-8.

Barruel : Mémoires pour servir à l'Histoire du Jacobinisme; 5 vol. in-8. Hambourg, 1798.

Bausset : Mémoires anecdotiques sur l'Intérieur du Palais et sur quelques Evénements de l'Empire ; 2 vol. in-8. Paris, 1827.

Benjamin Constant : Mémoires sur les Cent-Jours, en forme de lettres, avec des notes et des documents inédits ; 1 vol. in-8. Paris, 1829.

Besenval (Mémoires de) ; 2 vol. in-8.

Bonchamp (Mémoires de la marquise de), et *Laroche - Jacquelin* (mémoires de la marquise de) ; 1 vol. in-8.

Bouillé (Mémoires du marquis de) ; 1 vol. in-8.

Bourrienne (Mémoires de) sur Napoléon, le Directoire, le Consulat, l'Empire et la Restauration ; 10 vol. in-8. Paris, 1829.

Campan (Mémoires de Madame) ; 3 vol. in-8

Carnot (Mémoires de) ; 1 vol. in-8.

Choiseul (Mémoires du duc de) ; 1 vol. in-8.

Choiseul (Mémoires inédits du duc de) ; 1 vol. in-8.

Constant : Mémoires du premier Valet de Chambre de l'Empereur, sur la Vie privée de Napoléon, sa Famille et sa Cour ; 4 vol. in-8. Paris, 1830.

La Contemporaine en Égypte, pour faire suite aux Souvenirs d'une Femme sur les principaux Personnages de la République, du Consulat, de l'Empire et de la Restauration ; 2 vol. in-8. Paris, 1831.

Doppet (Mémoires du général) ; 1 vol. in-8.

Souvenirs sur Mirabeau et sur les deux premières Assemblées législatives, par Etienne *Dumont*, de Genève ; 1 vol. in-8. Paris, 1832.

Dumourier (Mémoires du général) ; 4 vol. in-8.

Mémoires sur Charles X, sa Cour, ses Ministres et ses Maîtresses, par Mad. la vicomtesse *de Fars*; deuxième édition, 3 vol. in-8. Paris, 1831.

Fauche-Borel (Mémoires de) ; 5 vol. in-8. Paris, 1829.

Femme de Qualité (Mémoires d'une), sur Louis XVIII, sa Cour et son Règne; 4 vol. in-8.

Révélations d'une Femme de qualité sur les années 1830 et 1831; 2 vol. in-8. Paris, 1831.

Fouché (Mémoires de), duc d'Otrante; 2 vol. in-8. Paris, 1824.

Ferrières (Mémoires du marquis de); 3 vol. in-8.

Fréron (Mémoires de); 1 vol. in-8.

Girardin : Journal et Souvenirs; Discours et Opinions; 4 vol. in-8. Paris, 1828.

Genlis (Mémoires inédits de Madame de); 10 vol. in-8.

Goguelat (Mémoires du baron de); 1 vol. in-8.

Gohier (Mémoires de), Président du Directoire au 18 brumaire; 2 vol. in-8.

Guillon de Monléon (Mémoires de l'abbé de); 2 vol. in-8.

Hausset (Mémoires de Madame du); 1 vol. in-8.

Homme d'état (Mémoires tirés des papiers d'un), sur les Causes secrètes qui ont déterminé la politique des Cabinets dans les guerres de la Révolution; 6 vol. in-8. Paris, 1832.

Hortense (Mémoires de la reine), par le baron van Scheelteex; 2 vol. in-8. Paris, 1833.

Hugo (Mémoires du général); 3 vol. in-8.

Joséphine (Mémoires historiques et secrets de l'Impératrice); 3 vol. in-8. Paris, 1827.

Lavalette (Mémoires et Souvenirs du comte), publiés par sa famille, sur les manuscrits autographes; 2 vol. in-8. Paris, 1831.

Levasseur (Mémoires de), ex-conventionnel; 2 vol. in-8. Paris, 1829.

Louis XVIII (Mémoires de), recueillis et mis en ordre par M. le duc de ......; 12 vol. in-8. Paris, 1832.

Louvet du Coudrai (Mémoires de); 1 vol. in-8.

Meillan (Mémoires de); 1 vol. in-8.

Mirabeau (Mémoires biographiques, littéraires, politiques de), écrits par lui-même, par son père, son oncle et son fils adoptif; 4 vol. in-8. Paris, 1834.

Morellet (Mémoires inédits de l'abbé); 2 vol. in-8.

Napoléon (Mémoires de), écrits à Sainte-Hélène, par le général *Montholon*; 6 vol. in-8.

Napoléon (Mémoire de), écrits à Sainte-Hélène, par le général *Gourgaud*; 2 vol. in-8.

Orléans (Mémoires de P...., duc de Montpensier); 1 vol. in-8.

Page (Mémoires et Révélations d'un) de la Cour Impériale, de 1802 à 1815; 2 vol. in-8. Paris, 1830.

Rapp (Mémoires du général); 1 vol. in-8.

Rivarol (Mémoires de); 1 vol. in-8.

Robespierre (Mémoires authentiques de Maximilien); 2 vol. in-8. Paris, 1830.

Roland (Mémoire de Madame); 2 vol. in-8.

Sanson (Mémoires pour servir à l'Histoire de la Révolution française, par), exécuteur des arrêts criminels pendant la Révolution; 2 vol. in-8. Paris, 1830.

Savary: Mémoires du duc de Rovigo, pour servir à l'histoire de Napoléon; 8 vol. in-8. Paris, 1828.

Senar (Mémoires inédits de); 1 vol. in-8.

Suchet (Mémoires du maréchal), duc d'Albuféra, sur ses campagnes en Espagne, depuis 1808 jusqu'en 1814, écrits par lui-même; 2 vol. in-8 avec atlas. Paris, 1828.

Thibodeau (Mémoires de); 2 vol. in-8.

Turreau (Mémoires du général); 1 vol. in-8.

Weber (Mémoires de); 2 vol. in-8.

C. Mélanges; Observations sur l'Histoire de France.

Observations sur l'Histoire de France, par l'abbé de Mably; 4 vol. in-12.

Testament Politique de *Louvois*; 1 vol. in-12.

Testament Politique de *Colbert*; 1 vol. in-12.

Histoire de l'Esprit Révolutionnaire des Nobles en France, par *Ganilh*; 1 vol. in-8.

Histoire de la Vie privée des Français, par *Le Grand d'Aussy*; 4 vol. in-8.

Guillaume le Franc-Parleur, ou Observations sur les Mœurs françaises au commencement du dix-neuvième siècle, par M. *de Jouy*; septième édition, 2 vol. in-12. Paris, 1815.

L'Hermite de la Chaussée-d'Antin, ou Observations sur les Mœurs françaises au commencement du dix-neuvième siècle, par M. *de Jouy*; 5 vol. in-12. Paris, 1818.

L'Hermite de la Guiane, ou Observations sur les Mœurs et les usages parisiens au commencement du dix-neuvième siècle, par M. *de Jouy*; 3 vol. in-12. Paris, 1818.

L'Hermite en Province, ou Observations sur les Mœurs et les usages français au commencement du dix-neuvième siècle, par M. *de Jouy*; 5 vol. in-12. Paris, 1827.

Etudes de Mœurs au dix-neuvième siècle, par *Balzac*; 2 vol. in-8. Paris, 1834.

La Cour et la Ville, ou Paris et Coblentz, par *Toulotte*; 2 vol. in-8. Paris, 1828.

La France, par lady *Morgan*; 2 vol. in-8.

La France en 1829 et 1830, par lady *Morgan*; 2 vol. in-8. Paris, 1830.

XIII. HISTOIRE DE SUISSE.

Résumé de l'Histoire de Suisse, par Philarète *Chasles*; 1 vol. in-18. Paris, 1814.

Histoire des Suisses, par *Mallet*; 4 vol. in-8, Genève, 1803.

Histoire des Suisses à l'époque de la Restauration, continuation de Muller, traduite en français par *Valliemin*; 2 vol. in-8, Paris, 1832.

XIV. HISTOIRE DES PAYS-BAS.

Résumé de l'Histoire de la Hollande, par Arnold *Scheffer*; 1 vol. in-18. Paris, 1824.

Documents historiques, et Réflexions sur le Gouvernement de la Hollande, par Louis *Bonaparte*, ex-roi de Hollande; 3 vol. in-8. Paris, 1820.

XV. HISTOIRE D'ALLEMAGNE.

Mes Souvenirs de vingt ans de séjour à Berlin, ou Frédéric le Grand, sa famille, sa cour, son gouvernement, son académie, etc., etc., par Dieudonné *Thiébault*; 4 vol. in-8. Paris, 1813.

Vie de Frédéric II, roi de Prusse, par lord *Dowert*; 3 vol. in-8. Paris, 1832.

Résumé de l'Histoire de l'Empire Germanique, par Arnold *Scheffer*; 1 vol. in-18. Paris, 1824.

Histoire du Règne de l'empereur Charles-Quint, par *Robertson*; 6 vol. in-12. Amsterdam, 1771.

Continuation des Commentaires des dernières Guerres en la Gaule-Belgique, entre Henri II et Charles-Quint, par *Rabutin*; 1 vol. in-8. Paris, 1564.

État présent des Affaires d'Allemagne. 1 vol. in-12.

Allemagne (de l'), par Madame de *Stael-Holstein*; quatrième édition, 4 vol. in-12. Paris, 1818.

XVI. HISTOIRE D'ESPAGNE.

Résumé de l'Histoire d'Espagne, par *Simonot*; 1 vol. in-18. Paris, 1823.

Histoire générale d'Espagne, par *Mariana*; 9 vol. in-12. Paris, 1723.

Histoire d'Espagne, depuis la plus ancienne époque jusqu'à la fin de 1809, John *Bigland*; 3 vol. in-8. Paris, 1823.

Mémoires historiques sur Ferdinand VII, roi des Espagnes; 1 vol. in-8. Paris, 1824.

XVII. HISTOIRE DE PORTUGAL.

Résumé de l'Histoire de Portugal, par Alphonse *Rabbe*; 1 vol. in-8. Paris, 1824.

XVIII. HISTOIRE D'ANGLETERRE.

Matthæi Parisiensis Angli Historia mayor; 1 vol. in-fol. *Londini*, 1640.

Résumé de l'Histoire d'Angleterre, par Félix *Bodin*; 1 vol. in-18. Paris, 1824.

Histoire d'Angleterre, depuis l'invasion de Jules César jusqu'à la révolution de 1688, par David *Hume*, et depuis cette époque jusqu'à 1760, par *Smollett*; 23 vol. in-8. Paris, 1819.

Histoire constitutionnelle d'Angleterre, depuis l'avénement d'Henri VII jusqu'à la mort de Georges II, par

Henri *Hallem*, traduction revue et publiée par *Guizot*; 6 vol. in-8. Paris, 1829.

Résumé de l'Histoire d'Écosse, par Armand *Carrel*, avec une Introduction par *Thierry*; deuxième édition, 1 vol. in-18. Paris, 1825.

Histoire d'Écosse, racontée par un grand-père à son petit-fils, par *Walter-Scott*; 7 vol. in-12.

Histoire d'Écosse, par *Robertson*; 3 vol. in-8. Paris, 1829.

Journal de l'Expédition Anglaise en Égypte, dans l'année 1800; 1 vol. in-8. Paris, 1823.

Histoire de la Conquête de l'Angleterre par les Normands, par Auguste *Thierry*; 4 vol. in-8. Paris, 1830.

Histoire des Révolutions d'Angleterre, par le P. *d'Orléans*; 4 vol. in-12. Paris, 1751.

Collection complète des Mémoires relatifs à la révolution d'Angleterre, par *Guizot*; 25 vol. in-8. Paris, 1831.

Scènes populaires en Irlande, par *Schield*, traduit de l'anglais; 1 vol. in-8. Paris, 1830.

Histoire de Charles-Édouard, dernier prince de la maison de Stuart, par Amédée*Pichot*; 2 vol. in-8. Paris, 1833.

Jacques II à Saint-Germain, par *Capefigue*; 2 vol. in-8. Paris, 1833.

L'Angleterre et les Anglais, par *Bulet*, traduit de l'anglais par *Cohen*; 2 vol. in-8. Paris, 1833.

XIX. HISTOIRE DU NORD DE L'EUROPE.

Résumé de l'Histoire de Suède, par *Coquerel*; 1 vol. in-18. Paris, 1824.

Histoire de Gustave-Adolphe et de Charles-Gustave, rois de Suède, par *Prade*; 1 vol. in-12. Paris, 1686.

Histoire de Catherine, reine de Suède, par *Lacombe*; 1 vol. in-8. Paris, 1762.

Histoire des Révolutions de Suède, par l'abbé de *Vertot*; cinquième édition; 1 vol. in-18. Paris, 1755.

Résumé de l'Histoire de Danemarck, par *Lamis*; 1 vol. in-18. Paris, 1824.

Histoire du Danemarck, par *Mallet*; 9 vol. in-12. Genève, 1787.

Résumé de l'Histoire de Russie, par Alphonse *Rabbe*; 1 vol. in-18. Paris, 1825.

Histoire de l'Empire de Russie, par *Karamlin*, traduit par *Saint-Thomas* et *Jauffret*; 11 vol. in-8. Paris, 1819.

Histoire de l'Empire de Russie, sous Pierre le Grand, par l'auteur de l'Histoire de Charles XII; 2 vol. in-12, 1759.

Histoire de Catherine II, par *Castéra*; 3 vol. in-8.

Histoire d'Alexandre Ier, empereur de Russie, par Alphonse *Rabbe*; 2 vol. in-8. Paris, 1826.

Hermite en Russie, ou Observations sur les mœurs et les usages russes, au commencement du dix-neuvième siècle, par *Dupré de Saint-Maure*; 3 vol. in-12. Paris, 1829.

Résumé de l'Histoire de Pologne, par Léon *Thiessé*; 1 vol. in-18. Paris, 1824.

Tableau de la Pologne ancienne et moderne, sous les rapports géographiques, statistiques, géologiques, politiques, moraux, historiques, législatifs, scientifiques et littéraires, par *Malte-Brun*; 2 vol. in-8. Paris, 1830.

Histoire de Pologne, avant et sous le roi Sobieski, par de *Salvandy*; 3 vol. in-8. Paris, 1829.

Mémoires d'Oginski, sur la Pologne, de 1788 à 1815; 2 vol. in-8. Paris, 1826.

Histoire des Révolutions de Pologne, par l'abbé *Desfontaines*; 2 vol. in-12. Amsterdam, 1735.

Histoire de l'Anarchie de Pologne et des Démembrements de cette république, par *Rulhière*; 4 vol. in-8. Paris, 1819.

XX. HISTOIRE DES ARABES, DES SARRASINS, DES TURCS, DE LA MORÉE ET DES ILES DE L'ARCHIPEL.

Histoire des Arabes, par Viardot; 2 vol. in-8. Paris, 1833.

Précis de l'Histoire de l'Empire Ottoman, depuis son origine jusqu'à nos jours, par Alix; 3 vol. in-8. Paris, 1822.

Mémoires du baron de *Tott*, sur les Turcs et les Tartares; 4 vol. in-8. Amsterdam, 1784.

Résumé de l'Histoire des Grecs modernes, par Armand *Carrel*; 1 vol. in-18. Paris, 1825.

Histoire de la Régénération des Grecs, contenant le précis des événements, depuis 1740 jusqu'en 1824, par *Pouqueville*; 4 vol. in-8. Paris, 1824.

Mémoires sur la Grèce et l'Albanie, par Ibrahim *Manzour-Effendi*, ouvrage pouvant servir de complément à celui de M. Pouqueville; deuxième édition, 1 vol. in-8. Paris, 1828.

Mémoires sur la Grèce, pour servir à l'Histoire de la Guerre de l'Indépendance, par *Raybaud*; 2 vol. in-8. Paris, 1824.

Bonaparte et les Grecs, par Madame Louise *Sw-Belloc*, suivis d'un tableau de la Grèce en 1825, par le comte *Pecchio*; 1 vol. in-8. Paris, 1826.

Lettres du colonel Stanhope sur la Grèce, traduites de l'anglais par Arthur *Mielle*; 1 vol. in-8, Paris, 1815.

Mémoires du colonel Voutier, sur la Guerre actuelle des Grecs; 1 vol. in-8. Paris, 1823.

XXI. HISTOIRE DE L'ASIE.

Résumé de l'Histoire de la Chine; 4 vol. in-18. Paris, 1824.

Mémoires concernant l'Histoire, les Sciences, les Arts, etc., des Chinois, par les Missionnaires de Pékin; 15 vol. in-4. Paris, 1776.

Histoire de Tamerlan, empereur des Mogols, et conquérant de l'Asie; 1 vol. in-12. Paris, 1739.

Résumé de l'Histoire de la Perse, *Raffenel*; deuxième édition, 1 vol. in-18. Paris, 1825.

XXII. HISTOIRE DE L'AFRIQUE.

Résumé de l'Histoire d'Égypte, depuis les temps fabuleux jusqu'à nos jours, par *Rey-Dussueil*; 1 vol. in-18. Paris, 1826.

Recherches philosophiques sur les Égyptiens et les Chinois, par M. *de Paw*; 2 vol. in-12. Berlin, 1778.

XXIII. HISTOIRE DE L'AMÉRIQUE.

Histoire de l'Amérique, par *Robertson*; 4 vol. in-12 Paris, 1778.

Recherches philosophiques sur les Américains, par M. *Pau*; 3 vol. in-12. Londres, 1771.

Vie de George Washington, précédée d'un Précis de

l'Histoire des Colonies fondées par les Anglais sur le continent de l'Amérique Septentrionale, par John *Marshall*; 5 vol. in-8. Paris, 1807.

Résumé de l'Histoire des États-Unis d'Amérique, par *Barbaroux*; deuxième édition, 1 vol. in-18. Paris, 1824.

Lettres sur les Mœurs et Institutions des États-Unis de l'Amérique Septentrionale, par *Fenimor Cooper*, traduites de l'anglais par *Prèble*; 4 vol. in-12. Paris, 1828.

Correspondance inédite et secrète du docteur Francklin, depuis l'année 1753 jusqu'en 1790, offrant les Mémoires de sa vie privée, les causes premières de la révolution d'Amérique, l'histoire des diverses négociations entre la France, l'Angleterre et les États-Unis; 2 vol. in-8. Paris, 1817.

Mœurs domestiques des Américains, par *Mistriss Trolope*; 2 vol. in-8. Paris, 1833.

Esquisses morales et politiques des États-Unis de l'Amérique, par Achille *Murat*; 1 vol. in-12. Paris 1832.

Mémoires autographes d'Iturbide, ex-empereur du Mexique, par *Parisot*; 1 vol. in-8. Paris 1824.

Résumé de l'Histoire du Mexique, par Eugène *Monglave*; 1 vol. in-18. Paris, 1826.

Esquisse de la Révolution de l'Amérique Espagnole; 1 vol. in-8. Paris, 1817.

Histoire de la Colombie, par *Lallement*; 1 vol. in-8. Paris, 1826.

Résumé de l'Histoire du Brésil, suivi du Résumé de l'Histoire de la Guiane, par Ferdinand *Denis*; 1 vol. in-18. Paris, 1825.

XXIV. HISTOIRE LITTÉRAIRE, ACADÉMIQUE ET BIBLIOGRAPHIQUE.

Essais sur l'Histoire des Belles-Lettres, des Sciences et des Arts, par *Juvenel de Carlencas*; 4 vol. in-8. Lyon, 1749.

Histoire de la Littérature ancienne et moderne, par *Schlegel*; 2 vol. in-8. Paris, 1829.

Les trois Siècles de notre Littérature, ou Tableau de l'Esprit de nos Écrivains, depuis François Ier jusqu'en 1772; 3 vol. in-12. Amsterdam, 1763.

Tableau historique de la Littérature française, par M. J. *Chénier*; 1 vol. in-8. Paris, 1829 (le 8e des Œuvres).

De la Littérature française pendant le dix-huitième siècle, par M. *de Barante*; troisième édition, 1 vol. in-12. Paris, 1822.

Pièces intéressantes et peu connues, pour servir à l'Histoire de la Littérature; 8 vol. in-12. Bruxelles, 1785.

Mémoires politiques et littéraires sur la Vie et les Ouvrages de Jonathas Swith, par *Walter-Scott*; 2 vol. in-12. Paris, 1826.

Histoire Littéraire d'Italie, par *Ginguené*; 10 vol. in-8. Paris, 1824.

Résumé de l'Histoire Littéraire de Portugal, suivi de celle du Brésil, par Ferdinand *Denis*; 1 vol. in-18.

Vie de John Driden, par *Walter-Scott*, renfermant l'Histoire de la Littérature Anglaise, depuis la mort de Shakspear jusqu'en 1700; 2 vol. in-12. Paris, 1826.

Histoire de l'Académie royale des Inscriptions et Belles-Lettres, depuis son établissement jusqu'à présent; 30 vol. in-4. Paris, 1736.

Histoire de l'Académie royale des Inscriptions et Belles-Lettres, depuis l'année 1743; 2 vol. in-4. Paris, 1751.

Histoire de l'Académie des Sciences, pour les années 1730, 1738—1748; 11 vol. in-4. Paris.

Histoire de Marmontel; 2 vol. in-12. Paris, 1819.

Mémoires sur Voltaire, par *Longchamp* et *Wagnière*, ses secrétaires; 2 vol. in-8. Paris, 1826.

Mémoires historiques et littéraires sur Talma, par *Moreau*; in-8. Paris, 1827.

Mémoires secrets pour servir à l'Histoire de la République des Lettres en France, depuis 1762 jusqu'à nos jours, attribués à *Bachaumont*; 36 vol. in-12. Londres, 1786.

Mémoires de Goëthe, traduits de l'allemand par Aubert *de Vitry*; 2 vol. in-8. Paris, 1823.

Mémoires de Silvio Pellico, traduits de l'italien par A. *de Latour*; 1 vol. in-8. Paris, 1833.

Mémoires (collection de) sur l'Art Dramatique; 11 vol. in-8. Paris.

Histoire du Théâtre Français, depuis son origine jusqu'à présent; 15 vol. in-12. Paris, 1745.

Minerve Française; collection complète, 9 vol. in-8, Paris, 1818.

Mercure du Dix-neuvième Siècle (année 1824).

Revue Encyclopédique, ou Analyse raisonnée des Productions les plus remarquables dans la Littérature, les Sciences et les Arts, par une réunion de membres de l'Institut, depuis le commencement en 1819, jusqu'à nos jours; 59 vol. in-8.

Mercure de France, de 1758 à 1785, 1787, 1790, 1792.

Nouvelles de la République des Lettres, par M. *Bayle*; troisième édition, de 1684 à 1718. (Incomplète.)

Bibliothèque Universelle et Historique de 1688 à 1693. In-8.

Bibliothèque choisie pour servir de suite à la Bibliothèque Universelle, par Jean *Leclerc*; in-18. De 1703 à 1713. (Le seizième volume manque.)

Bibliothèque Historique de la France, contenant le Catalogue des Ouvrages imprimés et manuscrits qui traitent de l'Histoire de ce Royaume, ou qui y ont rapport, par *Lelong*; 5 vol. in-fol., en maroquin et tranches dorées. Paris, 1768.

Bibliothèque Sacrée, ou Dictionnaire universel des Sciences Ecclésiastiques, par *Richard* et *Giraud*, dominicains; 7 vol. in-8. Paris, 1822. (Incomplète.)

Bibliotheca Sacra, seu Syllabus omnium ferme sacræ Scripturæ, labore et industria Jacobi *Le Long*; 2 vol. in-8. Parisiis, 1709.

Histoire abrégée de la Littérature Ecclésiastique sacrée; 1 vol. in-8. Paris, 1833.

Nouvelle Bibliothèque des Auteurs Ecclésiastiques, contenant l'Histoire de leur Vie, le Catalogue, la critique et la chronologie de leurs Ouvrages, par Ellies *du Pin*; 7 vol. in-4. Paris, 1693.

Bibliothèque universelle des Voyages, par *Boucher de La Richarderie*; 6 vol. in-8. Paris, 1808.

Histoire générale des Auteurs Sacrés, qui contient leur Vie, le Catalogue, la critique, la chronologie, l'analyse et le dénombrement des différentes éditions de leurs Ouvrages, etc., etc., par Remy *Ceillier*; 22 vol. in-4. Paris, 1741.

Dictionnaire portatif des Prédicateurs français, où l'on a marqué les meilleures éditions qui ont été faites de leurs ouvrages, et les jugements que les savants en ont portés; 5 vol. in-8. Lyon, 1757.

Biographie littéraire des Romanciers célèbres, depuis

Fielding jusqu'à nos jours, par *Walter-Scott*, traduite de l'anglais; 4 vol. in-12. Paris, 1816.

Dictionnaire Bibliographique, ou nouveau Manuel du Libraire et de l'amateur des livres; 2 vol. in-8. Paris, 1824.

Dictionnaire des Ouvrages Anonymes et Pseudonymes, par *Barbier*; deuxième édition, 3 vol. in-8. Paris, 1824.

Nouvelle Bibliothèque d'un homme de goût, par MM. *Barbier* et *Desessarts*; 5 vol. in-8. Paris, 1817.

Catalogue des Livres de la Bibliothèque de feu M. le duc de La Vallière, par Guillaume *de Bure* aîné; 2 vol. in-8. Paris, 1783.

Catalogue des Livres doubles de la Bibliothèque de la ville de Lyon; 1 vol. in-8. Lyon, 1831.

Catalogue des Livres français qui se trouvent à Lyon, chez *Rohaire*; 1 vol. in-8. Lyon, 1817.

XXV. VIE DES HOMMES ILLUSTRES ET CÉLÈBRES. DICTIONNAIRES HISTORIQUES.

Plutarchi Cheronensis omnium quæ exstant Operum tomi duo; 2 vol. in-fol. Lutetiæ Parisiorum, 1624. (Version grecque et latine.)

Les Vies des Hommes illustres de *Plutarque*, traduites en français, par *Dacier*; 8 vol. petit in-fol. Paris, 1721.

Le Vite di Plutarcho, ridotte in compendio per *Dario Tiberto* da Cesana, ou Vies abrégées de *Plutarque*, en italien; 1 vol. in-8. In Venetia, 1543.

Cornelius Nepos; 1 vol. in-4. (Cette édition est de 1515; on y a joint la Guerre de Troie, par *Darès* le Phrygien, et des Lettres d'Erasme.)

Cornelius Nepos : des Vies des grands Capitaines de la Grèce ; 1 vol. in-18 (latin et français).

Histoire de Catilina ; 1 vol. in-12. Amsterdam, 1749.

Vie et Actions de Ruyter ; 2 vol. in-12.

Mémoires de Grammond, par *Hamilton*; 1 vol. in-8. Paris, 1825.

Histoire du prince Eugène de Savoie ; 5 vol. in-12. Vienne en Autriche, 1790.

Histoire de Maurice, comte de Saxe, par le baron *d'Espagnac*; 3 vol. in-4.

The Life and Times of Salvator-Rosa, by lady *Morgan*, ou Vie de Salvator-Rose, par Lady *Morgan* (en anglais) ; 2 vol. in-8. Paris, 1824.

Confessions de Jean-Jacques Rousseau, suivies des Rêveries ; 4 vol. in-12. Paris, 1818.

Essai sur la Vie, les Écrits et les Opinions de Malesherbes, par *Boissy d'Anglas*; 3 vol. in-8. Paris, 1819.

Vie privée et politique du général Dumourier ; 2 vol. in-12. Hambourg, 1794.

Vie de Cambacérès ; 1 vol. in-18. Paris, 1824.

Mémoires de lord Byron, publiés par Thomas *Moore*, traduits de l'anglais par Louise *W. Belloc* ; 2 vol. in-8. Paris, 1830.

Mémoires du Venitien Casanova, de Seingalt ; 7 vol. in-12. Paris, 1826.

Souvenirs historiques sur la Vie et la Mort de Talma, par *Tissot*; brochure in-8. Paris, 1826.

Le grand Dictionnaire Historique, ou le Mélange curieux de l'Histoire Sacrée et Profane, par Louis *Moréri*; 6 vol. in-fol., première édition, de Bâle, en français, 1531.

—Le même ; 6 vol. in-fol., dernière édition. Paris, 1732.

Supplément au grand Dictionnaire Historique de *Moréri*; 2 vol. in-fol. Paris, 1735.

Nouveau Supplément au grand Dictionnaire Historique de *Moréri*; 2 vol. in-fol. Paris, 1749.

Dictionnaire Historique, par l'abbé *de Feller*; deuxième édition, 8 vol. in-8. Liège, 1797.

Dictionnaire Historique, critique et bibliographique, par une société de gens de lettres; 30 vol. in-8. Paris, 1821.

Dictionnaire portatif Historique; par l'abbé *Ladvocat*; 2 vol. in-8. Paris, 1761.

Dictionnaire Théologique, historique, poétique, cosmographique et chronologique, par *de Juigné*; 1 vol. in-4. Paris, 1641.

Dictionnarium Historicum, auctore Carolo *Stephano*; 1 vol. in-4. Genevæ, 1650.

Dictionnaire des Portraits Historiques, anecdotes et traits remarquables des hommes illustres; 3 vol. in-12. Paris, 1768.

Mémoires sur la Vie de B. *Francklin*, écrits par lui-même; 2 vol. in-12. Paris, 1828. (Traduction nouvelle.)

Biographie nouvelle des Contemporains, par *Arnaud Jay*, *Jouy*, etc., etc.; 20 vol. in-8. Paris, 1820.

XXVI. MÉLANGES HISTORIQUES.

Petri Damiani, opera omnia; 1 vol. in-fol. Lugduni, 1623.

Opuscules de M. l'abbé Fleury, contenant les Mœurs des Israélites et les Mœurs des Chrétiens; les Devoirs des maîtres et des domestiques; le Soldat chrétien, et le Catéchisme historique; 4 vol. in-8. Nîmes, 1780.

Nouveaux Opuscules de M. l'abbé *Fleury* ; 1 vol. in-8. Paris, 1807.

Les Mœurs des Israélites, par M. *Fleury* ; 1 vol. in-12. Paris, 1688.

Les Mœurs des Chrétiens, par M. *Fleury* ; 1 vol. in-18. Bruxelles; 1741.

Histoire des Confesseurs des empereurs, des rois et des autres princes, par M. *Grégoire*, ancien évêque de Blois ; 1 vol. in-8. Paris, 1825.

Omnium Gentium Mores, leges et ritus, ex multis clarissimis rerum scriptoribus a Joanne *Boemo Aubano* nuper collecti ; 1 vol. in-8. Parisiis, 1536.

Valerii Maximi dictorum ac factorum memorabilium libri novem ; 1 vol. in-8. Parisiis, 1520.

Valère Maxime, ou les Actions et les Paroles remarquables des anciens, traduction nouvelle ; 2 vol. in-12. Paris, 1713.

Histoires choisies des auteurs profanes, traduites en français, avec le latin à côté ; 2 vol. in-12. Basles, 1768.

Mémoires, ou Souvenirs et Anecdotes, par M. le comte *de Ségur*; 1 vol. in-8. Paris, 1826.

Mémoires Historiques, politiques, critiques et littéraires, par *Amelot de La Houssaie*; 2 vol. in-12. Amsterdam, 1731.

Mémoires de la margrave d'Anspach, écrits par elle-même, traduits de l'anglais par *Parisot*; 2 vol. in-8. Paris, 1826.

Soirées de Walter-Scott à Paris, par Jacob *Bibliophile*; 2 vol. in-8. Paris, 1831.

Conversations de lord Byron, recueillies pendant un séjour de Sa Seigneurie à Pise, dans les années 1821 et 1822 ; par Thomas *Madwin*, traduites de l'anglais sur les notes de l'auteur, par *D.....d*, officier de cavalerie; 2 vol. in-12. Paris, 1825.

Mémoires du comte Alexandre *de Tilly*, pour servir à l'Histoire des Mœurs du dix-huitième siècle; 3 vol. in-8. Paris, 1828.

Le Guerrier Philosophe, ou Mémoires de M. le duc *de ****, contenant des Réflexions sur divers caractères de l'Amour, et quelques Anecdotes curieuses de la dernière guerre des Français en Italie; 2 vol. in-12. La Haye, 1744.

Les Pyrénées et le Midi de la France pendant les mois de novembre et décembre 1822, par A.... *Thiers*; 1 vol. in-8. Paris, 1823.

Mémoires Historiques; Mémoires sur les Druides; Mémoires sur les Épreuves; Essai sur la Voirie, etc., etc. formant le sixième volume des Œuvres de *Duclos*, Paris.

XXVII. ANTIQUITÉS.

Cours d'Archéologie professé à la bibliothèque du roi, par *Raoul-Rochette*; 1 vol. in-8. Paris, 1828.

Ad novum Thesaurum veterum Inscriptionum Muratorii Supplementum, collectore Sebastiano *Donato*; 1 vol. in-fol., Lucques, 1765.

Cérémonies et Coutumes qui s'observent aujourd'hui parmi les Juifs, par *Semonville*; 1 vol. in-12. Paris, 1681.

Novus Thesaurus veterum Inscriptionum in præcipuis earumdem collectionibus hactenus prætermissarum, collectore *Muratorio*; 4 vol. in-fol. Milan, 1739.

Histoire ecclésiastique de la Cour, ou Antiquités et Recherches de la chapelle et oratoire du roi de France, par *du Peyret*; 1 vol. in-fol. Paris, 1645.

Antiquités de la ville de Vienne; 2 vol. in-8.

La Science des Médailles pour l'instruction de ceux qui commencent à s'appliquer à la connaissance des médailles antiques et modernes; 1 vol. in-12. Paris, 1692.

Les Hiéroglyphes de J. P. Valeriana, vulgairement nommé Piérius, autrement Commentaire des Lettres et Figures sacrées des Egyptiens et autres auteurs, par *de Monthyard*; 1 vol. in-fol. Lyon, 1615.

Description de l'Égypte, ou Recueil des observations et des recherches qui ont été faites en Egypte pendant l'expédition de l'armée française, publié par ordre du gouvernement; 9 vol. in-fol. de texte, 3 grands volumes atlas, et 14 vol. de planches. Paris.

Lettres écrites d'Égypte et de Nubie, en 1828 et 1829, par *Champolion* le jeune; 1 vol. in-8. Paris, 1833.

XXVIII. SCIENCE HÉRALDIQUE OU GÉNÉALOGIQUE.

Nouvelle Méthode raisonnée de Blason, pour l'apprendre d'une manière aisée, par *Ménestrier*; 1 vol. in-12. Bordeaux, 1698.

Catalogues et Armoiries des gentilhommes qui ont assisté à la tenue des états généraux du duché de Bourgogne, depuis 1548 jusqu'en 1682; 1 vol. in-fol. Dijon, 1760.

Philippi Jacobi Speneri illustriores Galliæ stirpes tabulis genealogicis comprehensæ et nunc primum in lucem editæ; 1 vol. in-fol. Francfort, 1689.

BELLES-LETTRES.

※

INTRODUCTION A L'ÉTUDE DES BELLES-LETTRES.

Traité du Choix et de la Méthode des Études, par Claude *Fleury*; nouvelle édition corrigée, 1 vol. in-12. Paris, 1760.

Lycée, ou Cours de Littérature ancienne et moderne, par *La Harpe*; 16 vol. in-8. Paris, an VII.

Éléments de Littérature, par *Marmontel*; 1 vol. in-12. Paris, 1819.

La Méthode d'étudier et d'enseigner chrétiennement et solidement les lettres humaines, par rapport aux Lettres divines et aux Écritures, par *Thomassin*, Père de l'Oratoire; 1 vol. in-8. Paris, 1681.

I. LANGUES DIVERSES. DICTIONNAIRES.

Dictionariolum latino-græcum et græco-latinum *Morelli*; 1 vol. in-8. Lyon, 1684.

Consenii Janua aurea trium Linguarum, sive Compendiosa methodus Latinam, Germanicam et Gallicam linguam discendi; 1 vol. in-8. 1643.

Trilingue Dictionarium, latinum, græcum et gallicum opera Ferd. *Morelli*; 1 vol. in-8. Lyon, 1707.

Lexicon Joanis *Buxtorfi* hebraico-latinum; 1 vol. in-8. (Relié en parchemin.)

Lexicon græco-latinum; 1 vol. in-8. Embrun, 1623.

Etymologium trilingue, auctore Joanne *Faugere*; nova editio; 1 vol. in-8. Lyon, 1607. (Reliure à tranche dorée.)

Onomasticon latino-græcum in usum Gymnasiorum societatis Jesu concinnatum; 1 vol. in-12. Lyon, 1663.

Dictionnaire français et italien; 1 vol. in-8. Genève, 1634.

Dictionnaire italien et français; 2 vol. in-8. Lyon, 1671.

Theodori *Gazæ* Institutiones grammaticæ, libri quatuor; 1 vol. in-8. Paris, 1529.

Constantini Lascaris Byzantini grammaticæ Institutiones; 1 vol. in-8. Venis, 1544.

Grammatica Joanis *Despauterii*, in commodiorem docendi et discendi usum redacta; 1 vol. in-8. Lyon, 1707.

Hermes Grammaticus, seu Methodus discendæ Grammaticæ compendiosior ex *Despauterii* regulis collecta; 1 vol. in-8. Lyon, 1657.

Parallèles des Langues latines et françaises; 1 vol. in-4, Lyon, 1642.

II. LANGUES ORIENTALES.

Grammaticæ Hebrææ Eliææ Levitæ; 1 vol. in-12. Bâles, 1535.

Institutiones Linguæ Hebraicæ, opera Georgii *Mayr*; 1 vol. in-8. Lyon, 1649.

— Le même, même édition.

L'Alphabet Européen appliqué aux langues asiatiques, ouvrage élémentaire, utile à tous voyageurs en Asie, par *Volney*; 1 vol. in-8. Paris, 1821.

III. LANGUE GRECQUE.

Francisci *Vergaræ* de Græcæ linguæ Grammatica; 1 vol. in-8. Paris, 1557. (Edition des Aldes.)

Emanuelis *Chrysoloræ* Byzantini, viri doctissimi græcæ grammaticæ Institutiones; 1 vol. in-8. Paris, 1534.

Institutiones ac Meditationes in Græcam Linguam, *Elenardo* auctore; 1 vol. in-4. Paris, 1572.

Tirocinium Linguæ Græcæ primigenias voces, sive radices; 1 vol. in-18. Biturigis, 1672.

— Le même; in-32. Lyon, 1682.

Linguæ græcæ radices et voces primigeniæ; 1 vol. in-32. (Sans frontispice, relié en parchemin.)

Thesaurus Linguæ Græcæ ab Henrico *Stephano* constructus; 4 vol. in-fol.

Martini *Rulandi* medici, seu Copia verborum græcorum; 1 vol. in-8. 1582.

IV. LANGUE LATINE.

Abrégé de la nouvelle Méthode pour aprendre facilement la langue Latine; 1 vol. in-12. Toulouse, MLXXXX.

— Le même; in-8. Paris, 1696.

Rudiments de la Langue Latine; in-8. (Sans frontispice, commençant à la page 109.)

Laurentii *Vallæ* Elegantiarum Latinæ linguæ librisex; 1 vol. in-8. Lyon, 1541.

— Le même; 1 vol. in-4. Paris, 1540.

Ambrosii *Calepini* Dictionarium; 1 vol. in-fol. Paris, 1517.

Flos Latinitatis ex auctorum latinæ linguæ principum monumentis excerptus; 1 vol. in-12; Avignon, 1707.

Thesaurus Vocum omnium Latinarum; 1 vol. in-4. 1603.

Apparatus latinæ locutionis ex Ciceronis libris collectus, auctore Alex. *Scot*; 1 vol. in-fol. Lyon, 1608.

V. LANGUE ITALIENNE.

Grammaire Italienne mise et expliquée en français; 1 vol. in-12. (Sans frontispice.)

Le Maître Italien, contenant ce qui est nécessaire pour apprendre facilement et en peu de temps à parler, lire et écrire en italien, par *Veneroni*; 2 vol. petit in-12. Venise, 1735.

VI. LANGUE PORTUGAISE.

La Lusiade, ou les Portugais, poème du Camoens, en dix chants, avec des notes de J. B. *Millies*; 2 vol. in-8. Paris, 1825.

VII. LANGUE FRANÇAISE

Grammaire et Logique, par *Marmontel*; 1 vol. in-12. Paris, 1819.

Remarques sur la Langue Française; 1 vol. in-4. (Sans frontispice.)

Les Secrets de notre Langue, par René *Bary*; 1 vol. in-12. Lyon, 1676.

Synonymes Français, leurs différentes significations et le choix qu'il en faut faire pour parler avec justesse, par l'abbé *Gérard*; 1 vol. in-12. Amsterdam, 1737.

Dictionnaire général et curieux contenant les principaux Mots et les plus usités en la Langue Française, par *Rochefort*; 1 vol. in-fol. Lyon, 1684.

Dictionnaire universel Français et Latin, vulgairement

appelé *Dictionnaire de Trévoux*; 7 vol. in-fol. Paris, 1820.

Dictionnaire Littéraire extrait des meilleurs auteurs anciens et modernes; 3 vol. in-8. Liége, 1768.

Dictionnaire Néologique; 1 vol. in-8. Amsterdam, 1748.

VIII. LANGUE HOLLANDAISE.

. . . .

IX. LANGUE ALLEMANDE

Le Guidon Allemand, enseignant la prononciation allemande exprimée par le moyen du son des lettres françaises, par Daniel *Martin*, linguiste; 1 vol. in-12. Strasbourg, 1663.

X. LANGUE IRLANDAISE.

. . . .

XI. LANGUE ANGLAISE.

. . . .

XII. RHÉTORIQUE ou L'ART ORATOIRE.

Aristotelis de Arte Rhetorica libri tres; 1 vol. in-8. Paris, 1538. (Relié en parchemin.)

La Rhétorique d'Aristote, traduite en français par M. *Cassandre*; 1 vol. in-12. Amsterdam, 1698.

Ciceronis orationum analysis rhetorica perpetua, auctore Martino *du Cygne*; 1 vol. in-8. Paris, 1704.

Tullii Ciceronis libri Rhetorici; 1 vol. in-12. Paris, 1704.

Fabii *Quintiliani* Institutionum oratoriarum libri duodecim; 1 vol. in-8. Lyon, 1585.

Novus Candidatus Rhetoricæ, auctore Francisco *Pomet* e societate Jesu; 1 vol. in-12. Lyon, 1678.

— Le même, in-12. Lyon, 1686.

Index Rhetoricus et Oratorius, cui adjiciuntur formulæ oratoriæ et index poeticus, opera et studio Thomæ *Farnabii*; 1 vol. petit in-12. Amsterdam, 1648.

Compendium in universam disserendi artem exprobatioribus auctoribus traductum, auctore Joanne *Rougeot*; 1 vol. in-4. Paris, 1549.

De Oratore libri quatuor ex Cicerone potissimum collecti a Joanne *Voello*; 1 vol. in-8. Lyon, 1510.

Stati Oratori, Dafra Gioseffo Maria *Platira*; 1 vol. in-4. Bologne, 1718.

Omnia opera *Mancinelli*; 1 vol. in-4. Milan, 1498.

Posthumæ Bernardini *Stephanii* prosæ; 1 vol. in-12. Romæ, 1658.

Augustini *Valerii* de Rhetorice ecclesiastica ad clericos libri tres; 1 vol. petit in-8. Rome, 1577.

Nicolai *Caussini* de Eloquentia sacra et humana libri XVI, editio quinta; 1 vol. in-4. Lyon, 1637.

XIII. ORATEURS ou ÉLOQUENCE.

Isocratis Orationes et Epistolæ cum latine Interpretatione hieronymi *Wolfii*, editio tertia; 1 vol. in-8. Genève, 1609.

Demosthenis olynthiacæ tres, græce et latine, ut conferri ab utriusque linguæ studiosis possint; 1 vol. petit in-8. Basles.

Ciceronis omnia Opera; 1 vol. in-4. (Sans frontispice, commençant à la page 2, et de l'année 1605, mis à la fin de la préface.)

Ciceronis Orationum volumen; 1 vol. in-8. Paris, 1525.

M. Tullii Ciceronis de lege Agraria orationes tres, Petri *Romani Veromandui* prælectionibus illustratæ; 1 vol. in-4. Lutetiæ, 1553.

Orationes clarorum Hominum, vel honoris, officiique causæ ad principes, vel in funere de virtutibus eorum habitæ; 1 vol. in-18. Paris, 1577.

Rami pro philosophica Academiæ disciplina oratio; 1 vol. in-8.

Leçons françaises de Littérature et de Morale, ou Recueil en prose et en vers des plus beaux morceaux de notre langue dans la littérature des deux derniers siècles, par *Noel*; 2 vol. in-8. Paris, 1820.

Collection complète des Discours de *Fontanes*; 1 vol. in-8. Paris, 1822.

Sermons de *Bossuet*; 9 vol. in-8. Paris, 1772.

Œuvres de M. l'abbé *de La Tour*; 17 vol. in-12. Cologne, 1761.

Œuvres de M. *de Tourreil*, de l'Académie royale des Inscriptions et Belles-Lettres, et l'un des quarante de l'Académie française; 4 vol. in-12. Paris, 1745.

Panégyriques et autres Sermons de *Fléchier*; 3 vol. in-12. Paris, 1703.

Éloge des Académiciens, avec l'Histoire de l'Académie royale des Sciences, par M. *de Fontenelle*; 2 vol. in-12. La Haye, 1740.

Éloge des Académiciens de Berlin, et de divers autres savants, par M. *Formey*; 2 vol. in-12. Berlin, 1757.

Discours Académiques de *Florian*; 1 vol. in-8. Paris, 1824.

Discours de Jean-Jacques *Rousseau*; 5 vol. in-12. Paris, 1819.

— Le même; 1 vol. in-8. Paris, 1825.

Discours du général *Foy*, précédés d'une Notice biographique et d'un Essai sur l'Éloquence politique en France, par *Jay*; 2 vol. in-8. Paris, 1826.

Discours et Opinions de *Rabant-Saint-Étienne*; 1 vol. in-8. Paris, 1827.

Discours de *Benjamin Constant* à la chambre des Députés; 2 vol. in-8. Paris, 1827.

Mémoires de *Beaumarchais*; 3 vol. in-8. Paris.

XIV. POÉTIQUE.

Epitome in Prosodiam ex variis scriptoribus compendiose collecta, Panthaleone Bertholomæo *Raverino* auctore; 1 vol. in-18. Lyon, 1558.

Traité de la Poésie française, par le Père *Mourgues*, jésuite; 1 vol. in-12. Paris, 1729.

Georgii *Fabricii* de Re Poetica libri quator latinorum poetarum inter se comparationes, ex Julii Cæsaris *Scaligeri* critico desumptæ; 1 vol. in-18. Lyon, 1584.

Antonii *Possevini*, societatis Jesu, Tractatio de Poesi et Pictura ethnica, humana et fabulosa, collata cum vera honesta et sacra; 1 vol. in-12. Lyon, 1593.

Phrases Poeticæ, seu Flosculi poeticæ fæcondiæ in usum rudiorum versus condere discentium; 1 vol. in-18. Lyon, 1590.

Epitheta Joannis *Ravisii* Textores Nivernensis accesserunt de prosodia libri quator; 1 vol. in-8. Lyon, 1638.

Dictionnaire des Rimes, dans un nouvel ordre, par M. *Richelet*; 1 vol. in-8. Paris, 1731.

XV. POÈTES.

1º POÈTES GRECS.

Poetæ Græci veteres : tragici, comici, lyrici epigrammatarii nunc primum græce et latine in unum redacti corpus; 1 vol. in-fol. *Coloniæ Allobrogum*, 1614.

L'Illiade d'Homère, traduction nouvelle; 2 vol. in-12. Lyon, 1785.

Odyssée, id est De rebus ab Ulysse gestis, latina versione ad verbum e regione apposita; 1 vol. in-18. 1567. (Le frontispice est déchiré.)

Pindari Olympia Nemea, en grec; 1 vol. in-4. Rome, sous le pontificat de Léon X.

Traduction nouvelle des Odes d'Anacréon, par M. *de Lafosse*, le texte en regard; 1 vol. in-12. Paris, 1706.

Theocriti aliorumque poetarum Idylliæ, ejusdem epigrammata; 1 vol. in-18. 1579. (Edition d'Henri Etienne, grec latin.)

Theocriti Idilliæ; 1 vol. in-8. Basles, 1541

Les Poésies d'*Anacréon* et de *Sappho*, traduites de grec en vers français; 1 vol. in-12. Paris, 1684.

2° POÈTES LATINS.

Chorus Poetarum Classicorum duplex, sacrorum et profanorum illustratus; 1 gros vol. in-4. Lyon, 1615.

Annus sacer Poeticus, sive Selecta de divis cæteribus Epigrammata in singulos anni dies distributa; 1 vol. in-12. (Frontispice déchiré.)

La Pharsale de Lucain, traduite en français par *Marmontel*; 2 vol. in-12. Paris, 1767.

Pharsale (la), traduction de *Marmontel*; 1 vol. in-12. Paris, 1819.

Lucrèce : de la Nature des Choses, traduit en vers français par *de Pongerville*, texte en regard; 2 vol. in-8. Paris, 1823.

Publius Virgilius Maro recensuit et emendavit *Pottier*; 2 vol. in-8. Paris, 1823.

Virgilii Maronis posteriores sex libri Æneidos argumentis

explicationibus notis illustrati, auctore Joanne Ludovico *de la Cerda*, Toletano; 1 vol. in-fol. Lyon, 1617.

Énéide de Virgile, traduite en vers par *Delille*; 4 vol. in-8. Paris, 1824.

Géorgiques de Virgile, traduites en vers par *Delille*; 1 vol. in-8. Paris, 1824.

Œuvres complètes d'Horace, latin et français, édition de *Pankoucke*; 2 vol. in-8. Paris, 1832-1831.

Satires de Juvenal, traduites par Dusaulx ; nouvelle édition, revue et corrigée par Jules *Pierrot*; 2 vol. in-8. Paris, 1830.

Juvenalis familiare Consentum, cum Antonii *Mancinelli* explanatione; 1 vol. in-4, 1498. (Sans frontispice.)

Decii Junii Juvenalis Satyræ, cum notis ac perpetua interpretatione Josephi *Jouvencii*; 1 vol. in-12. Paris, 1715.

Euphormionis Lusinini, sive Joanis *Barclai*, Satyricon; 1 vol. in-18, Augustæ Trebocorum, 1623.

Les Satyres d'Euphormion de Lusine, contenant la Censure des Actions de la plus grande partie des hommes, en diverses charges et vocations, composées in langue latine, par *Barclai*, et mise en français par J. T. P.; 1 vol. in-8. Paris, 1625.

Antonii Milliei Moyses viator, seu imago militantis Ecclesiæ Mosaicis peregrinantis synagogæ typis adumbrata; 1 vol. in-8, Lyon, 1636.

Gilberti Joanni Odorum libri iv; 1 vol. in-18. Lyon, 1630.

Terentii Comediæ; 1 vol. in-8. (Sans frontispice.)

Tragœdiæ *Senecæ*, cum commento; 1 vol. in-4. Lyon, 1491.

3º POÈTES ITALIENS.

Œuvres Dramatiques d'*Alfieri*, traduites de l'italien; 5 vol. in-18. Paris, 1822.

Roland furieux, traduit de l'Arioste par le comte *de Tressan*; 3 vol. in-8. Paris, 1822.

Jérusalem Délivrée, traduite de l'Italien; 1 vol. in-12. Paris, 1827.

Opere poetiche di Dante Alighieri, con note di diversi, par diligenza e studio di Antonio *Buttura*; 2 vol. in-8. Paris, 1823.

Le Galathée fait nouvellement en italien et françois, pour l'utilité de ceux qui se délectent en l'une et l'autre langue, et sont curieux de savoir toute chose honnête; 1 vol. in-8. Lyon, 1573.

L'Adone, poema del cavalier *Marino*; 4 vol. petit in-12. Londres, 1789.

4° POÉSIE ET LITTÉRATURE ESPAGNOLE.

Las Transformationes de Ovido, en lengua espanola; 1 vol. in-8. Anvers, 1595.

Œuvres Dramatiques de Garostiza; 1 vol. in-18. Paris, 1822.

Chefs-d'Œuvre du Théâtre espagnol; 1 vol. in-18. Paris, 1822.

5° POÉSIE ET LITTÉRATURE PORTUGAISE.

. . . .

6° POÉSIE ET LITTÉRATURE ALLEMANDE.

Œuvres Dramatiques de *Schiller*, traduites de l'allemand; 6 vol. in-18. Paris, 1822.

7° POÉSIE ET LITTÉRATURE RUSSE.

. . . .

8° POÉSIE ET LITTÉRATURE ORIENTALE.

. . . .

9° POÈTES ANGLAIS.

Chefs-d'Œuvre du Théâtre anglais; 4 vol. in-18. Paris, 1822.

Œuvres de Shakspeare, traduites de l'anglais par *Letourneur*; nouvelle édition, 11 vol. in-18. Paris, 1822.

Le Paradis perdu de *Milton*, poème héroïque traduit de l'anglais, avec les remarques de M. Adisson; nouvelle édition, augmentée du Paradis Reconquis, du même auteur; 1 vol. in-12. La Haye, 1774.

Le Paradis Perdu de Milton, traduit en vers par *Delille*; 3 vol. in-8. Paris, 1824.

Les Amours des Anges, poème de Thomas Moore, traduit en vers français par Eugène *Aroux*; 1 vol. in-12. Paris, 1830.

Hudibras, poème de Samuel Butler, écrit pendant les guerres civiles d'Angleterre, et traduit en vers français par *Towneley*; deuxième édition, 3 vol. in-12. Londres, 1819.

Œuvres complètes de lord *Byron*; 15 vol. in-12. Paris.

10° POÈTES FRANÇAIS.

Les Poètes Français depuis le douzième siècle jusqu'à Malherbe, avec une notice historique et littéraire sur chaque poète; 6 vol. in-8. Paris, 1824.

La Caroléide, par le vicomte *d'Arlincourt*; troisième édition, 1 vol. in-8. Paris, 1824.

Saint Louis, poème en douze chants et en vers, par *Santeul*, juge de paix à Rheims; 1 vol. in-8. Rheims, 1825.

Philippe-Auguste, poème héroïque en douze chants, par *Parseval*, de l'Académie française; 1 vol. in-8. Paris, 1826.

Napoléon en Égypte, poème par *Mery* et *Barthélemy*; 1 vol. in-8. Paris, 1828.

Poème sur les derniers moments du Captif de Sainte-Hélène; brochure in-8.

Ossian, barde du troisième siècle, poésies galliques en vers français, par *Baour-Lormian*; quatrième édition, 1 vol. in-12. Paris.

Œuvres complètes de *Bernard*; seule édition complète, 1 vol. in-8. Paris, 1803.

Les Nuits Poétiques, par *Dusaulchoy*, épanchement religieux et philosophique, épitre, amour, deuil; 1 vol. petit in-12. Paris, 1825.

Harmonies Poétiques et Religieuses, par Alphonse *de Lamartine*; quatrième édition, 2 vol. in-8. Paris, 1830.

Méditations Poétiques, par *Lamartine*; 2 vol. in-12. Paris, 1830.

Épîtres, par Alphonse *Lamartine*; brochure in-8. Paris, 1825.

Épîtres à M. le comte de Villèle; brochure in-8. Paris, 1825.

La Villéliade, ou la Prise du château de Rivoli, poème héroï-comique en douze chants, par *Mery* et *Barthélemy*; brochure in-8. Paris, 1826.

Les Démons travestis, découverts et confus, par Jacques *Jacques*; 1 vol. petit in-12.

Poésies de *Deshoulières*; 1 vol. in-12.

Œuvres diverses du sieur *D***, avec un Recueil de poésies choisies de M. de B**; 2 vol. in-12. Amsterdam, 1714.

Œuvres de J. B. *Rousseau*; nouvelle édition avec un

commentaire historique et littéraire, précédées d'un nouvel Essai sur la vie et les écrits de l'auteur; 5 vol. in-8. Paris, 1820.

Malheur et Pitié, poème en quatre chants, par *Delille*; 1 vol. in-8. Paris, 1824.

Poésies fugitives de *Delille*; 1 vol. in-8. Paris, 1824.

Les Trois Règnes de la Nature, poème en huit chants, par *Delille*; 2 vol. in-8. Paris, 1824.

L'Imagination, poème en huit chants, par *Delille*; 2 vol. in-8. Paris, 1824.

Les Jardins, poème en quatre chants, par *Delille*; 1 vol. in-8. Paris, 1824.

Œuvres Posthumes de *Delille*; 1 vol. in-8. Paris, 1824.

Chansons de *de Béranger*, anciennes, nouvelles et inédites, suivies des procès intentés à l'auteur; 2 vol. in-8. Paris, 1828.

Chansons Nouvelles et dernières de *Bérenger*, dédiées à Lucien Bonaparte; 1 vol. in-12. Paris, 1833.

Œuvres du chevalier *de Boufflers*; 2 vol. in-8. Paris, 1828.

Œuvres choisies de *Gresset*; 1 vol. in-8. Paris, 1823.

Œuvres choisies d'Alexis *Piron*; 2 vol. in-8. Paris, 1823.

Œuvres complètes de *Gilbert*, accompagnées de notes littéraires et historiques; 1 vol. in-8. Paris, 1823.

Œuvres complètes et inédites de *Millevoye*; troisième édition, 1 vol. in-12. Paris, 1824.

Œuvres de *Malfilâtre*; 1 vol. in-8. Paris, 1825.

Poésies d'André *Chénier*; 1 vol. in-8. Paris, 1826.

Théâtre de M. J. *Chénier* (Œuvres posthumes); 1 vol. in-8. Paris, 1829. (6e des Œuvres.)

Théâtre de M. J. *Chénier*; 3 vol. in-8. Paris, 1829. (1er, 2e et 6e de ses Œuvres.)

Poésies diverses de M. J. *Chénier*; 2 vol. in-8. Paris, 1829. (3ᵉ et 7ᵉ de ses Œuvres complètes.)

Odes et Ballades, par Victor *Hugo*; 2 vol. in-8. Paris, 1828.

Iambes, par Auguste *Barbier*; 1 vol. in-8. Paris, 1832.

Le Mérite des Femmes; nouvelle édition augmentée de poésies, par *Legouvé*; 1 vol. in-12. Paris, 1825.

Les Feuilles d'Automne, par Victor *Hugo*; deuxième édition; 1 vol. in-8. Paris, 1832.

Etudes poétiques du Cœur humain, par Édouard *Alletz*; 1 vol. in-8. Paris, 1832.

11° THÉATRE FRANÇAIS.

Théâtre de Pierre *Corneille*; 12 vol. in-8. Paris, 1764.

Poèmes dramatiques de Thomas *Corneille*; 5 vol. in-12. Paris, 1748.

Œuvres complètes de Jean *Racine*, avec les notes de tous les commentateurs; édition publiée par Aimé *Martin*; 6 vol. in-8. Paris, 1820.

Œuvres complètes de *Crébillon*; 2 vol. in-8. Paris, 1824.

Œuvres de *Ducis*; 6 vol. in-12. Paris, 1827.

Théâtre de *Le Sage*; 2 vol. in-8. Paris, 1821.

Théâtre de J. J. *Rousseau*; 1 vol. in-8. Paris, 1825.

Œuvres dramatiques de *Picard*; 10 vol. in-8. Paris, 1821.

Œuvres de *Regnard*; 4 vol. in-8. Paris, 1789.

Œuvres complètes de *Regnard*; 6 vol. in-8. Paris, 1823.

Œuvres de *Molière*, avec un commentaire historique et littéraire, par M. *Petitot*; nouvelle édition; 6 vol. in-8. Paris, 1824.

Comédies de *Beaumarchais*; 2 vol. in-8. Paris, 1823.

Théâtre de *Marmontel*; 5 vol. in-12. Paris, 1819.

Œuvres Dramatiques de *Destouches*; 6 vol. in-8. Paris, 1820.

Comédies de *Florian*; 2 vol. in-8. Paris, 1824.

Léonidas, tragédie en cinq actes, par *Pichat*, représentée pour la première fois sur le Théâtre-Français, le 26 novembre 1825; brochure. Paris, 1825.

Le Siége de Paris, tragédie en cinq actes, par le vicomte *d'Arlincourt*, représentée pour la première fois sur le Théâtre-Français, le 8 avril 1826; brochure in-8. Paris, 1826.

Sigismond de Bourgogne, tragédie en cinq actes, par *Viennet*, représentée pour la première fois sur le Théâtre-Français, le 10 septembre 1825; brochure, in-8. Paris, 1825.

Camille, ou le Capitole sauvé, tragédie en cinq actes, par *Le Mercier*, de l'Académie française; brochure in-8. Paris, 1826.

Comédies et Lettres turques de *Sainte-Foix*; 2 vol. in-8. Paris, 1778.

Œuvres dramatiques et poétiques de Casimir *Delavigne*; 1 vol. in-8. Paris, 1825.

Marino Faliero, tragédie de Casimir *Delavigne*; in-8. Paris, 1829.

Lucrèce Borgia, drame par Victor *Hugo*; brochure in-8. Paris, 1833.

Le Roi s'amuse, par Victor *Hugo*; brochure in-8. Paris, 1833.

Marion Delorme, drame en cinq actes, par Victor *Hugo*; 1 vol. in-8. Paris, 1831.

Marie Tudor, drame, par Victor *Hugo*; 1 vol. in-8. Paris, 1833.

Henri III, drame historique, par Alexandre *Dumas*; in-8. Paris.

Clotilde, drame en cinq actes et en prose, par *Souillé* et *Bossange*; broch. in-8. Paris, 1832.

Les Soirées de Neuilly, esquisses dramatiques et historiques, par *Defougeray*; 2 vol. in-8. Paris, 1827.

Trois Actes d'un grand Drame, par Léonard *Gallois*; 1 vol. in-8. Paris, 1829.

Les Barricades, scènes historiques, mai 1588, par *Vitet*; deuxième édition. Paris, 1826.

XVI. AUTEURS DE FABLES ET D'APOLOGUES.

Æsopi Fabulæ en grec et en latin; 1 vol. in-18. Sans frontispice.

Œuvres de *La Fontaine*; nouvelle édition, revue, mise en ordre et accompagnée de notes, par *Walckenaer*, membre de l'Institut; 6 vol. in-8, Paris, 1822.

Fables de *Florian*; 1 vol. in-8. Paris, 1824.

XVII. ROMANS.

Biographie littéraire des Romanciers célèbres depuis Fielding jusqu'à nos jours, par *Walter-Scott*; 4 vol. in-12. Paris, 1826.

Essais historiques et littéraires sur les Romans, par *Walter-Scott*; 2 vol. in-12. Paris, 1825.

1º ROMANS DIVERS, PAR ORDRE ALPHABÉTIQUE.

Ane (l') Mort et la Femme Guillotinée, par Jules *Janin*; 2 vol. in-12. Paris, 1832.

Asrael et Nephta, histoire de province, par Henri *Ber-thoud*; 1 vol. in-8. Paris, 1833.

Atala, Réné, et les Abencérages, par M. *de Châteaubriand*; 1 vol. in-8. Paris, 1826.

Ahsverus, par Edegard *Quinet*; 1 vol. in-8. Paris, 1834.

Alminti-Val, Mariage sacrilége, roman physiologique, par Népomucène *Lemercier*; 2 vol. in-8. Paris, 1834.

Aventures de Robinson Crusoé; nouvelle édition, ornée de douze gravures; 2 vol. in-12. Paris, 1828.

Aventures de *Donat Campbell*, dans un voyage aux Indes par terre, et anecdotes piquantes sur l'originalité de son guide *Hassan-Artas*, traduites de l'anglais; 2 vol. in-12. Paris, an VII.

Aventures d'une Sauvage, par *Grainville*; 3 vol. in-12. Paris, 1789.

Aventures surprenantes de Gulliver; 2 vol. petit in-12. Paris, 1823.

Barnave, par Jules *Janin*; 4 vol. in-12. Paris, 1831.

Bug-Jargal, de Victor *Hugo*, 1791; 1 vol. in-8. Paris, 1832.

Cabinet (le) des Fées, ou Collection choisie des Contes des Fées et autres contes merveilleux; 41 vol. in-12. 1785.

Caprices (les) et les Malheurs du calife *Vateck*, traduits de l'arabe; 1 vol. in-8. Londres, 1791.

Charles et Marie, par Mme *de Souza*; 1 vol. in-12. Paris, 1821.

Château (le) Saint-Ange, par *Viennet*; 2 vol. in-8. Paris, 1834.

Caroline de Lichtfield, ou Mémoires d'une famille prussienne, par Mme *de Montolieu*; cinquième édition, 2 vol. in-12. Paris, 1828.

Césaire, révélations, par *Guiraud*, de l'Académie française; 2 vol. in-8. Paris, 1830.

Chevalier (le) Tardif de Courtac; 5 vol. in-12. Paris, 1820.

Chiffonier (le), par Alphonse *Signol* et Stanislas *Macaire*; 5 vol. in-12. Paris, 1831.

Créole (le), ou le Naufrage de l'Austria, par Henri *Zschokke*, traduit de l'allemand, par *Lapierre*; 4 vol. in-12. Paris, 1832.

Corine, ou l'Italie, par Mme *de Staël*; 3 vol. in-12.

Conéaratcha (la), par Eugène *Sue* ; 4 vol. in-8. Paris, 1834.

Confession (la), par l'auteur de l'Ane mort et de la Femme guillotinée; 2 vol. in-12. Paris, 1830.

Contes fantastiques de *Hoffmann*, traduits de l'allemand par *Loëve-Veymars* ; 8 vol. in-18. Paris, 1830.

Contes Misanthropiques, par *Berthoud*; 1 vol. in-8. Paris, 1831.

Contes moraux de *Marmontel*; 4 vol. in-12. Paris, 1819.

Contes d'*Hamilton*; 1 vol. in-8. Paris, 1825.

Contes (les) de l'Alhambra, précédés d'un Voyage dans la province de Grenade, traduits, de Vasington *Irving*, par Mlle *Sobry* ; 2 vol. in-8. Paris, 1833.

Comte (le) de Valmont, ou les Égaremens de la Raison, lettres recueillies et publiées, par M....; 5 vol. in-12. Paris, 1776.

Cœur (un) de Jeune Fille, par Michel *Masson*; 1 vol. in-8. Paris, 1834.

Delphine, par Madame *de Staël*; 3 vol. in-12. Paris, 1820.

Diable (le) peint par lui-même, ou Galerie de petits Romans et de Contes merveilleux, par Collin *de Plancy*; 1 vol. in-8. Paris, 1825.

Derniers (les) des Beaumanoir, ou la Tour d'Helvin, par *Kératry*; 4 vol. in-12. Paris, 1825.

Dernier (le) Jour d'un Condamné, par Victor *Hugo*; 1 vol. in-8. Paris, 1829.

Double (la) Méprise, par l'auteur de Clara Gazul; 1 vol. in-8. Paris, 1833.

Deux (les) Apprentis, par *Merville*; 4 vol. in-12. Paris, 1826.

Deux (les) Cadavres, par *Souillé*; 2 vol. in-8. Paris, 1832.

Doyen (le) de Killerine, par l'abbé Prévost; 6 vol. in-12. Paris, 1821.

Don Quichotte de la Manche, de Cervantès, traduit par M. *de Florian*; 3 vol. in-8. Paris, 1824.

Duchesse (la) de Châteauroux, par Madame Sophie *Gay*; 2 vol. in-8. Paris, 1834.

Édouard, par l'auteur d'Ourika; 2 vol. in-8. Paris, 1825.

Estelle, et Galatée, par *Florian*; 1 vol. in-8. Paris, 1821.

Époque (l') sans nom, par *Bazin*; 2 vol. in-8. Paris, 1833.

Étrangère (l'), par le vicomte *d'Arlincourt*; 2 vol. in-12. Paris, 1825.

Femmes (les) Vengées, par Ernest *Desprez*; 2 vol. in-8. Paris, 1834.

Feuilles (les) de Palmier, Recueil de Contes orientaux pour la Jeunesse, par *Herder* et *Liébeskind*; 3 vol. in-12. Paris, 1833.

Fille (la) du Libraire, par Hippolyte *Bonnelier*; 2 vol. in-12. Paris, 1828.

Giesbach (la), scènes de la vie, par Henri *Zschokke*; 4 vol. in-12. Paris, 1831.

Hélène, par Marie *Edgwort*, traduite de l'anglais, par Louise *Belloc*; 3 vol. in-8. Paris, 1834.

Histoire et Roman, par *Audibert*; 1 vol. in-8. Paris, 1834.

Histoire de Cléveland, fils naturel de Cromwell, par l'abbé *Prévost*; 6 vol. in-12. Paris, 1808.

Histoire de l'admirable don Quichotte, traduction de *Filleau de Saint-Martin*, avec un essai sur la vie et sur les ouvrages de Cervantès, par M. *Auger*; 6 vol. in-8. Paris, 1825.

Homme (l') sans nom, épisode de 1793, par M. *Balanche*; 2 vol. in-12. Paris, 1832.

Huron (le) de Mont-Rouge, par *Fournier-Verneuil*; 1 vol. in-8. Paris, 1824.

Intimes (les), par Michel *Raymond*, auteur du Maçon; 2 vol. in-8. Paris, 1831.

Indiana, par Georges *Sand*; 2 vol. in-8. Paris, 1833.

Ipsiboé, par le vicomte *d'Arlincourt*; cinquième édition, 2 vol. in-12. Paris, 1829.

Ismalie, ou la Mort et l'Amour, roman, poème, par *d'Arlincourt*; 2 vol. in-8. Paris, 1828.

Ironie (l'), par Gustave *Drouineau*; 2 vol. in-8. Paris, 1834.

Iwan Wyschine, ou le Gilblas russe, par Thadée *de Busgarme*; 4 vol. in-12. Paris, 1829.

Jacques, par Georges *Sand*; 2 vol. in-8. Paris, 1834.

Ju-Kiao-Li, ou les Deux Cousines, roman chinois, traduit par M. Abel *Remusat*; précédé d'une préface où se trouve un parallèle des Romans de la Chine et de ceux de l'Europe; 4 vol. in-12. Paris, 1826.

Jeunes (les) Industriels, ou Découvertes, Expériences, Conversations et Voyages d'Henri et Lucie, par Maria *Edgeworth*, traduits de l'anglais par Madame *Belloc*; 3 vol. in-12. Paris, 1826.

Jonathan le Visionnaire, contes philosophiques et moraux, par *Saintine*; 2 vol. in-12. Paris, 1825.

Laitière (la) de Montfermel, par Paul *de Kock*; 5 vol. in-12. Paris, 1827.

Médecin (le) de Campagne, par *Balzac*; 2 vol. in-8. Paris, 1833.

Matinées (les) d'un Dandy, par *Hennequin*; 2 vol. in-8. Paris, 1833.

Mémoires d'un Cadet de famille, par *Trelawney*, compagnon de lord Byron; 3 vol. in-8. Paris, 1833.

Lélia, par Georges *Sand*; 2 vol. in-8. Paris, 1833.

Lorgnon (le); 1 vol. in-8.

Le Manuscrit Vert, par *Drouineau*; 2 vol. in-8. Paris, 1832.

Le Magnétiseur, par Frédéric *Souillé*; 2 vol. in-8. Paris, 1834.

Les Mille et Un Jour, contes persans, traduits en français par M. *Petit de La Croix*; 5 vol. petit in-12. Paris, 1778.

Le Misanthrope du Marais, ou la Jeune Bretonne, historiette des temps présents, par Alexandre *Duval*; 1 vol. in-8. Paris, 1832.

Les Missionnaires, ou la famille Duplessis, par *de Rougemont*; 2 vol. in-12. Paris, 1820.

Natchez (les), par M. *de Châteaubriand*; 2 vol. in-8. Paris, 1826.

Notre-Dame de Paris, par Victor *Hugo*; 2 vol. in-8. Paris, 1831.

Nouvelle (la) Héloïse, par J. J. *Rousseau*; 3 vol. in-12. Paris, 1818.

— Le même; 3 vol. in-8. Paris, 1824.

Nouvelles de *Florian*; 1 vol. in-8. Paris, 1824.

Numa Pompilius, par *Florian*; 1 vol. in-8. Paris, 1824.

Oberon, ou les Aventures de Huon de Bordeaux, par *Wielland*, traduction nouvelle; 1 vol. in-8. Paris, 1800.

Ombrages (les), contes spiritualistes; par *Drouineau*; 1 vol. in-8. Paris, 1833.

Ourika; 1 vol. in-12. Paris, 1824.

Œuvres de *Rabelais*, édition *variorum*, augmentée de pièces inédites, des Songes drôlatiques de *Pantagruel* et d'un nouveau Commentaire historique et philologique, par *Esmaugart* et Eloi *Johanneau*; 9 vol. in-8. Paris, 1823.

Œuvres de Maistre François *Rabelais*, publiées sous le titre de Faits et Dits du géant *Gargantua* et de son fils *Pantagruel*; 5 vol. in-12. Amsterdam, 1725.

Œuvres complètes de Mesdames *de La Fayette*, *de Tencin* et *de Fontaine*, par *Etienne* et *Jay*; 5 vol. in-8. Paris, 1825..

Œuvres complètes *de Sterne*, traduites de l'anglais, par une Société de gens de lettres; 2 vol. in-8. Paris, 1825.

Pastorales (les) de Longus, ou Daphnis et Cloé, traduction de messire *Amyot*, refaites en grandes parties par Paul-Louis *Courier*; 1 vol. in-8. Paris, 1821.

Peau (la) de Chagrin, roman philosophique par M. *de Balzac*; 2 vol. in-8. Paris, 1831.

Paris en province et la Province à Paris, par Madame Georgette *Ducrest*; 3 vol. in-8. Paris, 1831.

Plik et Plok, par Eugène *Sue*; 1 vol. in-8. Paris, 1831.

Port (le) du Créteil, par Fréderic *Souillé*; 2 vol. in-8. Paris, 1833.

Province (la) à Paris, ou les Caquets d'une grande ville, par le baron *de Lamothe-Langon*; 4 vol. in-12. Paris, 1825.

Quelques Pensées. Mon ami Lémann, par *Kératry*; 1 vol. in-12. Paris, 1833.

Rénégat (le), par le vicomte *d'Arlincourt*; septième édition, 2 vol. in-12. Paris, 1828.

Résignée, par Auguste *Drouineau*; 2 vol. in-8. Paris, 1833.

Romans de Chevalerie, extraits par le comte *de Tressan*, avec figures; 4 vol. in-8. Paris, 1788.

Roman comique de *Scarron*; 2 vol. in-12. Paris, 1821.

Roman (le) de la Rose, par Guillaume *de Lorris* et Jean *de Meung* dit *Clopinel*; édition de Lantin de Damerey, avec figures; 5 vol. in-8, Paris, an VII.

Sainte-Baume, par Joseph *d'Ortig*; 2 vol. in-8. Paris, 1834.

Sainte Périne, souvenirs contemporains, par M. *Valéry*; 1 vol. in-12. Paris, 1826.

Salamandre (la), par Eugène *Sue*; 2 vol. in-8. Paris, 1832.

Scènes de la Vie maritime, par A. *Jal*; 3 vol. in-8. Paris, 1882.

Sergent (le) de Ville; 2 vol. in-8. Paris, 1832.

Séverine, par Madame *de Beaufort d'Hautpoul*; 6 vol. in-12. Paris, 1808.

Sœur (la) de lait du Vicaire, histoire de province, par Henri *Berthoud*; 1 vol. in-8. Paris, 1833.

Soirées (les) de Chamouni, par *Zschokke*; 4 vol. in-12. Paris, 1832.

Soirées (les) d'Aaran, par Henri *Zschokke*, traduit de l'allemand; 4 vol. in-12. Paris, 1829.

Solitaire (le), par le vicomte *d'Arlincourt*; onzième édition, 2 vol. in-12. Paris, 1826.

Songe (le) de *Bocace*, celui d'un Ermite, et les Rêves *d'Aristobule*; 1 vol. in-8. Paris, 1793.

Stello, ou les Diables bleus, par Alfred *de Vigny*; 1 vol. in-8. Paris, 1832.

Tante (la) et la Nièce, roman traduit de l'allemand, par Madame *de Montolieu*; 4 vol. in-12. Paris, 1825.

Tartufe (le) moderne, par *Mortonval*; 3 vol. in-12. Paris, 1825.

Tom-Jones, ou Histoire d'un Enfant trouvé, traduite de Fielding par *Chéron*; 6 vol. in-12. Paris, 1804.

Torrent (le) des Passions, ou les Dangers de la Galanterie, mémoires récents d'un général allemand; 2 vol. in-12. Paris, 1818.

Valentine, par George *Sand*; 2 vol. in-8. Paris.

Vigie (la) de Koat-Veu, roman maritime, par Eugène *Sue*; 4 vol. in-8. Paris, 1834.

2° ROMANS DE LE SAGE.

Aventures du chevalier de Beauchêne; 1 vol. in-8. Paris, 1821.

Bachelier (le) de Salamanque; 1 vol. in-8. Paris, 1821.

Diable (le) boiteux; 1 vol. in-8. Paris, 1821.

Estevanille Gonzalès; 1 vol. in-8. Paris, 1821.

Gil-Blas de Santillane; 2 vol. in-8. Paris, 1821.

Histoire de Guzman d'Alfarache; 1 vol. in-8. Paris, 1821.

Nouvelles aventures de l'admirable don Quichotte de La Manche; 1 vol. in-8. Paris, 1821.

Roland l'Amoureux; 1 vol. in-8. Paris, 1821.

3° ROMANS HISTORIQUES.

Adhémar et Théodeberge, épisode des Guerres civiles du quinzième siècle, par *Pourret des Gauds*; 2 vol. in-8. Paris, 1835.

Bélisaire, par *Marmontel*; 1 vol. in-12. Paris, 1819.

Brasseur (le) Roi, chronique flamande du quatorzième siècle, par *d'Arlincourt*; 2 vol. in-8. Paris, 1834.

Cinq-Mars, ou Conjuration sous Louis XIII, par le comte *de Vigny*, deuxième édition; 4 vol. in-12. Paris, 1826.

Chroniques impériales, par *Barginet*, de Grenoble; 2 vol. in-8. Paris, 1833.

Cotte (la) rouge, ou Insurrection de 1626, par *Barginet*; 4 vol. in-12. Paris, 1829.

L'Amirante de Castille, par la duchesse *d'Abrantès*; 2 vol. in-8. Paris, 1832.

Comte (le) de Villamayor, ou l'Espagne sous Charles IV, par *Mortonval*; 5 vol. in-12. Paris, 1825.

Don Alonzo, ou l'Espagne, histoire contemporaine, par *de Salvandy*; 4 vol. in-8. Paris, 1824.

Fiancées (les), histoire milanaise du dix-septième siècle, par *Manzoni*; 7 vol. in-12. Paris, 1828.

Fils (le) du Meunier, ou le Siége de Paris, par *Mortonval*; 5 vol. in-12. Paris, 1829.

Fils (le) du Meunier, ou le Siége de Rouen, par *Mortonval*; 4 vol. in-12.

Gonzalve de Cordoue, ou Grenade reconquise, par *Florian*; 1 vol. in-8. Paris, 1824.

Guillaume Tell, et Mélanges littéraires de *Florian*; 1 vol. in-8. Paris, 1824.

Incas (les), ou la Destruction de l'empire du Pérou, par *Marmontel*; 1 vol. in-8. Paris, 1777.

Incas (les), ou Destruction de l'empire du Pérou, par *Marmontel*; 1 vol. in-12. Paris, 1819.

Lascaris, ou les Grecs du quinzième siècle, suivi d'un Essai historique sur l'état des Grecs depuis la conquête musulmane jusqu'à nos jours, par M. *Villemain*; 1 vol. in-8. Paris, 1825.

Roi (le) des Montagnes, ou les Compagnons du Chêne, par *Barginet*; 5 vol. in-12. Paris, 1818.

Youry Miloslausky, ou la Russie en 1612, roman historique, par *Zagoskine*, traduit par Mme *S. C.*; 4 vol. in-12. Paris, 1831.

Fragoletta, ou Naples et Paris en 1799; 4 vol. in-8.

Les Cardeurs, ou Patriotisme et Vengeance, roman irlandais, par *Crowe*; 3 vol. in-12. Paris, 1830.

Le Connémara, ou une Élection en Irlande, roman irlandais, par *Crowe*; 1 vol. in-12. Paris, 1830.

L'Anglo-Irlandais au dix-neuvième siècle, par *Banim*; 4 vol. in-12. Paris, 1829.

John Doe, ou les Chefs des Rebelles, roman irlandais, par *Banim*; 2 vol. in-12. Paris, 1829.

La Bataille de La Boyne, ou Jacques II en Irlande, par *Banim*; 5 vol. in-12. Paris, 1829.

Les Réfugiés, histoire irlandaise, par Mistriss *Sinclair*; 5 vol. in-12. Paris, 1830.

Les Cœurs d'acier, roman de l'histoire d'Irlande; 4 vol. in-12. Paris, 1831.

Les Croppys, épisode de l'histoire de la Rebellion d'Irlande en 1798; par *Banim*; 4 vol. in-12. Paris, 1832.

Padré na Moulh, ou le Mendiant des Ruines, par *Banim*; 2 vol. in-12. Paris, 1830.

Crohore na Bilhoge, ou les White Boys, par *Banim*, roman irlandais; 3 vol. in-12. Paris, 1829.

L'Apostat, ou la Famille Nowlan, histoire irlandaise, par *Banim*; 4 vol. in-12. Paris, 1829.

Mémoires d'un Vilain du quatorzième siècle, traduits d'un manuscrit de 1369, par Collin *de Plancy*; 2 vol. in-12. Paris, 1820.

La princesse Christine, épisode historique du commencement du dix-huitième siècle, traduit de l'allemand d'Henri *Zschokke* par *Loeve-Weimare*; 2 vol. in-12. Paris, 1830.

Le Ménétrier, ou une Insurrection en Suisse, histoire de

1633, traduit de l'allemand par *Loeve-Weimare* ; 5 vol. in-12. Paris, 1828.

Le Fugitif du Jura, ou le Grison, simple épisode des troubles de la Suisse en 1799, traduit de l'allemand par *Loève-Weimare*; 2 vol. in-12. Paris, 1830.

Le Galérien, roman philosophique et historique, traduit de l'allemand par *Theil* et *Gaertner*; 2 vol. in-12. Paris, 1829.

Les Truands, ou Enguérand de Marigny, 1302 à 1314, histoire du règne de Philippe le Bel, par *Lotin de Laval*; 1 vol. in-8. Paris, 1833.

Don Martin Gil, histoire du temps de Pierre le Cruel, par *Mortonval*; 2 vol. in-8. Paris, 1831.

Les Rebelles sous Charles V, par le vicomte *d'Arlincourt*; deuxième édition, 5 vol. in-12. Paris, 1832.

1572 ; chronique du temps de Charles IX, par l'auteur du théâtre de Clara Gazul; 1 vol. in-8. Paris, 1829.

Le Roi des Ribauds, histoire du temps de Louis XII, par *Jacob*; 2 vol. in-8. Paris, 1831.

Jean Cavalier, ou les Camisards et les Cadets de la Croix, 1702, 1704, récits puisés dans des manuscrits authentiques et inédits, par *Hernauld Rasvalde*; 6 vol. in-12. Paris, 1831,

La Vieille Fronde, 1648, par Henri *Martin* ; 1 vol. in-8. Paris, 1832.

La Tour de Montléry, histoire du douzième siècle, par *Viennet*; 2 vol. in-8. Paris, 1833.

La Famille d'Aubeterre, ou Scènes du seizième siècle, roman historique par Madame *de* ***; 4 vol. in-12. Paris, 1829.

Duranti, premier président du parlement de Toulouse, ou Ligue en province, par *Baour-Lormian*; 4 vol. in-12. Paris, 1828.

Les Écorcheurs, ou l'Usurpation de la Peste, par le vicomte *d'Arlincourt* ; 2 vol. in-8. Paris, 1833.

La Conspiration de mil huit cent vingt-un, ou les Jumeaux de Chevreuse, par M. le duc *de Lévis* ; deuxième édition, 4 vol. in-12. Paris, 1829.

Les deux Seigneurs du Village, histoire de ce temps, par *Barginet* ; 4 vol. in-12. Paris, 1829.

La Trente-deuxième Demi-brigade, chronique militaire du temps de la République, par *Barginet* ; 1 vol. in-8. Paris, 1832.

Le Grenadier de l'île d'Elbe, souvenir de 1814 et 1815, par *Barginet* ; 2 vol. in-8. Paris, 1831.

Le dernier Chouan, ou la Bretagne en 1800, par Honoré *Balzac* ; 4 vol. in-12. Paris, 1829.

Tristan le Voyageur, ou la France au quatorzième siècle, par M. *de Marchangy* ; 6 vol. in-8. Paris, 1825.

Le Rouge et le Noir, chronique du dix-neuvième siècle, par M. *de Stendhal* ; 2 vol. in-8. Paris, 1831.

Robert Fitzooth surnommé Robin Hood, ou le Chef des Proscrits, roman historique par *Defauconpret* ; 3 vol. in-12. Paris, 1829.

4° ROMANS DE WALTER-SCOTT.

Abbé (l'), suite du Monastère ; 4 vol. in-12. Paris, 1822.

Antiquaire (l') ; 4 vol. in-12. Paris, 1823.

Aventures (les) de Nigel ; 4 vol. in-12. Paris, 1822.

Château (le) de Pontefract, traduit par Madame *Collet* ; 4 vol. in-12. Paris, 1823.

Château (le) de Kénilworth, traduit par *Parisot* ; 4 vol. in-12. Paris, 1821.

Chroniques (les) de la Canongate, traduites de l'anglais par *Defauconpret* ; 4 vol. in-12. Paris, 1828.

Danse (la) du Lac, roman poétique, traduit de l'anglais par M. A. P., traducteur des Œuvres de Byron ; 2 vol. in-12. Paris, 1823.

Eaux (les) de Saint-Roman, traduit de l'anglais par le traducteur des romans historiques de sir Walter-Scott; 4 vol. in-12. Paris, 1824.

Episode des Guerres de Monterose, ou l'Officier de fortune, nouveaux contes de mon hôte, recueillis et mis au jour par Iédediah Cleishbotham, maître d'école et secrétaire de la paroisse de Gauder-Gleugls ; 2 vol. in-12. Paris, 1823.

Fiancée (la) de la Mermoor; 3 vol. in-12. Paris, 1822.

Guy-Marmering, ou l'Astrologue, traduit de l'anglais par le traducteur des romans historiques de Walter-Scott ; 3 vol. in-12. Paris, 1822.

Halidon-Hill, esquisse dramatique tirée de l'histoire d'Écosse, traduit de l'anglais par le traducteur des Œuvres complètes de Walter-Scott; 1 vol. in-12. Paris, 1822.

Histoire du temps des Croisades; 6 vol. in-12. Paris.

Ivanhoé, ou le Retour du Croisé, traduit de l'anglais par le traducteur des romans historiques de Walter-Scott.

Lai (le) du dernier Ménestrel, roman poétique, traduit de l'anglais par le traducteur des Œuvres de lord Byron; précédé d'une Notice historique sur sir Walter-Scott ; 1 vol. in-12. Paris, 1824.

Marmion, ou la Bataille de Flodden-Field, traduit de l'anglais sur la neuvième édition; 2 vol. in-12. Paris, 1820.

Matilde de Rokeby, roman poétique, traduit de l'anglais par M. A. P., traducteur des Œuvres de Byron ; 2 vol. in-12. Paris, 1823.

Mémoires Poétiques et Littéraires sur la vie et les ouvrages de Jonathan Swift; 2 vol. in-12. Paris, 1826.

Monastère (le), traduit de l'anglais par le traducteur des romans historiques de Walter-Scott; 4 vol. in-12. Paris, 1823.

Péveril du Pic, traduit de l'anglais par le traducteur des romans historiques de Walter-Scott; 5 vol. in-12. Paris, 1824.

Pirate (le), ou les Flibustiers; deuxieme édition, 4 vol. in-12. Paris, 1822.

Prison (la) d'Edimbourg, nouveau conte de mon hôte, recueilli et mis au jour par Iédediah Cleishbotham, maître d'école et secrétaire de la paroisse de Gander-Gleugh; 4 vol. in-12. Paris, 1824.

Puritain (le) d'Écosse et le Nain mystérieux, nouveau conte de mon hôte, recueilli et mis au jour par Iédediah Cleishbotham, maître d'école et sacristain de la paroisse de Gander-Gleugh; 4 vol. in-12. Paris, 1821.

Quentin Durward, ou l'Écossais à la cour de Louis XI, traduit de l'anglais par le traducteur des romans historiques de Walter-Scott; 4 vol. in-12. Paris, 1824.

Redgauntlet, histoire du dix-huitième siècle, traduit par le traducteur des romans historiques de Walter-Scott; 4 vol. in-12. Paris, 1824.

Rob-Roy, précédé d'une notice historique sur Rob-Roy, Mac-Grégor Campbell et sa famille, traduit de l'anglais par le traducteur des romans historiques de Walter-Scott; 4 vol. in-12. Paris, 1822.

Vie de John Driden, renfermant l'Histoire de la Littérature auglaise depuis la mort de Shakspeare jusqu'en 1700; 2 vol. in-12. Paris, 1826.

Vision (la) de don Roderick, le Champ de Bataille de Waterloo, etc., roman poétique traduit de l'anglais par le traducteur des Œuvres de lord Byron; 1 vol. in-12. Paris, 1821.

Waverley, ou l'Écosse il y a soixante ans, traduit de l'anglais par Joseph *Martin*; 4 vol. in-12. Paris, 1822.

Woodstock, ou le Cavalier, histoire du temps de Cromwel année 1651, traduit de l'anglais par *Defauconpret*; 4 vol. in-12. Paris, 1826.

Le Miroir de la tante Marguerite et la Chambre tapissée; 1 vol. in-12. Paris, 1829.

Charles le Téméraire, roman historique; 4 vol. in-12.

5° ROMANS DE FENIMORE COOPEER.

Bravo (le), histoire vénitienne; 4 vol. in-12. Paris, 1832.

Bourreau (le) de Berne, ou l'Abbaye des Vignerons; 4 vol. in-8. Paris, 1833.

Corsaire (le) Rouge, roman américain, traduit de l'anglais par *Defauconpret*; 4 vol. in-12. Paris, 1828.

Dernier (le) des Mohicans; 4 vol. in-12. Paris, 1826.

Écumeur (l') de Mer, ou la Sorcière des Eaux, roman américain; deuxième édition, 4 vol. in-12. Paris, 1831.

Espion (l'), roman américain, traduit de l'anglais par *Defauconpret*; 4 vol. in-12. Paris, 1824.

Heidemnaer (l'), ou le Camp des Païens, légendes des bords du Rhin; 4 vol. in-12. Paris, 1832.

Légende des treize Républiques, traduit de l'anglais par *Defauconpret*; 4 vol. in-12. Paris, 1825.

Pilote (le), roman américain, traduit de l'anglais par le traducteur des romans historiques de Walter-Scott; 4 vol. in-12. Paris, 1524.

Pionniers (les), ou les Sources de Susquéhannat, traduit de l'anglais par le traducteur des romans historiques de Walter-Scott; 3 vol. in-12. Paris, 1823.

Prairie (la), roman américain, traduit de l'anglais, par *Defauconpret*; 4 vol. in-12. Paris, 1828.

Précaution, ou le Choix d'un Mari; traduit de l'anglais par *Defauconpret*; 4 vol. in-12. Paris, 1825.

Redwod, roman américain, traduit de l'anglais; 4 vol. in-12. Paris, 1824.

Le Puritain d'Amérique, ou la Vallée de With-Tonwish; 4 vol. in-12. Paris, 1829

6° ROMANS DE PICARD.

Exalté (l'), ou histoire de Gabriel Desodry, sous l'ancien régime, pendant la révolution et sous l'empire; troisième édition, 4 vol. in-12. Paris, 1824.

Gilblas (le) de la Révolution, ou les Confessions de Laurent Giffard; deuxième édition, 5 vol. in-12. Paris, 1824.

L'Honnête Homme, ou le Niais, histoire de Georges Derey et de sa famille; 3 vol. in-12. Paris, 1825.

Mémoires de Jacques Fauvel, publiés par *Droz* et *Picard*; 4 vol. in-12. Paris, 1823.

7° ROMANS DE VICTOR DUCANGE.

Agathe, ou le petit Vieillard de Calais; 2 vol. in-12. Paris, 1821.

Albert, ou les Amants missionnaires; 2 vol. in-12. Paris, 1820.

Artiste (l') et le Soldat, ou le Fils de maître Jacques; 5 vol. in-12. Paris, 1828.

Léonide, ou la Vieille de Surène; 5 vol. in-12. Paris, 1823.

Luthérienne (la), ou la Famille Morave; 6 vol. in-12. Paris, 1825.

Médecin (le) confesseur, ou la Jeune Émigrée; 6 vol. in-12. Paris, 1825.

Trois (les) Filles de la Veuve; 6 vol. in-12. Paris, 1826.

8° ROMANS DE MADAME COTTIN.

Claire d'Albe; 1 vol. in-12. Paris, 1828.

Malvina; 3 vol. in-12. Paris, 1828.

Élisabeth, ou les Exilés en Sibérie; 1 vol. in-12. Paris, 1828.

Mathilde; 4 vol. in-12. Paris, 1828.

Amélie Mansfield; 3 vol. in-12. Paris, 1828.

XVIII. FACÉTIES, PIÈCES BURLESQUES.

. . . .

XIX. PHILOLOGIE ET CRITIQUES, INTERPRÉTATIONS, ÉCLAIRCISSEMENTS SUR LES AUTEURS.

Apophtegmata ex probatis Grecæ Latinæque linguæ Scriptoribus, a *Conrado Lycosthene* collecta; 1 vol. in-8. 1594.

Sententiæ et Proverbia ex latinis Scriptoribus; 1 vol. in-8. Paris, 1536.

Capellæ Martiani de Nuptii Philologia et septem Artibus Liberalibus libri novem, optime castigati; 1 vol. in-8. Lyon, 1539.

Martialis Epigrammation libri XIII; 1 vol. in-8. Paris, 1528.

Gilberti Jonini e societati Jesu Epigrammata; 1 vol. in-18. Lyon, 1634.

Marii Nigolii Brinelensis in Ciceronem Observationes; 1 vol. in-fol. Lyon, 1552.

Aphtonii sophistæ Progymnastus; 1 vol. in-18. Lyon, 1606.

Dictionnaire Comique, satyrique, critique, burlesque, libre et proverbial, avec une explication très fidèle de toutes les manières de parler burlesques, comiques, libres, satyriques et proverbiales qui peuvent se rencontrer dans les meilleurs auteurs, tant anciens que modernes, par *Leroux*; 1 vol. in-8. Lyon, 1735.

Critique du Dictionnaire de la Langue française, par Charles *Nodier*; 1 vol. in-8. Paris, 1828.

Recueil des bonnes Pièces qui ont été faites pour et contre *le Cid* par les bons esprits de ce temps; 1 vol. in-12. Paris, 1637.

L'Esprit de l'abbé Desfontaines; 4 vol. in-12. Paris, 1757.

XX. POLYGRAPHES.

Auli Gelii Noctium Atticarum libri unde vigenti; 1 vol. in-8, 1518. (Edition de Bernard Aubri.)

Auli Gelii luculentissimi Scriptoris Noctes Atticæ; 1 vol. in-8. Lyon, 1550.

Luciani Samosatensis libri, en grec; 1 vol. in-8. Haganoas, an XXXV.

Macrobii (Ambrosii Aurelii) Theodosii viri consularis et illustris libri; 1 vol. in-8. Lugduni, 1556.

Annæi Senecæ philosophi et rhetoricis quæ extant Opera; 1 vol. in-fol. Paris, 1607.

Petri *Nannii* Alemariani, sive Miscellanearum decas una; 1 vol. petit in-8. Lyon, 1548.

Bonifacii Rhodigini Historia ludicra, opus ex omni disciplinarum genere selecta et jucondà eruditione refertum; 1 vol. in-4. Bruxelles, 1656.

Pensées de *Cicéron*, traduites, pour servir d'instruction à la jeunesse, par M. l'abbé *d'Olivet*; 1 vol. in-12. Paris, 1766.

Pensées de M. le comte *d'Oxenstiern* sous divers sujets avec les réflexions morales du même auteur; 2 vol. in-12. La Haye, 1754.

— Le même. La Haye, 1742.

Pensées d'un Prisonnier, par le comte *de Peyronnet*; 2 vol. in-8. Paris, 1834.

Œuvres complètes de M. le comte Xavier *de Maistre*; 2 vol. in-8. Paris, 1828.

Œuvres complètes de *Duclos*, les deux premiers volumes contenant les Considérations sur les mœurs, les Confessions du comte de..., Mémoires sur les langues celtiques et françaises, etc., etc.; 2 vol. in-8.

L'Ame de Marmontel, par le docteur Boskbrunk; 1 vol. in-12. Amsterdam, 1768.

Œuvres (les) du sieur *du Vair*, garde des sceaux de France; 1 vol. in-fol. Paris, 1619.

Œuvres de M. *de Fontenelle*; 6 vol. in-12. Amsterdam, 1754.

Œuvres de M. *Lemontey*; 5 vol. in-8. Paris, 1829.

Le Spectateur, ou le Socrate moderne, où l'on voit un portrait naïf des mœurs de ce siècle, traduit de l'anglais; 3 vol. in-4. Paris, 1755.

Discours et Mélanges littéraires, par M. *Villemain*; 1 vol. in-8. Paris, 1823.

Les Études littéraires et poétiques d'un Vieillard, ou Recueil de divers écrits en vers et en prose, par le comte *Boissy d'Anglas*; 6 vol. in-12. Paris, 1825.

Mélanges, par *Bernardin de Saint-Pierre*; 1 vol. in-8. Paris, 1825.

Mélanges littéraires, par M. *de Châteaubriand*; 1 vol. in-8. Paris, 1826.

Mélanges et Poésies, par M. *de Châteaubriand*; 1 vol. in-8. Paris, 1828.

Scènes de la Nature sous les tropiques, ou de leur influence sur la poésie, suivies de Camoens et José Indio, par Ferdinand *Denis*; 1 vol. in-8. Paris, 1824.

Essais historiques et littéraires, par *Walter-Scott*; 2 vol. in-12. Paris, 1825.

Ma Translation, ou la Force, Sainte-Pélagie et Poissy, par *Magalon*; 1 vol. in-8. Paris, 1824.

Les Ermites en Prison, ou Consolation de Sainte-Pélagie, par *Jouy* et *Jay*; 1 vol. in-8. Paris, 1823.

Les Ermites en Liberté, par *Jay* et *Jouy*; 1 vol. in-8 Paris, 1824.

Œuvres littéraires de M. A. *Jay*; 4 vol. in-8. Paris, 1831.

Œuvres diverses de *Beaumarchais*; 1 vol. in-8. Paris.

Mélanges de *Marmontel*; 1 vol. in-12. Paris, 1819.

Mélanges de Littérature et de Politique de M. J. *Chénier*; 1 vol. in-8. Paris, 1829. (4e de ses Œuvres.)

Mélanges de Littérature et de Philosophie de Victor *Hugo*; 2 vol. in-8. Paris, 1834.

Œuvres diverses de Montesquieu; 1 vol. in-8. Paris, 1833.

Mémoires, Correspondance et Opuscules inédits de Paul-Louis *Courier*; 2 vol. in-8. Paris, 1828.

Mon Bonnet de Nuit, par *Mercier*; 2 vol. in-12. Neufchâtel, 1784.

Mélanges de J. J. *Rousseau*; 1 vol. in-8. Paris, 1824.

Œuvres d'un Solitaire, par *Bernardin de Saint-Pierre*; 1 vol. in-8. Paris, 1818.

Paris, ou le Livre des Cent-Un; in-8. Paris.

XXI. DIALOGUES ET ENTRETIENS SUR DIVERS SUJETS.

Dialogues de la Philosophie phantastique des Trois en Un, composés nouvellement, traduits de l'espagnol en français; 1 vol. in-18. (Sans frontispice. Le titre est extrait du privilége du roi de 1587.)

Dialogues de J. J. *Rousseau*; 2 vol. in-8. Paris, 1824.

Les Entretiens d'Ariste et d'Eugène où les mots des devises sont expliqués; 1 vol. in-12. Paris, 1742.

Entretiens Familiers de *Plutarque* sur la bonne ou mauvaise fortune, ou l'Art de Vivre heureux; traduction nouvelle, 2 vol. petit in-12. Paris, 1673.

XXII. ÉPISTOLAIRES.

Thesaurus contexendarum epistolarum formandæque linguæ ad imitationem Ciceroniæ dictionis locupletissimus; 1 vol. in-18. Tremoniæ, 1555.

Manuel Épistolaire, ou Choix de Lettres puisées dans les meilleurs auteurs français et latins; 1 vol. in-12. Paris, 1785.

Les Lettres de *Cicéron* à Atticus, français latin; 1 vol. in-12. Paris, 1701. (Dépareillé.)

Les Lettres de *Cicéron* à ses Amis, traduites en français, le latin à côté, suivant l'édition de Grœvius; 1 vol. in-12. Paris, 1725. (Incomplet.)

Nouvelle traduction du livre unique des Lettres de Cicéron à Brutus avec des remarques historiques et critiques, par M. *de Laval*; 2 vol. in-12. Paris, 1731.

Les Épîtres familiaires de *Cicéron*, latin-français, traduction de *Gaudoin*; 2 vol. in-8. Paris, 1663.

Caii Plinii Secundi Epistolæ, huic editioni accessere in

eumdem Plinium Isaaci *Casauboni* notæ; 1 vol. in-18. Paris, 1608.

Les Lettres de *Pline* le jeune, nouvelle édition, revue et corrigée; 3 vol. in-12. Paris, 1721.

Synesii philosophi ac epi copi Ptolemaidis Cirenaicæ Epistolæ lectu dignissimæ, in utrinsque linguæ studiosorum gratiam græce et latine edita; 1 vol. in-8. Basles, 1558.

Les Lettres de saint Bernard avec les Notes d'Hortius et de dom Mabillon, traduites en français par *de Villefore*; 2 vol. in-8. Paris, 1715.

Recueil des Lettres de Madame *de Sévigné* à Madame la comtesse de Grignan sa fille; 7 vol. petit in-12. Paris, 1763. (Le premier volume manque.)

— Le même; 8 vol. petit in-12. Paris, 1775.

Lettres du cardinal *d'Ossat*, avec des Notes historiques et politiques de M. *Amelot de La Houssaie*; 5 vol. in-12. Amsterdam, 1714.

Lettres choisies de M. *Fléchier*, avec une relation des fanatiques du Vivarez et des Réflexions sur les différents caractères des hommes; 1 vol. in-8. Lyon, 1734. (Dépareillé.)

Lettres Persanes de *Montesquieu*; 1 vol. in-8. Paris, 1831.

J. J. *Rousseau* à M. d'Alembert sur son article *Genève*, dans l'Encyclopédie et particulièrement sur le projet d'établir un théâtre de comédie en cette ville; 1 vol. in 8. Amsterdam, 1758.

— Le même; in-8. Paris, 1824.

Lettres écrites de la Montagne et à C. de Beaumont, par J. J. *Rousseau*; 1 vol. in-8. Paris, 1824.

Correspondance de J. J. *Rousseau*; 6 vol. in-8. Paris, 1824.

Lettres sur l'Italie, par *Dupaty*; 2 vol. in-18. Paris, 1819.

Correspondance Littéraire, Philosophique et Critique, adressée à un Souverain d'Allemagne, depuis 1753 jusqu'en 1769 par le baron *Grimm* et par *Diderot*, première partie; 6 vol. in-8. Paris, 1813.

— La même, depuis 1770 jusqu'en 1782, seconde partie, 5 vol. in-8. Paris, 1812.

— La même, depuis 1782 jusqu'en 1790, troisième partie; 5 vol. in-8. Paris, 1813.

Supplément à la Correspondance de MM. *Grimm* et *Diderot*; 1 vol. in-8. Paris, 1814.

Lettres et Pensées du maréchal prince de Ligne, publiées par Madame *de Staël-Holstein*; quatrième édition, 1 vol. in-8. Paris, 1809.

Correspondance inédite et secrète du docteur *Francklin*, depuis l'année 1753 jusqu'en 1790, offrant les Mémoires de sa vie privée, les Causes premières de la Révolution d'Amérique, l'Histoire des diverses Négociations entre la France, l'Angleterre et les Etats-Unis; 1 vol. in-8. Paris, 1817.

Les Lettres et Épîtres amoureuses d'*Héloïse* et d'*Abeilard*, traduites librement en vers et en prose; précédées de la Vie, des Amours et Infortunes de ces célèbres époux; in-12. Paraclet, 1784. (Dépareillé.)

L'École des Jeunes Demoiselles, ou Lettres d'une Mère vertueuse à sa Fille, avec les Réponses de la fille à la mère, par l'abbé *Reyre*; 2 vol. in-12. Paris, 1786.

SCIENCES.

INTRODUCTION. TRAITÉS GÉNÉRAUX ET PRÉPARATOIRES.

Encyclopédie, ou Dictionnaire raisonné des Sciences, des Arts et des Métiers, par une société de Gens de Lettres; mis en ordre et publié par M. *Diderot*; 29 vol. grand in-fol. Paris, 1751.

L'Esprit de l'Encyclopédie, ou Choix des Articles les plus curieux, les plus agréables, les plus piquants, les plus philosophiques de ce grand Dictionnaire; 3 vol. in-12. Genève, 1768.

Indiculus universalis Rerum fere omnium, ou l'Univers en abrégé, où sont contenus en diverses listes presque tous les Noms des ouvrages de la nature, de toutes les sciences, et de tous les arts avec leurs principaux termes; quatrième édition, 1 vol. petit in-12. Lyon, 1703.

Le Portrait de la Sagesse universelle, ou l'Idée générale des Sciences, divisée en trois tomes, par le R. P. *Léon*; 1 vol. petit in-12. Lyon, 1667.

Tableau historique des Progrès de l'Esprit humain par *Condorcet*; troisième édition, 1 vol. in-16. Paris, 1823.

Henrici Cornelii *Agripæ* de Incertitudine et Vanitate Scientiarum et Artium, atque Excellentia verbi Dei Declamatio; 1 vol. petit in-8, apud Antuerpiam, 1534.

De la Vanité, Incertitude et Abus des Sciences; petit vol. in-12. (Sans frontispice.)

I. PHILOSOPHIE.

Résumé de l'Histoire de la Philosophie, par M. *Laurent*, avocat; 1 vol. in-18. Paris, 1826.

Essai sur l'Histoire de la Philosophie en France au dix-neuvième siècle, par *Damiron*; 2 vol. in-8. Paris, 1828.

Abrégé curieux et familier de toute la Philosophie, par le sieur *de Marande*; 1 vol. in-16. Lyon, 1659.

Compendium naturalis Philosophiæ, per fratrem Franciscum *Titelmanum*; 1 vol. petit in-8. Parisiis, 1545.

Philosophia per argumenta breviter explicata auctore Guillelmo *Chabrono* e societate Jesu; 1 vol. in-16. Coloniæ Agripinæ, 1662.

Joannis *Lalemandet* Cursus Philosophicus; 1 vol. in-fol. (Sans frontispice. L'approbation des docteurs est de 1644.)

Tertia Pars Philosophiæ, seu Physica, auctore *d'Abra de Raconis*; editio septima, correcta et emendata, 1 vol. in-8. Parisiis, 1640.

Tertia Pars Philosophiæ, seu Physica, auctore *d'Abra de Raconis*; editio sexta, 1 vol. in-4. Avenione, 1639.

Philosophus in utramque Partem, sive Selectæ et limatæ difficultates in utramque Partem, cum responsionibus, ad usum scholæ, auctore Laurentio *Duhan*; 1 vol. in-12. Paris, 1704.

Cursus Philosophicus concinnatus ex notissimis cuique principiis, auctore Emanuele *Maignan*; 4 vol. in-8. Tolosæ, 1653.

Philosophia Academica quam ex selectissimis illustriorum Philosophorum, presertim vero *Aristotelis* et doctoris *Sublilis Scolis*, ordinavit Claudius *Frassen*; tertia editio, 2 vol. in-4. Tolosæ, 1686.

— Le même, composé de deux vol. in-4. (Dépareillés, l'un sans frontispice, et l'autre imprimé à Paris, 1657.)

Philosophia Naturalis Joan. *Duns-Scoti* in Theoremata distributa et contra adversarios omnes tam veteres quam recentiores, impugnationibus et defensionibus illustrata ac dilucidata, auctore *Fabro Faventino*; 1 vol. in-4. Parisiis, 1622.

Novus Cursus Philosophicus Scotistarum complectens universam philosophiam, auctore Bonaventura *Columbo*; 1 vol. in-fol. Lugduni, 1669.

Integer Philosophiæ Cursus ad usentem *Scoti*, authore Joanne *Poncio*; 1 vol. in-fol. Parisiis, 1648.

Gasparis *de La Fuente* Questiones dialecticæ et physiciæ; 1 vol. in-4. Lugduni, 1631.

Gulielmi Canserarii *Scoti* selectæ Disputationes Philosophicæ; 1 vol. in-fol. Parisiis, 1630.

Institutiones Philosophicæ ad faciliorem veterum et recentiorum philosophorum intelligentiam comparatæ opera et studio Edmundi *Purchotii*; editio quarta, 5 vol. in-12. Lugduni, 1733.

Œuvres de Platon, traduites par Victor *Cousin*; 5 vol. in-8. Paris, 1822.

Œuvres de Descartes, publiées par Victor *Cousin*; 11 vol. in-8. Paris, 1824.

Les Helviennes, ou Lettres Provinciales philosophiques; quatrième édition, 5 vol. in-12. Amsterdam, 1789.

Examen du Pyrrhonisme ancien et moderne, par M. *de Crousaz*; 1 vol. in-fol. La Haye, 1733.

De la Religion considérée dans sa source, ses formes et ses développements, par Benjamin *Constant*. Paris, 1825.

Les Soirées de Saint-Pétersbourg, ou Entretiens sur le Gouvernement temporel de la Providence ; suivies d'un Traité sur les Sacrifices, par le comte *de Maistre* ; 2 vol. in-8. Lyon, 1831.

Des Mystères de la Vie humaine, par le comte *de Montlosier* ; 2 vol. in-8. Paris, 1828.

Essai philosophique sur les Probabilités, par M. le marquis *de Laplace* ; cinquième édition, 1 vol. in-8. Paris, 1825.

Mélanges Philosophiques, par *Formey* ; 2 vol. in-12 de 1754.

Mélanges Philosophiques de sir James *Mackintosh*, traduits de l'anglais par Léon *Simon* ; 1 vol. in-8. Paris, 1829.

Opinion littéraire, philosophique et industrielle ; 1 vol. in-8. Paris, 1825.

Lettres Philosophiques adressées à un Berlinois, par *Lerminier* ; 1 vol. in-8. Paris, 1832.

De l'Influence de la Philosophie du dix-huitième siècle sur la Législation et la sociabilité du dix-neuvième, par *Lerminier* ; 1 vol. in-8. Paris, 1833.

Introduction à la Science de l'Histoire, ou Science du Développement de l'Humanité ; 1 vol. in-8. Paris, 1835.

II. LOGIQUE ET DIALECTIQUE.

Aristotelis Stagiritæ Peripateticorum principis organum, hoc est, Libri omnes ad Logicam pertinentes græce et latine, auctore Jul. *Pacio*; editio tertia, 1 vol. in-4. Aureliæ Allobrogum, 1605.

Artium Cursus, sive Disputationes in Aristotelis Dialecticam et Philosophiam naturalem ; 1 vol. in-4. Parisiis, 1636.

Rami Veromandui, eloquentiæ et philosophiæ professoris regii, Aristotelicarum Animadversionum liber novus et decimus in posteriora analytica; 1 vol. in-8. Parisiis, 1553.

Logica Mexicana R. P. Antonii *Ruvio* Rodensis, hoc est Commentarii breviores et maxime perspicui in universam Aristotelis Dialecticam, 1 vol. in-8. Lugduni, 1610.

Dialectica ad Mentem Joannis *Scoti*, opera Joannis *à Sancta Cruce*; 1 vol. petit in-12. Duaci, 1676.

III. ÉTHIQUE ou MORALE.

Résumé de l'Histoire des Traditions morales et religieuses chez les divers Peuples, par M. *de S....*; 1 vol. in-18. Paris, 1825.

Adagiorum des Erasmi Roterodami chiliades quator cum Sesquicenturia quibus adjectæ sunt Henrici Stephani Animadversiones suis quæque locis sparsim digestæ; 1 vol. in-fol. Paris, 1579.

Aristotelis ad Nicomacham filium de Moribus, quæ Ethica nominantur, libri decem, Joachimo *Perionio* interpreti; 1 vol. in-4. Parisiis, 1542.

Œuvres de Sénèque, traduites en français par *Chalvet*; in-4. (Sans frontispice.)

L'Esprit de Sénèque, ou les plus belles Pensées de ce grand philosophe; 1 vol. in-12. Paris, 1735. (Dépareillé.)

Les Offices de *Cicéron*, traduits en français par M. *Dubois*, avec le latin en regard; 1 vol. in-12. Paris, 1725.

Les Questions Tusculanes de Marc Tulle *Cicéron*, nouvellement traduites du latin en français par Etienne *Dolet*; 1 vol. in-8. Lyon.

Les Œuvres morales et mêlées de Plutarque, translatées de grec en français; 1 vol. in-fol. Lyon, 1537.

Code du Bonheur renfermant des Maximes et des règles

relatives aux Devoirs de l'Homme envers lui-même, envers ses semblables et envers Dieu, par Rodolphe-Louis *d'Erlach*; 7 vol. in-8. Paris, 1783.

Traité des Passions de l'Homme, où suivant les règles de l'analyse on recherche leur nature, leur cause et leur effet, par M. *Besse*, d. m.; 1 vol. in-8. 1699.

Physiologie des Passions, ou nouvelle Doctrine des Sentiments moraux, par *Alibert*, d. m.; 2 vol. in-8. Paris, 1825.

Esquisses de la Souffrance Morale, par Édouard *Alletz*; 2 vol. in-8. Paris, 1828—1831.

De la Philosophie Morale, ou des différents Systèmes de la Science de la Vie, par Joseph *Droz*; 1 vol. in-8. Paris, 1823.

Des Compensations dans les Destinées humaines, par M. *Azaïs*; neuvième édition, 3 vol. in-8. Paris, 1818.

De la Sociabilité, par l'abbé *Pluquet*; 2 vol. in-12. Paris, 1767.

Discours Philosophique sur l'Homme considéré relativement à l'état de nature et à l'état de société, par le P. G. B. (*Gerdil*, barnabite); 1 vol. in-8. Turin, 1769.

Le Juvénal Français; 1 vol. in-8. (Sans frontispice; le privilége du roi est de 1624.)

Traduction entière de *Pétrone*, suivant le nouveau manuscrit trouvé à Bellegarde en 1688; 2 vol. in-8. Cologne, 1694.

Les Mœurs, par *Panage*; huitième édition, 1 vol. in-12, 1748.

Les Caractères de *Théophraste*, avec les Caractères ou les Mœurs de ce siècle, par M. *de La Bruyère*; édition de Coste; 2 vol. in-12. Amsterdam, 1754.

Considérations sur les Avantages de la Vieillesse, ouvrage de M. le baron *de Prelle*; 1 vol. in-12. Paris, 1677.

Consolations et Réjouissances pour les Malades et personnes affligées, par le R. P. *Binet*; 1 vol. in-12. Lyon, 1630.

Les Leçons de la Sagesse sur les Défauts des Hommes, par M. *de Bonnaire*; 3 vol. in-12. Paris, 1753.

L'Éloge de la Folie, par *Érasme*, pièce qui représente au natuel l'homme tout défiguré par la sottise, lui apprend agréablement à rentrer dans le bon sens et dans la raison, traduction de *Guedeville*; 1 vol. in-12. Amsterdam, 1745.

Réflexions sur le Ridicule et sur les moyens de l'éviter, où sont représentés les différents caractères et les mœurs des personnes de ce siècle, par l'abbé *de Bellegarde*; cinquième édition, 1 vol. in-12. Paris, 1701.

Theodori *Schrevelii* de Patientia libri IV; 1 vol. in-18. Lugduni Batavorum, 1623.

Les Essais de *Michel*, seigneur de Montaigne; 1 vol. in-18. Rouen, 1619.

Essai de Michel *de Montagne*, avec les notes de tous les commentateurs; 5 vol. in-8. Paris, 1823.

Réflexions ou Sentiments et Maximes morales; quatrième édition, 1 vol. in-12. Lyon, 1690.

Maximes de *La Rochefoucault*; 1 vol. in-8. Paris, 1825.

Galerie Morale et Politique, par M. le comte *de Ségur*; 3 vol. in-8. Paris, 1818.

Les Femmes, leur Condition et leur Influence dans l'ordre social chez différents peuples anciens et modernes, par le vicomte *de Ségur*; 4 vol. in-18. Paris, 1822.

IV. ÉCONOMIE.

Histoire de l'Administration en France, de l'Agriculture, des Arts utiles, du Commerce, des Manufactures, par *Costaz*; 2 vol. in-8. Paris, 1832.

Effet de l'Enseignement populaire sur la Prospérité de la France, discours prononcé par le baron Charles *Dupin* ; brochure in-8. Paris, 1826.

Éducation (de l') Publique, considérée dans ses rapports avec le développement des facultés, la marche progressive de la civilisation et les besoins actuels de la France, par *Naville* ; 1 vol. in-12. Paris, 1832.

Émile, ou de l'Éducation, par J. J. *Rousseau*; édition de M. Auguis; 3 vol. in-8. Paris, 1824.

— Le même; 3 vol. in-12. Paris, 1819.

De l'Éducation, par Mme *Campan*, suivi des Conseils aux jeunes filles, d'un Théâtre pour les jeunes personnes, et de quelques Essais de Morale; ouvrage mis en ordre et publié par *Barrière* ; 2 vol. in-8. Paris, 1824.

Éducation Domestique, ou Lettres de famille sur l'Éducation, par Mme *Guizot*; 2 vol. in-8. Paris, 1826.

Essai sur l'Éducation des Femmes, par Mme la comtesse *de Rémusat* ; 1 vol. in-8. Paris, 1825.

De l'Éducation des Mères de famille, ou de la Civilisation du Genre Humain par les femmes, par Aimé *Martin*; 2 vol. in-8. Paris, 1834.

V. POLITIQUE.

Élément de Droit Politique, par A. M. *Macarel*; 1 vol. in-12. Paris, 1833.

Collection des Constitutions, Chartes et Lois fondamentales des peuples de l'Europe, et des deux Amériques, par MM. *Dufau, Duvergier* et *Guadet*; 6 vol. in-8. Paris, 1823.

Constitution politique de la Monarchie Espagnole, par *de Lasteyrie*; brochure in-8. Paris, 1814.

Contrat Social, par J. J. *Rousseau* ; édition de M. Auguis, 1 vol. in-8. Paris, 1824.

— Le même; 1 vol. in-12. Paris, 1819.

L'Esprit des Nations, par l'abbé *d'Espiard* ; nouvelle édition, 2 vol. in-12. Genève, 1753.

L'Esprit des Lois, par *Montesquieu* ; 3 vol. in-8. Paris, 1832.

De l'Esprit des Lois, ou du Rapport que les Lois doivent avoir avec la Constitution de chaque Gouvernement, les mœurs, le climat, la religion, le commerce, etc.; 3 vol. in-12. Genève, 1750.

Histoire de la Barbarie et des Lois au Moyen Age, par *Toulotte* et *Riva*; 3 vol. in-8. Paris, 1825.

Sur la Politique Rationelle, par Alphonse *Lamartine* ; brochure in-8. Paris, 1831.

Traité de Législation, ou Exposition des Lois générales suivant lesquelles les peuples prospèrent, dépérissent ou restent stationnaires, par Charles *Comte*; 4 vol. in-8. Paris, 1827.

Les Devoirs de l'Homme et du Citoyen, tels qu'ils lui sont prescrits par la loi naturelle, traduits du latin de *Pufendorf* par *Barbeyrac*; 2 vol. in-8. Amsterdam, 1748.

Législation Primitive considérée dans les derniers temps par les seules lumières de la raison, suivie de plusieurs Traités et Discours politiques, par *Bonald*; 3 vol. in-8. Paris, 1802.

L'Industrie et la Morale considérées dans leurs rapports avec la Liberté, par *Dunoyer*; 1 vol. in-8. Paris, 1825.

Dictionnaire Social et Patriotique, ou Précis raisonné de Connaissances relatives à l'Économie morale, civile et politique; 1 vol. in-8. Amsterdam, 1770.

Discours sur les Moyens de bien Gouverner et maintenir en bonne paix un royaume ou autre principauté, contre Nicolas Machiavel, Florentin, attribué à Innocent *Gentillet* ; 1 vol. in-8. (Sans indication) de Lyon, 1579.

Politique de tous les Cabinets de l'Europe pendant les règnes de Louis XV et de Louis XVI, commentée par le comte *de Ségur*; 3 vol. in-8. Paris, 1824.

Essai historique, politique et moral sur les Révolutions anciennes et modernes considérées dans leurs rapports avec la révolution française, par M. *de Châteaubriand*; 2 vol. in-8. Paris, 1826.

Les Trois Époques des temps modernes, ou les Révolutions religieuses, politiques et commerciales ; 1 vol. in-8. Paris, 1826.

Essai sur la Conscience et la Liberté Religieuse, par *Vinet*; brochure in-8. Paris, 1829.

Portraits Politiques des Papes considérés comme princes temporels et comme chefs de l'Eglise, depuis l'établissement du saint-siége à Rome jusqu'en 1822, par *Llorente*, ancien secrétaire de l'Inquisition ; 3 vol. in-8. Paris, 1822.

L'Esprit de l'Église, ou Considérations philosophiques et politiques sur l'Histoire des Conciles et des Papes, par *Potter*; 8 vol. in-8. Paris, 1821.

Lettres sur l'Angleterre, par A. *de Staël-Holstein* ; 1 vol. in-8. Paris, 1825.

Lettres de Junius, traduites de l'anglais avec des notes historiques et politiques par *Parisot* ; 2 vol. in-8. Paris, 1828.

La France, l'Émigration et les Colons, par M. *de Pradt*, ancien archevêque de Malines; 2 vol. in-8. Paris, 1824.

Congrès de Panama, par M. *de Pradt*, ancien archevêque de Malines; brochure in-8. Paris, 1821.

Concordat de l'Amérique avec Rome, par M. *de Pradt*. ancien archevêque de Malines; 1 vol. in-8. Paris, 1827,

Vrai Système de l'Europe relativement à l'Amérique et à la Grèce, par M. *de Pradt*, ancien archevêque de Malines; 1 vol. in-8.

Garanties à demander à l'Espagne, par M. *de Pradt*, ancien archevêque de Malines; 1 vol. in-8. Paris, 1827.

Parallèle des Romains et des Français par rapport au Gouvernement, par *Mably*; 2 vol. in-12. Paris, 1740.

De la Contre-révolution en France, ou de la Restauration de l'ancienne Noblesse et des anciennes Supériorités sociales dans la France nouvelle, par *Ganilh*, député du Cantal; 1 vol. in-8. Paris, 1822.

Vœux d'un Solitaire, par *Bernardin de Saint-Pierre*; Edition d'Aimé Martin, 1 vol. in-8. Paris, 1818.

Des Moyens de Gouvernement et d'Opposition dans l'état actuel de la France, par *Guizot*; 1 vol. in-8. Paris, 1821.

Lettres de Paul à sa famille, écrites en 1815, par *Walter-Scott*; 3 vol. in-12.

Mémoire à consulter sur un Système Religieux et Politique tendant à renverser la religion, la société et le trône, par le comte *de Montlosier*; quatrième édition, 1 vol. in-8. Paris, 1826.

Dénonciation aux Cours Royales, relativement au Système politique et religieux signalé dans le Mémoire à consulter de M. le comte de Montlosier; 1 vol. in-8. Paris, 1826.

Pétition à la Chambre des Pairs pour faire suite au Mémoire à consulter, par le comte *de Montlosier*; 1 vol. in-8. Paris, 1827.

Opinions et Discours de M. de Châteaubriand; 1 vol. in-8. Paris, 1826.

Polémique de M. de Châteaubriand; 1 vol. in-8. Paris, 1828.

Mélanges politiques de M. de Châteaubriand; 2 vol. in-8. Paris, 1827.

De la Restauration et de la Monarchie Élective, par M. *de Châteaubriand*; brochure in-8. Paris, 1831.

De la Liberté de la Presse, par M. *de Châteaubriand*; 1 vol. in-8. Paris, 1828.

Mémoire en faveur de la Liberté des Cultes, ouvrage qui a obtenu le prix dans le concours ouvert par la Société de la Morale Chrétienne, par *Vinet*; 1 vol. in-8. Paris, 1826.

Liberté des Cultes, Liberté de l'Église Gallicane, par *Bailleul*; brochure in-18. Paris, 1826.

Mémoire sur le Mariage des Protestants, suivi de cette question : Est-il des Moyens de rendre les Juifs plus heureux et plus utiles à la France? 1 vol. in-8. 1787.

Mélange de Littérature et de Politique, par Benjamin *Constant*; 1 vol. in-8. Paris, 1829.

Considérations politiques sur l'État actuel de l'Allemagne, ouvrage attribué au docteur *Fischer*, et saisi au delà du Rhin; 1 vol. in-8. Paris, 1821.

De la Charité, dans ses rapports avec l'état moral et le bien-être des classes inférieures de la société, par *Duchâtel*; 1 vol. in-8. Paris, 1829.

Mélanges de Politique d'André Chénier; 1 vol. in-8. Paris, 1826.

Œuvres Politiques de M. J. *Chénier*; 1 vol. in-8. Paris, 1829. (5e des Œuvres.)

Paroles d'un Croyant, par F. *de Lamennais*; 1 vol. in-8. Paris, 1834.

Manuel du Prolétaire, par Achille *Roche*; 1 vol. in-8. Paris, 1833.

BROCHURES POLITIQUES, PAR ORDRE CHRONOLOGIQUE.

Discours et Répliques du comte *de Mirabeau* à l'Assemblée nationale sur cette question : A qui la Nation doit-elle déléguer le Droit de la Paix et de la Guerre ? In-8. 1792.

Du Fanatisme dans la Langue Révolutionnaire, ou de la Persécution suscitée par les barbares du dix-huitième siècle, contre la Religion chrétienne et ses ministres, par J. F. *Laharpe*; in-8. 1797.

Défendez-vous, ne calomniez pas, ou Lettres de M. *Lafond*, officier supérieur, à M. Canuel, lieutenant-général; in-8. Lyon, 1818.

Lettres de Saint-James, seconde partie concernant l'état présent de l'Europe; in-8. Paris, 1821.

Considérations Politiques sur le Jugement de M. Duvergier; in-8. Paris, 1821.

De l'Impossibilité du Retour de M. Decazes aux Affaires; in-8. Paris, 1821.

Des Idées Républicaines, par *Carrion-Nisas* fils ; in-8. 1821.

Encore quelques Vérités, réflexions politiques par M. le comte *O'Mahoni*; in-8. Paris, 1821.

La Charte Constitutionnelle en 1821; in-8. Paris, 1821.

Des Indépendants, des Libéraux et des Constitutionnels, ouvrage adressé aux Electeurs français, par *Gauthier* (du Var), ex-membre du conseil des Cinq-Cents; in-8. Paris, 1823.

De l'Espagne et des Conséquences de l'Intervention armée, par *Fiévée* ; in-8. Paris, 1823.

Le Ministère et la France, par *Salvandy* ; in-8. Paris, 1824.

De la Censure que l'on vient d'établir en vertu de l'article 4 de la loi du 17 mars 1822, par M. *de Châteaubriand* ; in-8. Paris, 1824.

Note sur la Grèce, par M. *de Châteaubriand* ; in-8. Paris, 1825.

De l'Émancipation de Saint-Domingue dans ses rapports avec la politique intérieure et extérieure de la France, par *de Salvandy* ; in-8. Paris, 1825.

Congrès de Châtillon, par *Pons* ; in-8. Paris, 1825.

De la Noblesse de la Peau, ou des Préjugés des Blancs contre la couleur des Africains et celle de leurs descendants noirs et sang-mêlé, par M. *Grégoire*, ancien évêque de Blois ; in-8. Paris, 1826.

La Cause des Esclaves Nègres et des Habitants de la Guinée portée au Tribunal de la Justice, de la Religion et de la Politique, par *Frossard* ; 2 vol. in-8. Lyon, 1789.

De l'Égalité des Partages et du Droit d'Aînesse, par M. *Duvergier de Hauranne* ; in-8. Paris, 1826.

Nouvelles Lettres Provinciales, ou Lettres écrites par un Provincial à un de ses amis sur les Affaires du temps, par l'auteur de la *Revue politique de l'Europe* en 1825 ; 1 vol. in-8. Paris, 1825.

Comment on fait des Révolutions, par Alexis *Jussieu* ; in-8. Paris, 1827.

La France et les Ultramontains, esquisse historique, par Charles *Liskenne* ; in-8. Paris, 1827.

Considérations sur la Mise en Accusation des Ministres, par M. *Cottu* ; in-8. Paris, 1827.

De la Nécessité d'un Changement de Ministère, par M. *Cottu* ; in-8. Paris, 1827.

Du Rétablissement de la Censure par l'ordonnance du 24 juin 1827, par M. *de Châteaubriand* ; in-8. Paris, 1827.

Examen du Projet de Loi contre la Presse, par *Renouard*, avocat à la Cour Royale de Paris ; in-8. Paris, 1827.

Observations sur le nouveau Projet de Loi relatif à la Police de la Presse, par M. *Cottu* ; in-8. Paris, 1827.

Du Ministère et de la Censure, par *Jay* ; in-8. Paris, 1827.

De la Censure, lettre à M. Lourdoueix, par J. P. *Pagès*; in-8. Paris, 1827.

Napoléon et la Censure, par *Jay*; in-8. Paris, 1827.

La Malle-poste, ou les deux Oppositions, par Félix *Bodin*; in-8. Paris, 1827.

Lettre à M. le Rédacteur du *Journal des Débats* sur l'état des Affaires publiques, par *de Salvandy*; huit cahiers in-8. Paris, 1827.

Lettre à un Provincial sur le Voyage de Saint-Omer, par M. *de Salvandy*; deux cahiers in-8. Paris, 1827.

Lettre à Son Excellence le comte de Villèle, par E. P.; quatre cahiers in-8. Paris, 1827.

Lettre Historique adressée à Sa Grandeur Monseigneur le comte de Peyronnet, garde des sceaux, par *Cauchois-Lemaire*; in-8. Paris, 1827.

Seconde lettre de la Giraffe au Pacha d'Égypte; in-8. Paris, 1827.

Procès de la Relation historique des Obsèques de M. Manuel; in-8. Paris, 1827.

Collection complète des Pamphlets politiques et Opuscules littéraires de Paul-Louis *Courier*; 1 vol. in-8. Paris, 1827.

Les Pyrénées et le Midi de la France pendant le mois de Novembre et de Décembre 1822, par *Thiers*; 1 vol. in-8. Paris, 1823.

Questions sur la Révolution de 1830, par le baron *Massias*; brochure in-8. Paris, 1830.

Des Progrès de la Révolution et de la Guerre contre l'Eglise, par l'abbé *de Lamennais*; 1 vol. in-8. Paris, 1829.

Observations sur la Brochure de M. de Lamennais intitulée des Progrès de la Révolution et de la Guerre contre l'Eglise; brochure in-8. Paris, 1829.

Le Monde Nouveau, histoire fesant suite à *la Fin du Monde*, par *Rey-Dusseuil*; 1 vol. in-8. Paris, 1831.

Seize Mois, ou la Révolution et les Révolutionnaires, par *Salvandy*; brochure in-8. Paris, 1831.

De l'Esprit actuel du Clergé Français, par M. *de Pradt*; brochure in-8. Paris, 1833.

Mémoire sur la Captivité de la duchesse de Berry, par *de Châteaubriand*; brochure in-8. Paris, 1833.

VI. ÉCONOMIE POLITIQUE.

Recherches sur la Nature, les Causes de la Richesse des Nations, traduites de l'anglais d'Adam *Smith*, par le citoyen *Blavet*; 4 vol. in-8. Paris, 1801.

Catéchisme d'Économie Politique, par J. B. *Say*; 1 vol. Paris, 1826.

Traité d'Économie politique, ou Simple Exposition de la manière dont se forment, se distribuent et se consomment les richesses, par J. B. *Say*; cinquième édition, 3 vol. in-8. Paris, 1826.

Lettres de *Malthus* sur différents sujets d'Économie politique, notamment sur les Causes de la Stagnation générale du Commerce; 1 vol. in-8. Paris, 1820.

Essai sur le Principe de la Population, par *Malthus*; 4 vol. in-8. Paris, 1830.

De l'Esprit d'Association dans tous les intérêts de la communauté, ou Essai sur le complément du bien-être et de la richesse en France par le complément des institutions, par le comte Alexandre *de Laborde*; 2 vol. in-8. Paris, 1821.

Résumé de l'Histoire du Commerce et de l'Industrie, par Adolphe *Blanqui*; 1 vol. in-18. Paris, 1826.

Le Commerce au Dix-neuvième Siècle, par *Moreau de Jonnès*; 2 vol. in-8. Paris, 1825.

Résumé de l'Histoire des Établissements Européens dans les Indes Occidentales, depuis le dernier voyage de Christophe Colomb jusqu'à nos jours, par *Mérault*; 1 vol. in-18. Paris, 1826.

Histoire philosophique et politique des Établissements du Commerce des Européens dans les deux Indes, par *Raynal*; 7 vol. in-12. Amsterdam, 1773. (Le 5ᵉ volume imprimé à La Haie.)

— Le même; 10 vol. in-12. Genève, 1781.

Catéchisme des Industriels, par *Saint-Simon*; 3 cahiers in-8. Paris, 1823-1824.

Contes de Miss Harriet *Martineau* sur l'Économie politique, traduits de l'anglais par *Maurice*; 1 vol. in-8. Paris, 1834.

Dictionnaire analytique d'Économie Politique, par *Ganilt*; 1 vol. in-8. Paris, 1826.

Le Producteur, journal philosophique de l'Industrie, des Sciences et des Beaux-Arts; in-8. Années 1825-1826.

Annuaire pour l'année 1825 jusqu'en 1834 présenté au roi par le bureau des Longitudes; in-18. Paris, 1824.

Statistique de la Suisse, par *Pichot*; 1 vol. in-12. Genève, 1819.

Études statistiques sur Rome et la partie occidentale des Etats-Romains, par M. le comte *de Tournon*, pair de France et préfet, de 1810 à 1814; 3 vol. in-8. Paris, 1833.

Statistique raisonnée de la France, par Lewis *Goldinish*; 1 vol. in-8. Paris, 1833.

Statistique du Département du Nord, par M. *Dieudonné*, préfet; 3 vol. in-8. Douai, 1832.

Considérations statistiques, historiques, militaires et politiques sur la Régence d'Alger, par *Jucherand de Saint-Denis*; 1 vol. in-8. Paris, 1831.

Tableau de l'Intérieur des prisons de France, ou Étude sur la Situation et les Souffrances morales et physiques de toutes les classes de Prisonniers ou détenus, par *Ginouvier*; 1 vol. in-8. Paris, 1824.

Mémoires d'*Ouvrard* sur sa Vie et ses diverses Opérations financières; 1 vol. in-8. Paris, 1826.

Mémoires pour M. le Maréchal duc de Bellune sur les marchés Ouvrard; broch. in-8. Paris, 1826.

La Vérité sur les marchés Ouvrard, par *de Salvandy*; vol. in-8. Paris, 1825.

De l'Extinction de la Mendicité; brochure in-8. Paris, 1829.

VII. MÉTAPHYSIQUE.

Essai Philosophique concernant l'Entendement humain, où l'on montre quelle est l'étendue de nos connaissances certaines et la manière dont nous y parvenons, par *Locke*, traduit de l'anglais, par M. *Coste*; 4 vol. in-12. Amsterdam, 1791.

Sur l'Origine des Qualités morales et des Facultés intellectuelles de l'Homme, par *Gall*; 6 vol. in-8. Paris, 1825.

Leçons de Philosophie, ou Essai sur les Facultés de l'ame, par *Laromiguière*; deuxième édition, 2 vol. in-8. Paris, 1820.

Leçons d'un Père à ses Enfants sur la Métaphysique, par *Marmontel*; 1 vol. in-12, fesant partie de ses Œuvres complètes. Paris, 1819.

Le Phédon de *Platon* traitant de l'Immortalité de l'Ame, traduit du grec en français par Loys *Le Roy* dit Regius; 1 vol. in-4. Paris, 1553.

Themistii Paraphraseos de Anima libri tres, interprete Hermoleo *Barbaro*; 1 vol. petit in-8. Parisiis, 1535.

Francisci *Suarez* Metaphysicarum Disputationum tomi duo; 1 vol. in-fol. Coloniæ, 1614.

Disputationes in Organum Aristotelis, Bartholomeo *Mastrio*; 1 vol. in-4. Venetiis, 1538.

Commentarii Conimbricensis Societatis Jesu, in tres libros de Anima Aristotelis staginta ; 1 vol. in-4. Lugduni, 1612.

De l'Esprit; 3 vol. in-12. Amsterdam, 1758.

Examen des Critiques du livre intitulé *de l'Esprit*; 1 vol. in-12. Londres, 1760.

L'Ame, ou le Système des Matérialistes soumis aux seules lumières de la Raison, par M. l'abbé ***; 1 vol. in-12. Avignon, 1759.

De la Recherche de la Vérité, où l'on traite de la nature de l'esprit de l'homme et de l'usage qu'il en doit faire pour éviter l'erreur dans les sciences; troisième édition, 3 vol. in-12. Strasbourg, 1677.

Des Erreurs et de la Vérité, ou les Hommes rappelés au principe universel de la Science, par un philosophe inconnu ; 1 vol. in-8. Edimbourg, 1775.

Triomphe de l'Amour sur le Fanatisme et le Matérialisme, par L... M... L...; 3 vol. in-8. Paris, 1828.

Loca Infesta, hoc est, de Infestis ob molestantes dœmoniorum et defunctorum hominum Spiritus locis, liber unus, authore Petro *Thyræo* Novesicus ; 1 vol. in-8. Lugduni, 1599.

Histoire de la Démonologie et de la Sorcellerie, par *Walter-Scott*, traduction de *Defauconpret* ; 2 vol. in-12. Paris, 1832.

La Magie Naturelle, par J. B. *Porta* contenant les secrets et miracles de nature et nouvellement l'introduction à la belle magie, par Lazare *Meyssonnier*, médecin du roi; 1 vol. in-12. Lyon, 1650.

Des Sciences Occultes, ou Essai sur la Magie, les Prodiges et les Miracles, par Eusèbe *Salverte*; 2 vol. in-8. Paris, 1829.

VIII. PHYSIQUE.

PHYSIQUE GÉNÉRALE.

Rapport historique sur les Progrès des Sciences naturelles depuis 1789, et sur leur état actuel; par *Cuvier*; 1 vol. in-8. Paris, 1827.

Transactions Philosophiques de la Société royale de Londres depuis 1665 jusqu'en 1735; 4 vol. in-4.

Histoire de l'Académie royale des Sciences, avec les Mémoires de Mathématiques et de Physique pour l'année 1730 et de 1738 à 1748; 11 vol. in-4. Paris.

Recueil de Mémoires, ou Collection de pièces académiques concernant la médecine, l'anatomie, la chirurgie, la chimie, la physique expérimentale, la botanique et l'histoire naturelle, tirée des meilleures sources et mise en ordre par M. *Berryat*; 1, 2, 4 et 5e volume in-4. Dijon, 1754.

Collection Académique étrangère concernant l'histoire naturelle et la botanique, la physique expérimentale et la chimie, la médecine et l'anatomie, traduite en français par une société de Gens de Lettres; 1, 2, 3, 4 et 6e vol. in-4. Dijon.

Annales de Chimie et de Physique, par *Gay-Lussac* et *Arago*; 3 vol. in-8. Année 1831.

Traité élémentaire de Physique, par *Beudant*; 1 vol. in-8. Paris, 1829.

IX. HISTOIRE NATURELLE.

1° HISTOIRE NATURELLE GÉNÉRALE.

Problematum Aristotelis Sectiones duæ de quadraginta, Theodoro *Gaza* interprete ; 1 vol. petit in-8. (Sans frontispice, ni date, ni lieu d'impression.)

Caïi Plynii Secondi naturalis Historiæ libri xxxvij, nuper studiose recogniti atque impressi, adjectis variis Antonii *Sabellici*, Raphaelis *Volaterrani*, *Beroaldi*, etc.; 1 vol. petit in-fol. Lutetiæ (sans date d'impression).

C. Pl. *Plinii Secondi* Historiæ mundi libri xxxij; 1 vol. in-fol. Lugduni, 1561.

Sylva Sylvarum, sive Historia naturalis, anglice olim conscripta a Francisco *Bacono*, nunc latino transcripta a Jacobo *Grutero*; 1 vol. in-18. Lugd. Batavor. 1648.

Précis élémentaire d'Histoire Naturelle, par *de La Fosse*, avec atlas ; 1 vol. in-12. Paris, 1831.

Œuvres complètes de Buffon; nouvelle édition, publiée par *Duthilleul*; 12 vol. in-8. Paris, 1822.

Histoire générale et particulière (Naturelle) avec la Description du Cabinet du Roi, par M. *de Buffon* ; quatrième édition, 14 vol. in-12. Paris, 1752.

Histoire naturelle générale et particulière par M. *de Buffon* ; nouvelle édition, 10 vol. in-8. Paris, 1777. (le 9ᵉ volume manque.)

Le Spectacle de la Nature, ou Entretiens sur les particularités de l'Histoire Naturelle; 9 vol. in-12. Paris, 1749.

Étude de la Nature, par *Bernardin de Saint-Pierre*; 5 vol. in-8. Paris, 1818.

Harmonie de la Nature, par *Bernardin de Saint-Pierre*, 3 vol. in-8. Paris, 1818.

Dictionnaire classique d'Histoire Naturelle; 16 vol. in-8. Paris.

2º HISTOIRE NATURELLE DE LA TERRE, DES MONTAGNES ET DES VOLCANS.

Traité de Géognosie, ou Exposé des Connaissances actuelles sur la constitution physique et minérale du Globe terrestre, par *d'Aubuisson des Voisins*; 1 vol. in-8. Paris, 1828.

Recherches sur les Volcans éteints du Vivarais et du Velay, par *Faujas de Saint-Font*; 1 vol. grand in-folio. Paris, 1778.

Description des Aspects du Mont-Blanc, par *Bourrit*; in-8.

3º RÈGNE MINÉRAL.

Traité élémentaire de Minéralogie, par *Beudant*; 1 vol. in-8. Paris, 1830.

Voyages Métallurgiques, ou Recherches et observations sur les mines et forges de fer, la fabrication de l'acier, celle du fer-blanc et plusieurs mines de charbon de terre, faites depuis l'année 1757 jusques et y compris 1769 en Allemagne, en Suède, en Norwége, en Angleterre et en Ecosse, avec figures, par M. *Jars*; 3 vol. in-4. Lyon, 1774.

4º RÈGNE VÉGÉTAL.

A. Économie rustique, Agriculture et Jardins.

Cours complet d'Agriculture théorique, ou Dictionnaire raisonné et universel d'Agriculture; 16 vol. in-8. Paris, 1821.

Dictionnaire Économique, contenant divers moyens d'augmenter son bien et de conserver sa santé, par Noel *Chousel*; 2 vol. grand in-folio. Paris, 1740.

Supplément au Dictionnaire Œconomique contenant divers moyens pour augmenter son bien et conserver sa santé, par M. *Chousel*, considérablement augmenté par divers curieux; 2 vol. grand in-folio. Paris, 1743.

La nouvelle Maison Rustique, ou Économie générale de tous les biens de campagne, la manière de les entretenir et de les multiplier; troisième édition, 2 vol. in-4. Paris, 1721.

Agriculture pratique et raisonnée, par John *Sinclair*; 2 vol. in-8. Paris, 1825.

Annales de l'Agriculture Française, contenant des observations et des mémoires sur toutes les parties de l'agriculture, jusqu'à nos jours, rédigées par MM. *Teissier* et *Bosc*. Paris, 1823. (De 1823 à 1834, 37 vol.)

Annales Agricoles de Roville, ou Mélanges d'Agriculture, d'économie rurale et de législation agricole, par Matthieu *de Dombasle*; 2 vol. in-8. Paris, 1828-1829.

Coup d'Œil sur l'Agriculture et les Institutions agricoles de quelques cantons de la Suisse, par Matthieu *Bonafous*; brochure in-8. Paris, 1829.

L'Art de s'Enrichir par l'Agriculture, ou nouveau Moyen d'Economie rurale, par *Despommiers*; quatrième édition, 2 vol. in-12. Paris, 1830.

Art de faire Éclore et d'Élever en toute saison des Oiseaux domestiques de toute espèce, par M. *de Réaumur*; 2 vol. in-12. Paris, 1749.

Catéchisme des Bergers, ou Extrait de l'Instruction de Daubenton pour les bergers et les propriétaires de troupeau, par MM. *Dumont* et *Grandmaison*; brochure in-8. Paris, 1810.

Manuel des Propriétaires d'Abeilles, suivi de notes historiques, par M. *Lombard*; cinquième édition, broch. in-8. Paris, 1812.

Observations sur l'Agriculture et le Jardinage, par *Angran de Rueneuve*; 2 vol. in-12. Paris, 1712.

Traité pratique de la Culture des Pins à grandes dimensions, de leur aménagement, de leur exploitation et des divers emplois de leur bois, par *de Lamarre*; deuxième édition, 1 vol. in-8. Paris, 1826.

Instruction sur la Culture et l'usage des Choux; broch. in-8. Paris, 1810.

Instruction sur la Culture et l'usage des Carotes, broch. in-8.

Mémoire sur les Avantages que la province de Languedoc peut retirer de ses Grains, par *Parmentier*; 1 vol. in-4. Paris, 1786.

De la Culture du Mûrier, par Matthieu *Bonafous*; brochure in-8. Paris, 1827.

Étude, Culture et Propagation du Mûrier en France, ouvrage suivi d'un Traité sur l'Education des Vers-à-soie, et dédié à la réunion des fabricants de Lyon, par *Madiot*; brochure in-8. Lyon, 1827.

L'art de Cultiver les Mûriers, par le comte Charles *de Verri*, traduit de l'italien par Philibert *Fontaneilles*; brochure in-8. Lyon, 1826.

L'Art d'élever les Vers-à-Soie, ouvrage de M. le comte *Dandolo*, traduit de l'italien par Philibert *Fontaneilles*; troisième édition, 1 vol. in-8. Lyon, 1830.

De l'Éducation des Vers-à-Soie, d'après la Méthode du comte Dandolo, par Matthieu *Bonafous*; troisième édition, 1 vol. in-8. 1827.

La Science du Sétifère, ou l'Art de produire la soie avec avantage, par le docteur Antoine *Pétaro*; 1 vol. in-8. Perpignan, 1828.

Mémoire sur l'Extraction du Sucre de Betterave, par *Barruel* et *Isnard*; 1 vol. in-8.

Nouvelle Méthode de Vinification, par M. *Aubergier*; 1 vol. in-12. Paris, 1825.

Calendrier du bon Cultivateur, ou Manuel de l'Agriculteur praticien, par Matthieu *de Dombasle*; deuxième édition, 1 vol. in-8. Paris., 1824.

Le Bon Jardinier, almanach pour l'année 1825; 1 vol. in-8. Paris, 1825.

Le Jardinier Solitaire, contenant la méthode de faire et de cultiver un jardin fruitier et potager; 1 vol. in-18. Paris, 1712.

Le Jardinier botaniste, ou la Manière de cultiver toute sorte de plantes, par *Besnier*; 1 vol. in-12. Paris, 1705.

B. Botanique.

Les Commentaires de Matthiole sur les six livres de la Matière Médicinale de *Dioscoride*, traduits de latin en français, par Antoine *du Pinet*; 1 vol. in-fol. Lyon, 1680.

Démonstrations élémentaires de Botanique, par *Gilibert*, d. m.; troisième édition, 3 vol. in-8. Lyon, 1787.

Cours de Botanique et de Physiologie végétale, par *Hanin*; 1 vol. in-8. Paris, 1811.

5° RÈGNE ANIMAL.

Aristotelis Historia Animalium, interprete Theodore *Gaza*; 1 vol. in-8. (Sans frontispice et sans date.)

Ex *Æliani* Historia per Petrum *Gyllium* latini facti libri XVI, De vi et natura animalium; 1 vol. in-4. Lugduni, 1535.

Manuel d'Ornithologie; 2 vol. in-12. Paris, 1833.

Manuel d'Ornithologie, ou Tableau systématique des Oiseaux qui se trouvent en Europe, par C. J. *Temminck*; 2 vol. in-8. Paris, 1820.

Le Règne Animal distribué d'après son organisation, par *Cuvier*; 4 vol. in-8. Paris, 1817.

L'Homme, essai zoologique sur le genre humain, par *Bory-Saint-Vincent*; 2 vol. in-8. Paris, 1829.

Mémoires pour servir à l'Histoire des Insectes, par M. *de Réaumur*; 6 vol. in-4. Paris, 1734.

X. MÉDECINE.

Schola Salertina, hoc est, De valetudine tuenda; 1 vol. in-8. Parisiis.

Bartholomæi *Perdulcis* doctoris medici universa Medicina; 1 vol. in-4. Parisiis, 1640.

Institutions de Médecine, par M. Herman *Boerhaave*; deuxième édition, 3 vol. in-12. Paris, 1743.

Traité général des Accouchements, qui instruit de tout ce qu'il faut faire pour être habile accoucheur, par *Dionis*; 1 vol. in-8. Paris.

Traité des Maladies les plus fréquentes et des Remèdes propres à les guérir, par M. *Helvétius*; 2 vol. petit in-12. Paris, 1739.

Dictionnaire portatif de Santé; 1 vol. in-8. Paris, 1761.

Mémoire sur les Eaux minérales, Douches et Bains minéraux artificiels, sur les Bains et Douches à vapeur, par *Laville de La Plaigne*; in-8. Lyon, 1824.

Pauli *Zacchiæ* Questionum medicolegalium opus; 1 vol. in-fol. Lugduni, 1661.

Système physique et moral de la Femme, suivi du Système physique et moral de l'Homme et d'un Fragment sur la Sensibilité, par *Roussel*; 1 vol. in-8. Paris, 1809.

Le vrai Régime de vivre pour la Conservation de la Santé de l'Ame et du Corps, composé en latin par Léonard

Lessius; ensemble un Traité de Louis *Cornaro*, noble vénitien, sur le même sujet; 1 vol. in-12. Paris, 1646.

Histoire des personnes qui ont vécu plusieurs siècles et qui ont rajeuni, avec le Secret du Rajeunissement, par M. *de Longeville-Harcovet*; 1 vol. in-16. Paris, 1716.

Essai sur la Théorie du Somnambulisme Magnétique, par M. T. D. M.; in-8. 1785.

Du Magnétisme Animal en France, et des Jugements qu'en ont portés les Sociétés savantes, par *Bertrand*; 1 vol. in-8. Paris, 1826.

MÉDECINE VÉTÉRINAIRE.

Le Parfait Maréchal, qui enseigne à connaître la beauté, la bonté et les défauts des Chevaux, les signes et les causes des maladies, les moyens de les prévenir, leur guérison, etc., par M. *de Solleysel*; sixième édition, 2 vol. in-4. Paris, 1685.

Le Parfait Bouvier, ou Instructions concernant la connaissance des Bœufs et Vaches; etc., par *Boutrolle*, 1 vol. in-12. Rouen, 1766.

XI. PHARMACIE.

. . . .

XII. CHIMIE.

Traité de Chimie, par *Berzélius*, traduit par *Esslinger*; 8 vol. in-8. Paris, 1829.

XIII. MATHÉMATIQUES.

Arithmeticæ practicæ Methodus facilis, per *Gemmarr Frisium*; 1 vol. in-12. Parisiis, 1553.

L'Arithmétique de Jean *Tranchant*; 1 vol. in-8. Paris, 1617.

Arithmétique pratique et raisonnée, par *Irson*; 1 vol. in-4. Paris, 1714.

Table des Logarithmes, par *Callet*; 1 vol. in-8.

Les XV Livres des Éléments géométriques d'*Euclide*, Mégarien, traduits de grec en français par *Mardèle*; 1 vol. in-8. Lyon, 1646.

Nouveaux Éléments de Géométrie; 1 vol. in-4. Paris, 1667.

Géométrie et Mécanique des Arts et Métiers et des Beaux-Arts, cours normal à l'usage des ouvriers et artistes, par le baron Charles *Dupin*; in-8. Paris, 1826.

Méthode de lever les Plans et les Cartes de terre et de mer; 1 vol. in-12. Paris, 1716.

La Science de l'Ingénieur, divisée en trois parties, où l'on traite des Chemins, des Ponts, des Canaux et des Acqueducs, par *Delaistre*; 3 vol. in-4. Lyon, 1825.

Des Ponts en fil-de-fer, par *Seguin* aîné, d'Annonay; 1 vol. in-8. Paris, 1824.

— Le même; deuxième édition, 1 vol. in-4. Paris, 1826.

Machines et Inventions approuvées par l'Académie royale des Sciences, par *Gallon*; 4 vol. in-4. Paris, 1735.

Théorie des Machines Simples, eu égard à leur frottement des parties et à la raideur des cordages, par *Coulomb*; 1 vol. in-4. Paris, 1821.

Traité complet de Mécanique appliquée aux Arts, par J. A. *Borgnis*; 1 vol. in-4. Paris, 1819.

XIV. ASTRONOMIE.

Histoire du Ciel, où l'on recherche l'origine de l'idolatrie et les méprises de la Philosophie, sur la formation des corps célestes et de toute la nature, par *Pluche*; 2 vol. in-12. Paris, 1748.

Traité Analytique des Mouvements apparents des Corps célestes, par Dionis *du Séjour*; 2 vol. in-4. Paris, 1786.

Histoire du Calendrier Romain, qui contient son origine et les divers changements qui lui sont arrivés; 1 vol. in-4. Paris, 1682.

XV. ASTROLOGIE.

. . . .

XVI. HYDROGRAPHIE ou SCIENCE DE LA NAVIGATION.

. . . .

XVII. HYDRAULIQUE.

Architecture Hydraulique, ou l'Art de conduire, d'élever et de ménager les Eaux pour les différents besoins de la vie, par *Bellidor*; 2 vol. in-4. Paris, 1737.

Architecture Hydraulique, qui comprend l'art de diriger les eaux de la mer et des rivières à l'avantage de la défense des places, du commerce et de l'agriculture, par *Bellidor*; 2 vol. in-4. Paris, 1750.

Traité sur les Puits Artésiens, ou sur les différentes espèces de terrain dans lesquelles on doit chercher des eaux souterraines, ouvrages contenant la Description des procédés qu'il faut employer pour ramener une partie de ces eaux à la surface du sol à l'aide de la sonde du mineur ou du fontainier, par *Garnier*; deuxième édition, 1 vol. in-4. Paris, 1826.

XVIII. GNOMIQUE ou SIENCE DES CADRANS.

L'Horographie Ingénieuse, par *Bobynet*; 1 vol. in-12. Paris, 1647.

XIX. MUSIQUE.

Dictionnaire de Musique, par J. J. *Rousseau*; 2 vol. in-8. Amsterdam, 1772.

XX. MÉLANGES SUR DIFFÉRENTES PARTIES DES SCIENCES.

. . . .

XXI. INSTRUMENTS DE MATHÉMATIQUES.

Traité de la Construction et des principaux usages des Instruments de Mathématiques, par *Bion*; 1 vol. gr. in-8. Paris, 1716.

ARTS.

INTRODUCTION A LA THÉORIE ET A LA PRATIQUE.

Secrets concernant les Arts et Métiers; 2 vol. in-12. Bruxelles, 1762.

Secrets concernant les Arts et Métiers; 2 vol. in-12. Bruxelles, 1766.

I. ART DE LA MÉMOIRE NATURELLE ET ARTIFICIELLE.

. . . .

II. ART DE L'ÉCRITURE ET DE L'IMPRIMERIE.

. . . .

III. ARTS DU DESSIN, DE LA PEINTURE, DE LA GRAVURE.

. . . .

IV. ART DE L'ARCHITECTURE.

Francisci Marii *Grapaldi* Parmentis de partibus ædium Lexicon utilissimum; 1 vol. petit in-4. Basileæ, 1533.

Les quatre Livres de l'Architecture d'André *Palladio*, mis en français; 1 vol. in-fol. Paris, 1650.

V. ART MILITAIRE.

Mémoires de *Montécuculi*, ou Principes de l'Art Militaire en général; 1 vol. in-12. Paris, 1712.

Essai général de Tactique, précédé d'un Discours sur l'Etat actuel de la Politique et de la Science Militaire en Europe; 2 vol. in-fol. Liége, 1773.

Manuel d'Infanterie; 1 vol. in-8. Paris, 1811.

Planches concernant l'Exercice et les Manœuvres de l'Infanterie, du 1er août 1791; 1 vol. in-12. Paris, 1811.

Nouveau Manuel complet des Gardes Nationaux de France; 1 vol. in-18. Paris, 1830.

VI. ARTS DIVERS.

Le Maître-d'Hôtel français, ou Parallèle de la Cuisine ancienne et moderne considérée sous le rapport de l'ordonnance des menus selon les quatre saisons, par *Carême*; 2 vol. in-8. Paris, 1832.

Le nouveau Cuisinier Royal et Bourgeois; 3 vol. in-12. Amsterdam, 1734.

Principes de l'Art de Chauffer et d'Aérer les édifices publics, les maisons d'habitations, les manufactures, les hôpitaux, les serres, etc., etc., par Thomas *Tredgold*, traduits de l'anglais par *Duverne*; 1 vol. in-8. Paris, 1825.

JURISPRUDENCE.

✻

I. DROIT PUBLIC UNIVERSEL.

Jus naturale rebus creatis à Deo constitutum ex observatione *Ivonis* Parisini; 1 vol. in-fol. Parisiis, 1658.

Lexicon Juris; 1 vol. in-fol. (Sans frontispice.)

II. DROIT CIVIL ANCIEN.

Commentaria Joannis *Borcholten* in quatuor Institutionum Juris Civilis libros; 1 vol. in-4. Coloniæ, 1618.

III. DROIT CANONIQUE.

Institutiones Theoricæ et Practicæ, seu Rudimenta Juris Canonici, opus posthumum *Bleyniani*; 1 vol. in-8. Valentiæ, 1660.

Prosperi *Fagnani* Jus Canonicum, sive Commentaria in primum librum Decretalium; 4 vol. in-fol. Vesuntione, 1740.

Antonii *Augustini* Juris Pontificis veteris Epitome; 1 vol. in-fol. Parisiis, 1641.

Analysis methodica Juris Pontificis, auctore Daniele *Venatorio*; 1 vol. in-8. Lugduni, 1604.

Juris Canonici Theoria et Praxis ad forum tam sacramentale quam contentiosum, tum ecclesiasticum, tum seculare, authore *Cabassutio*; 1 vol. in-4. Lugduni, 1719.

— Le même; troisième édition. Lugduni, 1685.

Pratique du Droit Canonique, par *Bauny*; 1 vol. in-8. Lyon, 1646.

Laurenti *Brancati* Epitome Canonum omnium qui in conciliis generalibus et provincialibus, in decreto Gratiani continentur; 1 vol. petit in-fol. Coloniæ Agripinæ, 1624.

Corpus Juris Canonici Gregorii papæ XIII, jussu editum; 3 vol. in-fol. Lugduni, 1671.

Decreta tum Conciliorum tum summorum Pontificum ecclesiasticarum, denique scriptorum a *Gratiano* excepta ac in suas classes ordine concinno digesta; 1 vol. in-8; 1556. (La date est extraite du privilége.)

Decretum *Gratiani* emendatum et notationibus illustratum; editio ultima, 1 vol. in-fol. Taurini, 1620.

Decretales *Gregorii* papæ IX, suæ integritati una cum glossis restitutæ; editio ultima, 1 vol. in-fol. Taurini, 1621.

— Le même; même édition.

Liber sextus Decretalium *Bonifacii* papæ VIII, *Clementis* papæ V, Constitutiones, Extravagantes tum viginti *Joannis* papæ XXII tum communes; editio ultima, 1 vol. in-fol. Lugduni, 1613.

— Le même. Taurini, 1660.

Sanctissimi domini nostri *Benedicti* papæ XIII de Synodo diœcesana libri tredecim; 2 vol. in-4. Parmæ, 1760.

Décrets de N. S. P. le pape *Innocent XI* portant suppression d'un office de la Conception immaculée de la très sainte Vierge et de plusieurs indulgences; 1 vol. in-12. Rome, 1680.

ullarium Franciscanum romanorum Pontificum Constitutiones, epistola ac diplomata continens; 1 vol. in-fol. Romæ, 1759.

Recueil de Jurisprudence Canonique et Bénéficiale, par ordre alphabétique, par M. *Guy de Rousseau de La Combe*, avocat au parlement; 1 vol. in-fol. Paris, 1755.

Recueil historique des Bulles et Constitutions, Brefs, Décrets et autres actes depuis le saint concile de Trente jusqu'à notre temps; 1 vol. in-8. Mons, 1697.

De Republica Ecclesiastica liber, Lælio *Zecchio* authore; 1 vol. in-8. Lugduni, 1600.

Van *Espen* Opera; 3 vol. in-fol. Lovanii, 1721.

Traité du Chef de l'Église, par J. P. *Camus*, évêque de Belley; 1 vol. in-8. Paris, 1630.

Du Pape et de ses Droits religieux, à l'occasion du Concordat, par l'abbé *Barruel*; 2 vol. in-8. Paris, 1803.

Emundi *Richerii* Defensio libelli de Ecclesiastica et Politica Potestate; 2 vol. in-4. Coloniæ, 1701.

Exposition des Principes sur la Constitution du Clergé, par les évêques députés à l'Assemblée Nationale; 1 vol. in-8. 1791.

Commentaire sur l'Édit de 1695 concernant la Juridiction Ecclésiastique; 2 vol. in-8. Paris, 1764.

Lettres du Clergé; 4 vol. in-12. Amsterdam, 1750. Londres, 1750. Avignon, 1750. (Le titre est au dos de la reliure. Ces Lettres ont été écrites pour détruire ou défendre les immunités du clergé, et constituent quatre ouvrages différents.)

Lettre; in-4, 1751. (Estampillée *Picancel*. Cette Lettre a pour objet de défendre les propriétés du clergé des empiétements du pouvoir civil.)

Instructions pastorales de Mgr l'Évêque d'Évreux, au sujet de la Consultation des cinquante Avocats du parlement de Paris, du 30 octobre 1727, contre le Concile d'Embrun; 1 vol. in-4. Paris, 1731.

Trois livres de la Police Ecclésiastique, traduits du latin de maistre René *Boppin*, par Jean *Tournet*; 1 vol. in-fol. Paris, 1634.

Traité des Droits honorifiques des Seigneurs dans les Eglises, par *Maréchal*; 2 vol. in-8. Paris, 1700.

Consultations Canoniques sur les Sacrements, fondés sur l'Ecriture sainte, les conciles, les statuts synodaux, etc., par *Gibbert*; 12 vol. in-12. Paris, 1725.

Code des Curés concernant les dîmes, les portions congrues, les fonctions, droits, honneurs, exemptions et priviléges des curés; 2 vol. in-8. Paris, 1736.

Commentarii in Constitutiones, seu Ordinationes regias, non solum juris studiosis, verum etiam pragmaticis utilissimi; authore Petro *Rebuffo*; 1 vol. in-fol. Lugduni, 1550.

Histoire des Perruques, où l'on fait voir leur origine, leur usage, leur forme, l'abus et l'irrégularité de celles des ecclésiastiques, par J. B. *Thiers*; 1 vol. in-12. Paris, 1690.

Regionis libri duo de Ecclesiasticis Disciplinis et Religione Christiana; 1 vol. in-8. Parisiis, 1671.

Ancienne et nouvelle Discipline de l'Église touchant les bénéfices et bénéficiers, par Louis *Thomassin*, de l'Oratoire; 3 vol. in-fol. Paris, 1679.

Tractatus de Beneficiis et Censuris Ecclesiasticis ad usum utriusque fori, auctore Melchiore *Pastore*; 1 vol. in-4. Tolosa, 1675.

Institutions Ecclesiastiques et Bénéficiales suivant les principes du droit commun et les usages de France, par J. P. *Gibert*; 2 vol. in-4. Paris, 1750.

Traité des Bénéfices de Fra-Paolo *Sarpi*; 1 vol. petit in-12. Amsterdam, 1699.

Traité des Bénéfices Ecclesiastiques, dans lequel on concilie la discipline de l'Eglise avec les usages du royaume de France; 3 vol. in-4. Paris, 1736.

Traité des Dispenses en général et en particulier par *Collet*; 3 vol. in-12. Paris, 1762.

Bellarmini de Indulgentiis et Jubileo; 1 vol. in-8. Lugduni, 1599.

Traité historique, dogmatique et pratique des Indulgences et du Jubilé par *Collet*; 2 vol. in-12. Paris, 1759.

Traité historique des Excommunications; 1 vol. in-12. Paris, 1715.

IV. DROIT ITALIEN ou ECCLÉSIASTIQUE.

Institution au Droit Ecclésiastique, par l'abbé *Fleury*; 3 vol. in-8. Paris, 1721.

La Pratique de la Juridiction Ecclésiastique fondée sur le droit commun et sur le droit particulier du royaume, par *Ducasse*; 1 vol. in-4. Toulouse, 1721.

Les Lois Ecclésiastiques de France dans leur ordre naturel, par M. *de Héricourt*; 1 vol. in-fol. Paris, 1763.

Défense des Actes du Clergé de France concernant la Religion, publiée en l'assemblée de 1765, par Mgr l'Evêque du Puy; 1 vol. in-4. Louvain, 1769.

Mandemens de Messieurs les Doyens et Chapitre de l'Eglise de Paris pour l'administration et régime de l'Archevêché de Paris; 1 vol. in-4. Paris, 1729.

Œuvres posthumes de M. Guy *Coquille*; 1 vol. in-4. Paris, 1650.

Lettre de Mgr l'Archevêque de Lyon à Mgr l'Archevêque de Paris; 1 vol. in-4, Lyon, 1761.

DROIT ECCLÉSIASTIQUE DES RÉGULIERS ET DES RELIGIEUX.

Privilegia Regularium quibus aperte demonstratur regulares ab omni ordinarium potestate exemptos esse : Necnon in utraque hierarchia jurisdictionis et ordinis locum habere; auctore Brunone *Chassaing*; 1 vol. in-fol. Parisiis, 1652.

— Le même; 1 vol. in-fol. Sans frontispice. (Præfatio.)

Tractatus de Privilegiis Regularium in censuris ecclesiasticis ; 1 vol. in-fol.

De Privilegiis Regularium , auctore *Alvizet*; 1 vol. in-4. Venetiis, 1661.

Justification des Priviléges des Réguliers ; 1 vol. in-4. Paris, 1658.

Nova Collectio et Compilatio Privilegiorum apostolicorum regularium Mendicantium et non mendicantium, edita a fratre Emmanuele *Roderico*; 1 vol. in-folio. Lugduni, 1613.

Le Bouclier des Réguliers, ou la Défense de la Liberté octroyée par le Saint-Siége à tous les Fidèles chrétiens de l'un et l'autre sexe, de se confesser en tout temps aux Réguliers approuvés.

La Délégation des Religieux, ou l'Examen et rapport de la puissance légitime qu'ont les religieux privilégiés d'entendre les confessions des séculiers en tout temps et en tout lieu ; 1 vol. in-8. Paris, 1648.

Dubiorum Centuria de Regimine Regularium , per Joannem P. *Girargum*; 1 vol. in-4. Lugduni, 1646.

Dubia Regularia, sive Accurata brevisque discussio difficultatum circa religiosam personam atque familiam, authore *de Portale*; 1 vol. in-8. Lugduni, 1640.

Dissertation canonique sur le Vice de la Propriété des Religieux et des Religeuses, par Bernard van *Espen*; 1 vol. in-12. Lyon, 1693.

Reformatio Regularium, seu de Disciplina religiosa, per Joannem Baptistam *de Lezanam*; 1 vol. in-4. Romæ, 1646.

Statutorum generalium Compilatio pro Familia Cismontana regularis observantiæ sancti Francisci; 1 vol. in-4. 1704.

Expositio litteralis in Regulam sancti Francisci juxta declarationes summorum Pontificum; 1 vol. in-12. Parisiis, 1669.

Questiones et Observationes quædam circa Regulam sancti Francisci, opera Ludovici *Nicolas*; 1 vol. in-12. Anicii; 1685.

Practica Criminalis ad sanctam administrandam Justitiam in ordine Fratrum Minorum sancti Francisci; 1 vol. petit in-4. Romæ, 1639.

— Le même; 1 vol. in-12. Parisiis, 1669.

Constitutiones et Statuta Fratrum minorum Recollectorum provinciæ S. Francisci in Gallia; 1 vol. in-4. Lugduni, 1630.

Regula sanctissimi Benedicti; 1 vol. in-12. Parisiis, 1691.

Regula beati Augustini, episcopi et Ecclesiæ doctoris; 1 vol. in-12. Valentiæ, 1712.

V. DROIT FRANÇAIS.

INTRODUCTION; TRAITÉS GÉNÉRAUX SUR LE DROIT FRANÇAIS.

Les Lois Civiles dans leur ordre naturel; le Droit Public et Legum Delectus, par *Domat*; 1 vol. in-fol. Paris, 1735.

Manuel du Droit Français, par *Pailliet*; sixième édition, 1 vol. in-4. Paris, 1824.

Esprit du Code de Commerce, ou Commentaire puisé dans les procès verbaux du conseil d'état, les exposés de motifs et discours, les observations du Tribunat, etc., par *Locré*; 10 vol. in-8. Paris, 1811.

A. Droit public.

Manuel Électoral à l'usage de MM. les Électeurs des départements de la France, par *Jullien*, de Paris; 1 vol. in-16. Paris, 1818.

B. Édits et Ordonnances des Rois de France.

Ordonnances des Rois de France de la troisième race recueillies par ordre chronologique par M. *de Laurière*; 13 vol. in-fol. et 1 de tables. Paris, 1733.

Ordonnance de Louis XIV, donnée à Saint-Germain en Laye au mois d'avril 1667; 1 vol. in-24. Paris, 1668.

C. Arrêts des Parlements et Cours Souveraines.

Recueil d'aucuns notables Arrêts donnez en la Cour de parlement de Paris, par Georges *Lovet*; 1 vol. in-fol. Paris, 1650.

Collection d'Arrêts et Jugements des Cours et Tribunaux de Paris et autres Cours de l'Empire pour l'an XIII; 1 vol. in-8. Paris, an XIII.

Journal du Palais contenant les Jugements du tribunal de Cassation et des tribunaux d'Appel de Paris et des départements depuis l'an IX jusqu'en 1812; 33 vol. in-8. Paris.

— Le même; 3 vol. in-8. Paris, 1831.

— Le même; 3 vol. in-8. Paris, 1832.

— Le même; 4 vol. in-8. Paris, 1833.

— Le même; 4 vol. in-8. Paris, 1834.

Table générale, par ordre alphabétique, des Matières

insérées dans les seize premiers volumes du Journal du Palais, par *Lebret-Saint-Martin*; 1 vol. in-4. Paris, 1809.

Journal des Audiences de la Cour de Cassation, ou Recueil des Arrêts de cette Cour en matière civile et criminelle, publié par *Laporte*; 2 vol. in-4. Paris, 1821.

D. Traités particuliers.

Traité des Droits Seigneuriaux et des Matières féodales, par M. *de Boutaric*; 1 vol. in-8. Toulouse, 1745.

Les Devoirs des Seigneurs dans leurs terres, suivant les ordonnances de France; 1 vol. petit in-12. Paris, 1687.

Traité du Domaine de la Couronne de France, par René *Choppin*; 1 vol. in-fol. Paris, 1662.

Traité de l'Abus et du vray sujet des Appellations qualifiés de ce nom d'*abus*, par Charles *Feuret*; 1 vol. in-fol. Dijon, 1653.

— Le même; in-fol. Lyon, 1677.

Summaire du Livre analytique des Contractz, usures, rentes constituées, etc., par Charles *Dumolin*; 1 vol. in-8. 1547.

Traité de l'Administration de la Justice, par *Jousse*; 2 vol. in-4. Paris, 1771.

Traité des Obligations, selon les règles tant du for de la conscience que du for extérieur; 2 vol. in-8. Paris, 1768.

Tractatus de Miserabilium Personnarum Privilegiis, *Lucano* authore; 1 vol. petit in-fol. Neapoli.

Les Lois des Bâtiments, suivant la Coutume de Paris, par M. *Desgodets*; 2 vol. in-8. 1769.

Dictionnaire ou Traité de la Police générale des Villes, bourgs, paroisses et seigneuries de la campagne, par *de La Poix de Freminville*; 1 vol. in-8. Paris, 1778.

E. Style et pratique des Tribunaux de Justice.

Style et Règle de Procédure des différents Tribunaux du Royaume; 1 vol. in-4. Paris, 1749.

Style universel de toutes les Cours et Juridictions du royaume, par *Gauret*; 1 vol. in-4. Paris, 1679.

F. Plaidoyers, Factums, Mémoires et Harangues.

Plaidoyer de maître Antoine *Arnaud*, avocat au parlement pour l'Université de Paris, demanderesse, contre les Jésuites, défendeurs; in-8. Paris, 1827.

Débats publics sur la Procédure instruite contre les Prévenus de l'assassinat de M. Fualdès; 1 vol. in-8. Toulouse, 1818.

Procès de la Conspiration de Thouars et de Saumur, cour d'Assises de la Vienne; 1 vol. in-8. Poitiers, 1822.

VI. DROIT CRIMINEL.

Traité du Droit Pénal, par M. *Rossi*; 3 vol. in-8. Paris, 1829.

Dictionnaire de la Pénalité dans toutes les parties du monde connu, par *Saint-Edme*; in-8. Paris, 1824.

THÉOLOGIE.

✳

A. Théologie naturelle ou rationelle.

Origine de tous les Cultes, ou Religion universelle, par *Dupuis*, citoyen français; 12 vol. in-8. Paris, an 3

Les Ruines, ou Méditations sur les révolutions des Empires; la Loi naturelle, ou principes physiques de la morale, etc., par *Volney*; 1 vol. in-8. Paris, 1821.

La Suisse catholique deux fois, ou Doctrine philosophique, par *Taxci*; 1 vol. in-8. Paris, 1814.

B. Théologie révélée.

C. Théologie des Chinois, Perses, etc.

I. ÉCRITURE SAINTE.

1° PROLÉGOMÈNES DE L'ÉCRITURE SAINTE.

Notitia Scripturæ sacræ, authore Arnaldo *Milhet*; 3 vol. in-12. Tolosæ, 1690.

Briani *Waltoni* Biblicus Apparatus; 1 vol. in-fol. Triguri, 1673.

— Le même, et même édition.

Nicolaii *Serarii* Prolegomena Bibliaca et Commentaria in omnes Epistolas canonicas; 1 vol. in-fol. Maguntiaci, 1612.

Regulæ intelligendi Scripturas sacras; 1 vol. in-8. Lugduni, 1546.

Dissertations qui peuvent servir de Prolégomènes de l'Ecriture sainte, par dom Augustin *Calmet*; 3 vol. in-4. Paris, 1720.

2° TEXTES ET VERSIONS.

Biblia Hebraica, Samaritana, Chaldaica, Græca, Syriaca, Latina, Arabica, vulgo dicta Polyglota; 10 vol. in-fol. Lutetiæ Parisiorum, 1645. (Impression de Vitré.)

Biblia Sacra; in-8. (Sans frontispice, commençant par *Præfatio ad lectorem*.)

Biblia Sacra Vulgatæ editionis, Sixti v pontificis maximi jussu recognita, et Clementis viii autoritate edita; 1 vol. in-8. Lugdini, 1614.

— La même. Lugduni, 1626.

— La même. Lugduni, 1631.

Biblia Sacra Vulgatæ editionis, versiculis distincta et in sex partes distributa; 7 vol. in-12. Lugduni, 1680.

Biblia Sacra veteris et novi Testamenti, juxta Vulgatam editionem, ab aliquot Theologis Parisiensibus accurate recognita et emendata; 1 vol. in-fol. Parisiis, 1573.

Biblia Hebraica eorumdem latina interpretatio Xantis *Pagnini* Lucensis, benedicti Ariæ Montani studio expensa; 1 vol. in-fol. Aureliæ Allobrogum, 1609. (Le frontispice est à la dernière page.)

— Le même; 1 vol. in-fol. Antuerpiæ, 1534.

Biblia utriusque Testamenti juxta receptam eamque emendatissimam translationem cum interpretationibus græcarum, hebraicarum, chaldaicarum dictionum; 1 vol. in-8. Lugduni, 1540.

Biblia cum Concordantiis veteris et novi Testamenti, studiosissime revisa, correcta et emendata; 1 vol. in-folio. Lugduni, 1521. (Sans frontispice; le titre est à la fin de l'Apocalypse.)

— Le même. Lugduni, 1526.

Biblia Sacra; editio nova, notis chronologicis et historicis illustrata una cum Sacra Chronologia atque Geographia; 1 vol. in-fol. Parisiis, 1662. (Belle édition de Vitré, à tranche dorée.)

Biblia Sacra cum Glossa ordinaria primum quidem a *Strabo* Fuldensi monaco collecta, nunc vero novis Patrum cum Græcorum tum Latinorum explicationibus locupletata; 6 vol. in-fol. Antuerpiæ, 1634.

Biblia Sacra Vulgatæ editionis recognita atque edita cum expositionibus priscorum Patrum, verbis fideliter prolatis; 1 vol. in-fol. Antuerpiæ, 1630.

La Sainte Bible, contenant l'Ancien et le Nouveau Testament, traduite sur la Vulgate par *Lemaître de Sacy*, 1 vol. fort in-8. Paris, 1821.

La Sainte Bible contenant l'Ancien et le Nouveau Testament traduite en français sur la Vulgate, par M. *Lemaistre de Sacy*; 2 vol. in-4. Paris, 1701.

La Sainte Bible contenant le Vieil et le Nouveau Testament, traduite du latin en français par les Théologiens de l'Université de Louvain; 1 vol. in-4. Lyon, 1620.

Bible en français; 1 vol. in-fol. (Sans frontispice, et commençant par le chapitre premier de la Genèse. La reliure porte un médaillon où est inscrit: *Izac Chenal*.

Bible en français; 1 vol. in-4, relié en parchemin. (Sans frontispice, commençant par une préface *au lecteur*, et finissant par : *la manière d'interroger les enfants.*

Bible en français; 1 vol. in-4, relié en veau. (Commençant par une épître de Jacobus *de Bay*, 1572.)

La Genèse, traduite en français, avec l'Explication du sens littéral et du sens spirituel, tiré des Saints Pères et des Auteurs ecclésiastiques; 2 vol. in-8. Lyon, 1682.

— Le même, par *Lemaître de Sacy*; 2 vol. in-12. Bruxelles, 1700.

L'Exode *et* le Lévitique, avec une note et explication tirée des Saints Pères, par *Lemaistre de Sacy*; 1 vol. in-12. Bruxelles, 1700.

Le Lévitique, traduit en français, avec l'explication du sens littéral et du sens spirituel, tiré des Saints Pères et des Auteurs ecclésiastiques; 1 vol. in-12.

Les Nombres, traduits en français, avec l'Explication du sens littéral et du sens spirituel, tiré des Saints Pères par *Lemaître de Sacy*; 1 vol. in-12. Bruxelles, 1700.

Le Deutéronome, traduit en français, avec l'Explication du sens littéral et du sens spirituel; 1 vol. in-8. Mons, 1681.

Job, traduit en français, avec une Explication tirée des Saints Pères et des Auteurs ecclésiastiques; troisième édition, 1 vol. in-12. Paris, 1699.

— Le même; 1 vol. in-8. Paris, 1688.

Josué, traduit en français, avec des Explications tirées des Saints Pères et des Auteurs ecclésiastiques; 1 vol. in-8. Paris, 1687.

Josué, les Juges *et* Ruth, traduits en français, avec une Explication tirée des Saints Pères et des Auteurs ecclésiastiques, par *Lemaître de Sacy*; 1 vol. in-12. Bruxelles, 1699.

Les Livres des Juges, traduits en français, avec une

Explication tirée des Saints Pères et des Auteurs ecclésiastiques; 1 vol. in-12. (L'extrait du privilége est de 1698.)

Les Juges *et* Ruth, traduits en français, avec des Explications tirées des Saints Pères et des Auteurs ecclésiastiques; 1 vol. in-8. Paris, 1687.

Les deux premiers Livres des Rois, traduits en français, avec une Explication tirée des Saints Pères et des Auteurs ecclésiastiques; 1 vol. in-8. Lyon, 1684.

— Le même, par *Lemaître de Sacy*; 3 vol. in-12. Bruxelles, 1701.

Les douze Petits Prophètes, traduits en français, avec l'explication du sens littéral et du sens spirituel, tiré des Saints Pères, etc.; 1 vol. in-8. Lyon, 1687.

— Le même; par *Lemaître de Sacy*; 1 vol. in-12. Bruxelles.

Isaïe, traduit en français, avec une Explication tirée des Saints Pères et des Auteurs ecclésiastiques; 1 vol. in-8. Paris, 1673.

— Le même, par *Lemaître de Sacy*; 1 vol. in-12. Bruxelles, 1700.

Jérémie, traduit en français, avec une Explication tirée des Saints Pères et des Auteurs ecclésiastiques, par *Lemaître de Sacy*; 1 vol. in-12. Bruxelles. (Le privilége est de 1698.)

Ezéchiel, traduit en français, avec une Explication tirée des Saints Pères, etc., par *Lemaître de Sacy*; 1 vol. in-12. Bruxelles, 1701.

Daniel, traduit en français, avec une Explication tirée des Saints Pères, etc., par *Lemaître de Sacy*; 1 vol. in-12. Bruxelles.

Les Psaumes de *David*, traduits en français, avec une Explication tirée des Saints Pères, etc., par *Lemaître de Sacy*; 3 vol. in-12. Bruxelles, 1710.

Les Proverbes de *Salomon*, traduits en français avec une Explication tirée des Saints Pères, etc.; 1 vol. in-8. Paris, 1680.

— Le même; in-8. (Sans frontispice.)

— Le même, par *Lemaître de Sacy*; 1 vol. in-12. Bruxelles, 1701.

L'Ecclésiaste de *Salomon*, traduit en français, avec une Explication tirée des Saints Pères, etc., par *Lemaître de Sacy*; 1 vol in-12. Bruxelles, 1699.

— Le même; 1 vol. in-8. Paris, 1673.

— Le même; quatrième édition, 1 vol. in-8. Paris, 1681.

— Le même, par *Lemaître de Sacy*; dernière édition, 1 vol. in-12. Bruxelles, 1700.

Cantique des Cantiques, traduit en français avec une Explication tirée des Saints Pères, etc; 1 vol. in-12. Paris, 1698.

Les Paralipomènes, traduits en français, avec une Explication tirée des Saints Pères, par *Lemaître de Sacy*; 1 vol. in-12. Bruxelles.

Esdras *et* Néhémias, traduits en français avec une Explication tirée des Saints Pères, par *Lemaître de Sacy*; 1 vol. in-12. Bruxelles, 1701.

Tobie, Judith *et* Esther, traduits en français, avec une Explication tirée des Saints Pères et Auteurs ecclésiastiques; 1 vol. in-12. Paris, 1700.

Les Machabées, traduits en français, avec une Explication tirée des Saints Père, etc., par *Lemaître de Sacy*; 1 vol. in-12. Bruxelles, 1700.

Novum D. N. Jesu Christi Testamentum, à Theodoro *Bezz* versum; 1 vol. in-fol. Basileæ, 1560. (Grec et latin.)

Le Nouveau Testament de notre Seigneur Jésus-Christ, de la traduction des Docteurs de Louvain; édition nouvelle, collationnée par *Véron*; 1 vol. in-4. Paris, 1547.

Le Nouveau Testament; 4 vol. in-12. Bruxelles. (Cet ouvrage, qui est complet, est formé de quatre volumes qui ne sont pas de même date et qui portent pour titre du frontispice : *Le saint Évangile de*....)

Le Nouveau Testament en français avec des Réflexions morales sur chaque Verset ; 3 vol. in-8. Paris, 1699. (Incomplet : le second volume manque.)

Les quatre Évangiles, précédés du Discours de *Marcel*, curé du village de **, et d'un Avant-propos par *Cauchois-Lemaire* ; 1 vol. in-18. Paris, 1823.

Epistolæ B. Pauli apostoli, græce et latine; 1 vol. in-18. Parisiis, 1549. (Tranche dorée.)

Epîtres Catholiques, traduites en français, avec l'Explication du sens littéral et du sens spirituel, par *Lemaître de Sacy*; 1 vol. in-12. Bruxelles, 1703.

Epîtres de saint Paul aux Romains, traduites en français avec l'Explication du sens littéral et du sens spirituel; 4 vol. in-12. Bruxelles, 1709. (Incomplet et dépareillé.)

Pauli apostoli Epistolæ; 1 vol. in-32. Parisiis, 1621. (La date est à la fin de l'Apocalypse.)

Les Épîtres de saint Paul, les Épîtres Canoniques, l'Apocalypse; 1 vol. in-12. Mons, 1667.

Les Actes des Apôtres, traduits en français, avec une Explication tirée des Saints Pères et des Auteurs ecclésiastiques, par *Lemaître de Sacy* ; 1 vol. in-12. Bruxelles.

Versions faites par des Protestants.

Bible imprimée en allemand; 1 vol. in-4, 1579. (Tranche dorée. Traduction de *Luther*.)

Bible Hérétique ; 1 vol. in-fol. (Sans frontispice ; le titre est écrit à la main sur une feuille de papier blanc. Cette édition vient de la bibliothèque de feu M. Picancel.)

La Sainte Bible, interprétée par Jean *Déodati* ; 1 vol. in-fol. Genève, 1644.

La Sainte Bible, qui contient le Vieux et le Nouveau Testament, revue, corrigée sur le texte hébreux et grec par les Pasteurs et Professeurs de l'Eglise de Genève, avec Réflexions et Notes par *Ostervald*, pasteur de Neufchâtel ; 1 vol. in-fol. Neufchâtel, 1772.

3º HARMONIES ; CONCORDANCES ; DICTIONNAIRE DE LA BIBLE.

Harmonia Evangelica, seu Evangelicæ totius Historiæ Tractatus unus, per author *Henriet* ; 1 vol. in-4. Parisiis, 1660.

Commentariorum in Evangelicam Harmoniam, sive concordiam ex antiquis Ecclesiæ Patribus Congestorum ; tomi duo ; per Thomam *Beaux-Amis* ; 1 vol. in-fol. Lugduni, 1593.

Concordantiæ Bibliorum utriusque Testamenti veteri et novi ; 1 vol. in-4. Lugduni, 1615.

Sebastiani *Barradas* Commentariorum in Concordiam et Historiam quatuor Evangelistarum ; 2 vol. in-fol. Lugduni, 1636.

Jansenii episcopi Gaudavinsis Concordia Evangelica ; 1 vol. in-fol. Lugduni, 1684.

Dictionnaire historique, critique, chronologique, géographique et littéral de la Bible, enrichi de plus de trois cents figures en taille douce qui représentent les antiquités judaïques, par dom Augustin *Calmet* ; 4 vol. in-fol. Paris, 1730.

Indice et Recueil universel de tous les mots principaux des livres de la Bible, composé de nouveau et dressé selon l'ordre de l'alphabet pour trouver promptement chaque mot et passage de l'Ecriture sainte; 1 vol. in-folio, 1564.

4° INTERPRÈTES ET COMMENTATEURS.

Notationes in totam Scripturam, quibus omnia fere Loca difficilia brevissime explicantur; 1 vol. in-4. Coloniæ, 1620.

Sylvæ Allegoriarum totius sacræ Scripturæ, autore Hieronymo *Laureto* ; 1 vol. in-fol. Lugduni, 1622.

Bibliotheca Sancta a *Sixto* Senenci ; 1 vol in-fol. Parisiis, 1610.

Divi *Hilarii* Pictavorum episcopi Lucubrationes; 1 vol. in-fol. 1523.

Balthazaris *Paez* Lusitani Opera, per Claudium *Ralle*; 2 vol. in-fol. Parisiis, 1631.

Commentaires sur la Bible, écrits en latin par Nicolas *de Lyra*, avec addition de Paul, évêque de Bourg, etc. 4 vol. in-fol. (Sans frontispice, ni date. Le premier volume commence par *Prologus in Bibliam*; le second, par *Prologus in librum Esdræ* ; le troisième, par *Prologus in Esayam*; le quatrième, par *Prologus in Pro....*)

Postilla venerabilis fratris Nicolai *de Lyra* super Psalterium feliciter incipite; 1 vol. in-4. (Sans frontispice.)

Hugonis cardinalis Opera omnia in universum Vetus et Novum Testamentum; 6 vol. in-fol. Lugduni, 1645.

Venerabilis *Bedæ* Opera ; 3 vol. in-fol. Coloniæ Agripinæ, 1612.

De Benedictionibus Patriarcharum electa sacra commenria litterali et morali manu illustrata, auctore *Didaco de Celada* ; 1 vol. in-fol. Lugduni, 1647.

Francisci *de Mendoça* Commentariorum in IV libros Regum Opus; 3 vol. in-fol. Lugduni, 1636.

Francisci *Carriere* Commentarius in universam Scripturam ; 1 vol. in-fol. Lugduni, 1663.

Didaci de Celada in Judith Commentarii; 1 vol. in-fol. Lugduni, 1637.

Didari de Celada Commentarius litteralis ac moralis in Tobiæ Historjam ; 1 vol. in-fol. Lugduni, 1645.

Speculum Aureum Vitæ moralis, seu Tobias ad vivum delineatus explicatus et per selectiora moralia illustratus, auctore *Davide a Manden*; 1 vol. in-fol. Antuerpiæ, 1631.

Cornelii *a Lapide* in Pentateuchum Mosis Commentaria; 1 vol. Parisiis, 1621.

Cornelius in Ecclesiasticum ; 1 vol. in-fol. Lugduni, 1634.

Commentarii in Canticum Canticorum, auctore Cornelio *a Lapide*; 1 vol. in-fol. Lugduni, 1637.

Salomon, sive Commentarius in Proverbia Salomonis authore Cornelio Cornelii *a Lapide* ; 1 vol. in-fol Lutetiæ Parisiorum, 1635.

Cornelii *a Lapide* in Ecclesiasticum et in librum Sapientiæ Commentarius ; 1 vol. in-fol. Parisiis, 1639.

Commentaria in quator Prophetas Majores, auctore Cornelio Cornelii *a Lapide*; 1 vol. in-fol. Lugduni, 1622.

Commentaria in duodecim Prophetas Minores, auctore Cornelio Cornelii *a Lapide*; 1 vol. in-fol. Lutetiæ Parisiorum, 1635.

Cornelii *a Lapide* Commentarii in quator Evangelia ; 2 vol. in-fol. Lugduni, 1638.

Cornelii *a Lapide* in omnes divi Pauli Epistolas Commentaria ; 1 vol. in-fol. Parisiis, 1631.

Commentaria in Acta Apostolorum, auctore Cornelio Cornelii *a Lapide*; 1 vol. in-fol. Lugduni, 1627.

Commentaria in Psalmos Davidicos, auctoris Michaelis Aygnani *Boron* ; 1 vol. in-fol. Lutetiæ Parisiorum, 1613.

Octaviani *de Tuffo* Commentaria in Ecclesiasticum ; 1 vol. in-fol. Lugduni, 1623.

Pauli *Sherlogi* in Canticum Canticorum Commentarius; 1 vol. in-fol. (La dédicace est de 1635.)

Michaelis *Glicslerii* Commentarii in Canticum Canticorum Salomonis, etc.; 1 vol. in-fol. Lugduni, 1620.

— Le même; 1 vol. in-fol. (Sans frontispice. Commençant par *Præfatio commentariorum*, et finissant par le privilége d'Antonius Angrisanus, daté de 1609.)

Joannis *Lorini* Commentarii in Sapientiam; 1 vol. in-folio. Coloniæ, 1624.

Psalmorum Davidicorum Analysis, auctore Thomas *Le Blanc*; 3 vol. in-fol. Lugduni, 1669.

Antonii *Velazquez* in Psalmum Davidi centesimum Commentarii litterales et morales; 1 vol. in-fol. Antuerpiæ, 1640.

Francii *Riberæ* in librum Duodecim Prophetarum Commentarii; 1 vol. in-fol. Coloniæ Agripinæ, 1593.

Joannis *de Pineda* Commentariorum in Job; 1 vol. in-folio. Parisiis, 1631.

Emmanuelis *de Naxera* in Josue Commentaria; 1 vol. in-fol. (Sans date.)

Lucæ *Velloso* Commentarii in Juditham; 1 vol. in-fol. (Sans date.)

Judices *et* Ruth explanati a Nicolao *Serario*; 1 vol. in-folio. Moguntiæ, 1609.

Didaci *de Baeza* Commentariorum moralium Evangelicam Historiam, editio postrema; 2 vol. in-fol. Lugduni, 1644.

Didaci *de Baeza* Commentaria allegorica moralia de Christo figurato in Veteri Testamento; 1 vol. in-fol. Lutetiæ Parisiorum, 1633.

Francisci *Toleti* in sacrosanctum Joannis Evangelium Commentarii; 1 vol. in-fol. Lugduni, 1615.

Didaci *Stellæ* in sanctum Jesu Christi Evangelium secundum *Lucam* Commentaria; 1 vol. in-fol. Antuerpiæ, 1655.

In Epistolam beati Jacobi apostoli Commentarii, auctore Balthazaro *Paes*; 1 vol. in-4. Antuerpiæ, 1617.

Dionysi *Carthusiani* in omnes beati Pauli Epistolas Commentaria; 1 vol. in-fol. Coloniæ, 1533.

In omnes divi Pauli apostoli Epistolas Commentaria, authore Guillelmo *Estio*; 2 vol. in-fol. Duaci, 1614.

In Epistolam Pauli apostoli ad Philippenses Commentariorum et adnotationum tomus posterior; auctore J. Antonio *Velazquez*; 1 vol. in-fol. Lugduni, 1634.

Sancti *Thomas* Aquitanis in omnes Pauli apostoli Epistolas Commentaria; 1 vol. in-fol. Lugduni, 1689.

Rutilii *Benzonii* Commentariorum ac disputationum in canticum *Magnificat* libri quinque; 1 vol. in-fol. Venetiis, 1606.

Joannis *Lorini* in Actus Apostolorum Commentaria; 1 vol. in-fol. Coloniæ Agripinæ, 1617.

Ludovici *ab Alcasar* Vestigatio arcani sensus in Apocalypsi; 1 vol. in-fol. Lugduni, 1618.

Commentarii exegetici in Apocalypsum Joannis apostoli, auctore Blasio *Viegas*; 1 vol. in-4. Turnoni, 1614.

Brième et claire Explication de toute la sainte Bible selon le sens littéral, par Marc *de Berrule*; 1 vol. in-fol. Grenoble, 1681.

Commentaire littéral sur tous les Livres de l'Ancien et du Nouveau Testament, par Augustin *Calmet*; 9 vol. in-fol. Paris, 1724.

Explications de plusieurs Textes difficiles de l'Écriture, qui jusqu'à présent n'ont été ni bien entendus ni bien expliqués par les commentateurs; 2 vol. in-4. Paris, 1730.

Paraphrase des Psaumes de David tant littéral que mystique avec annotations nécessaires; sixième édition, 1 vol. in-4. Lyon, 1641.

Nouvelles Dissertations importantes et curieuses sur plusieurs questions qui n'ont point été traitées dans le Commentaire littéral sur tous les livres de l'Ancien et du Nouveau Testament, par dom Augustin *Calmet*; 1 vol. in-4. Paris, 1720.

5° HISTOIRE ET FIGURES DE LA BIBLE.

Histoire de l'Ancien et du Nouveau Testament et des Juifs par don Augustin *Calmet*; 2 vol. in-4. Paris, 1719.

Histoire du Vieux et du Nouveau Testament enrichie de plus de quatre cents figures en taille douce; 2 vol. in-fol. Anvers, 1700.

Chronologia sacra veteris ac novi Testamenti ex sacro præcipue textu deprompta una cum sacra geographica; 1 vol. in-fol. Parisiis, 1662.

Annalium ecclesiasticorum Veteris Testamenti Epitomes, auctore Jacobo *Paliano*; 1 vol. in-fol. Rhotomagi, 1655.

6° ÉCRITS APOCRYPHES.

. . . .

7° PHILOLOGIE SACRÉE.

Dissertationis Philologiæ de Scriptoribus ecclesiasticis tomi, auctore Philippo *Labbe*; 2 vol. in-8. Parisiis, 1660.

II. CONCILES, SYNODES, ETC.

Ad sacrosancta Concilia a Philippo *Labbeo* et Gabriele *Cossartio* edita, Apparatus alter; 2 vol. in-fol. Lutetiæ Parisiorum, 1672.

Conciliorum Collectio regia maxima ad Philippi *Labbei* et Gabrielis *Cossartii* labores, haud modica accessione facta et emendationibus plurimis, etc., studio Joannis *Harduini*; 12 vol. in-fol. Parisiis; 1715.

Summa Conciliorum omnium, seu Collegium Synodicum in sex classes distributum, opera ac studio *Bail*; 2 vol. in-fol. Parisiis, 1659.

Sacrosanctum Concilium Tridentinum; 1 vol. in-8. Lugduni, 1630.

Sacrosancti et œcumenici Concilii Tridentini Canones et Decreta; 1 vol. in-12. Lugduni, 1669.

Statuts synodaux publiés dans le Synode général tenu à Vienne par M. de Montmorin; 2 vol. in-12, 1702.

Statuts, Ordonnances et Réglements synodaux faits par Mgr Claude *de Saint-George*; 1 vol. in-8. Lyon, 1705.

Statuts synodaux publiés dans le Synode général tenu dans l'église de Vence par Mgr François *des Bertons de Crillon*; 1 vol. in-4. Aix, 1707.

Synodicon Ecclesiæ Parisiensis, auctoritate Francisci *de Harlay*; 1 vol. in-8. Parisiis, 1674.

III. SAINTS PÈRES, PAR ORDRE CHRONOLOGIQUE.

Sanctorum Patrum Ecclesiæ primitivæ Opera; 1 vol. in-fol. Lugduni, 1642.

Bibliothecæ veterum Patrum et Auctorum ecclesiasticorum tomi octo, per *Margarinum de La Bigne*; 6 vol. in-fol. Parisiis, 1609.

Septem Tubæ Sacerdotales, sive Selecti septem SS. Patrum Tractatus; 1 vol. in-4. Parisiis, 1663.

Sancti *Dyonisii* Areopagitæ Opera omnia quæ extant studio et opera patri *Lansselii*; 1 vol. in-fol. Lutetiæ Parisiorum, 1615. (Tranche dorée.)

— Le même; même édition.

Epiphani Episcopi Constantiæ Cypri contra octoginta Hæreses Opus pannarium, sive Arcula aut capsula medica appellatum Joanno *Cornario* medicophysicæ interprete; 1 vol. in-fol. Parisiis, 1554.

Opus eruditissimum divi *Irenæi* episcopi Lugdunensis; 1 vol. in-fol. Basileæ, 1548.

Clementis Alexandrini omnia quæ quidem extant Opera; 1 vol. in-fol. Florentiæ, 1551.

Septimii Florentis *Tertuliani* Opera, argumentis explicationibus et notis illustrata, authore *de La Cerda*; 2 vol. in-fol. Parisiis, 1630.

Septimi Florentis *Tertuliani* Opera, priorius argumenta et notas in libros omnes de novo adjecit; 1 vol. in-fol. Lutetiæ Parisiorum, 1664.

Origenis Adamantii Operum tomi duo; 1 vol. in-fol. Lugduni, 1536. (La date est à la fin du volume.)

Sancti Cæcilii *Cypriani* Opera; priorius argumenta et notas de nova adjecit; 1 vol. in-fol. Parisiis, 1666.

Gregorii cognomento Thaumaturgi Opera omnia quæ reperi potuerunt; 1 vol. in-fol. Parisiis, 1622.

Athanasii archiepiscopi Alexandrini Opera quæ reperiuntur omnia grece et latine; 1 vol. in-fol. 1601.

Basilii Opera, studio Joannis *Garnier*; 3 vol. in-folio. Parisiis, 1721.

Sancti *Optati* Milevitani Opera cum observationibus Gabrielis *Albaspinæi*; 1 vol. in-fol. Parisiis, 1631.

Cyrilli Hierosolymorum archiepiscopi Opera quæ supersunt omnia; 1 vol. in-fol. Oxoniæ, 1703.

Cyrilli archiepiscopi Hierosolymitani Opera quæ extant omnia, cura et studio Antonii Augustini *Toutée*; 1 vol. in-fol. Parisiis, 1720.

Gregorii Nazianzeni Opuscula quædam; 1 vol. in-8. Parisiis, 1575. (Grec et latin.)

Operum *Gregorii* Nazianzeni tomi tres, per Joannem *Leuvenklaium*; 1 vol. in-fol. Basileæ, 1571.

Santi *Ambrosii* Opera; 2 vol. in-fol. Lutetiæ Parisiorum, 1641.

— Le même; Parisiis, 1642. (La couverture manque.)

Gregorii episcopi Nissani Opera, grece et latine; 3 vol. in-fol. Parisiis, 1638.

Chrysostomi archiepiscopi Constantinopolis Opera omnia per Frontonem *Ducæum*; 5 vol. in-fol. Lugduni, 1687.

Sancti *Hieronymi* Stridoniensis Opera omnia quæ extant, *Mariani* Victoris labore et studio; 2 vol. in-fol.

Epitome omnium Operum divi Aurelii *Augustini* episcopi Hipponensis; 1 vol. in-fol. Coloniæ, 1549.

Sancti Aurelii *Augustini* Milleloquium Veritatis, opera Joannis *Collierii*; 2 vol. in-fol. Lutetiæ Parisiorum, 1649.

Sancti Aurelii *Augustini* Hipponensis Episcopi Opera, studio Monachorum ordinis S. Benedicti e congregatione S. Mauri; 6 vol. in-8. Parisiis, 1689.

Sancti Augustini Vita, necnon Indices generales tum in Opera sancti doctoris tum in alia quæ in appendices rejecta sunt; Index quoque alphabeticus Operum S. Augustini, opera et studio Monachorum ordinis S. Benedicti e congregatione S. Mauri; 1 vol. in-fol. Parisiis, 1700. (Cet ouvrage fait suite au précédent.)

Joannis *Cassiani* Opera omnia, cum commentariis; 1 vol. in-fol. Parisiis, 1642.

Cyrilli Alexandriæ archiepiscopi Opera, cura et studio Joannis *Auberti*, grece et latine; 7 vol. in-fol. Lutetiæ, 1633.

Divi *Cyrilli* Alexandrini episcopi Opera quæ hactenus haberi potuere ; 1 vol. in-fol. Basileæ, 1566.

Beati *Theodoreti* Opera omnia; 2 vol. in-fol. Parisiis, 1608.

Leonis Magni romani pontificis et *Petri* chrysologi Opera omnia quæ reperiri potuerunt; 1 vol. in-fol. Parisiis, 1618.

— Le même. Lugduni, 1622.

Sancti *Prosperi* Aquitani Opera omnia; 1 vol. in-fol. Parisiis, 1711.

Fulgentii Ruspensis episcopi Opera quæ extant omnia; 1 vol. in-fol. Lugduni, 1633.

Sancti *Gregorii* Magni papæ primi Opera, *Sixti V*, pont. max. jussu diligentissime emendata atque aucta ; 2 vol. in-fol. Parisiis, 1640.

— Le même; même édition (en tout trois exemplaires).

Joannis *Damasceni* Opera, per Jacobum *Billium*; 1 vol. in-fol. Parisiis, 1603.

Sancti Petri *Bernardini* Opera omnia, studio et labore Jacobi *Merloni Horstii*; 2 vol. in-fol. Lugduni, 1679.

Sancti *Bernardini* Opera omnia synopsibus ornata, postillis illustrata, opera et labore Joannis *Delahaye* ; 2 vol. in-fol. Parisiis, 1635.

Sancti *Anselmi* Cantuariensis archiepiscopi Opera, labore ac studio Gabrielis *Gerberon* ; 1 vol. in-folio. Lutetiæ Parisiorum, 1721.

— Le même; édition de Picard. Coloniæ Agripinæ, 1612.

Sancti *Bonaventuræ* Opera ; 4 vol. in-fol. Lugduni, 1668.

Sancti *Bonaventuræ* Opuscula ; 1 vol. in-fol. Sans frontispice. (Le titre est sur le dos de la reliûre.)

IV. LITURGIE.

Raisons de l'Office et Cérémonies qui se font à l'Église catholique; 1 vol. in-8. (Sans frontispice.)

Thesaurus sacrorum Rituum, seu Commentaria in rubricas Missalis et Breviarii romani, auctore Bartholomæo *Gavanto*; 1 vol. in-4. Lugduni, 1669.

— Le même; editio novissima, 2 vol. in-fol. Venetiis, 1769.

Abrégé du Trésor des Cérémonies ecclesiastiques du R. P. *Gavantus*, traduit par Claude *Arnaud*; 1 vol. petit in-12. Lyon, 1651.

Les anciennes Liturgies, ou la Manière dont on a dit la Messe dans chaque siècle dans les Eglises d'Orient et d'Occident; 3 vol. in-8. Paris, 1704.

La Liturgie sacrée, où l'Antiquité, les Mystères et les Cérémonies de la sainte Messe sont expliqués; par Messire Gilbert *Grimaud*; 2 vol. in-12. Paris, 1686.

— Le même; 1 vol. in-4. Lyon, 1666.

Explications littérales, historiques et dogmatiques des Prières et des Cérémonies de la Messe, suivant les anciens auteurs et les monuments de toutes les églises du monde chrétien, par *Le Brun*; 3 vol. in-8. Paris, 1726.

Liturgie ancienne et moderne, ou Instruction historique sur l'Institution des Prières, des Fêtes et des Solennités de l'Eglise; 1 vol. in-12. Paris, 1752.

— Le même; 1 vol. in-fol. (Sans frontispice.)

— Le même; 1 vol. in-4. (Sans frontispice ni titre.)

Missel; 1 vol. in-fol. (Imprimé en caractères gaulois sur parchemin; cette édition, qui n'a ni date ni frontispice, remonte aux premiers temps de l'imprimerie.)

— Le même; 1 vol. in-fol.

Missale Parisiensis; 1 vol. in-fol. Parisiis, 1739.

Processionale Parisiensis; 1 vol. gr. in-8. Parisiis, 1739.

Processionale et Rituel Romain, à l'usage des religieux et religieuses de l'ordre de Saint-François; 1 vol. gr. in-8. Paris, 1669.

V. THÉOLOGIE SCOLASTIQUE ET DOGMATIQUE.

1° TRAITÉS GÉNÉRAUX.

Abrégé des principaux Traités de la Théologie; 1 vol. in-4. Paris, 1693.

Totius Theologiæ Specimen ad usum theologiæ candidatorum; 5 vol. in-12. Lugduni, 1734.

Breviarium Theologicum, continens definitiones, descriptiones et explicationes terminorum theologicorum, authore Joanno *Polmano*; 1 vol. in-8. parisiis, 1666.

Dictionnaire Ecclésiastique et Canonique portatif; 2 vol. in-8. Paris, 1766.

Florum totius Theologiæ praticæ, Eligii *Bassœi* Compendium, hoc est Summa Summæ; 1 vol. in-fol. Lugduni, 1678.

Eligii *Bassœi* Flores totius Theologiæ praticæ; 2 vol. in-fol. Lugduni, 1663.

Instruction sur le Manuel pour servir à ceux qui dans les Séminaires se préparent à l'administration des Sacrements; 2 vol. in-12. Paris, 1670.

Sancti *Thomæ* Aquinatis Summa totius Theologiæ, in qua quidquid in universis Bibliis continetur, per questiones et responsiones explicatur; 1 vol. in-fol. (Sans frontispice.)

Summæ Theologiæ S. *Thomæ* Aquinatis divinæ voluntatis interpretis; 1 vol. in-fol. Lugduni, 1702.

Quodlibet Sancti *Thomæ* Aquinatis; 1 vol. in-4, relié en bois 1486 (Sans frontispice; le titre se trouve à la dernière page.)

Theologia quadripartita Scoti, authore Joanne Gabriele *Boyvin*; 2 vol. in-fol. Parisiis, 1678.

Theologia *Scoti* a proxilitate et subtilitas ejus ab obscuritate libera et vindicata, authore Joanne Gabriele *Boyvin*; 4 vol. in-12. Parisiis, 1671.

Summa Theologiæ Scotisticæ, scribente Sebastiano *Dupasquier*; 8 vol. in-18. Camberii, 1708.

Scotus Academicus, seu universa doctoris subtilis theologia Dogmata quæ ad nitidam et solidam Academiæ Parisiensis docendi methodum concinnavit Claudius *Frassen*; 4 vol. in-fol. Parisiis, 1672.

— Le même; même édition.

Clypeus Scoticæ Theologiæ contra noves ejus Impugnatores, authore Bartholomæo *Durand*; 4 vol. in-12. Messiliæ, 1685.

Primus scripti Boniensis doctoris subtilis fratris Joannis *Duns Scoti* ordinis Minorum super Sententias; 2 vol. in-fol. (Sans frontispice.)

Epistolica Dissertatio Scoti Thomistica Stephani *Chiesa*; 1 vol. in-12. Camberii, 1706.

Richardi *Ardskin* Theologia tripartita universa; 3 vol. in-4. Antuerpiæ, 1686; editio octava.

Integer Theologiæ Cursus ad usentem Scoti, authore Joanne *Poncio*; 1 vol. in-fol. Parisiis, 1652.

Philippi *Gamachæi* Summa Theologica; 2 vol. in-fol. Parisiis, 1627.

Summa Theologiæ Scholasticæ, authore Martino *Becano*; 4 vol. in-8. Lugduni, 1644.

— Le même; 1 vol. in-fol. Lugduni, 1683.

Summæ Theologiæ scholasticæ et moralis quator partes,

auctore Guilielmo *Herincx* ; 3 vol. in-fol. Antuerpiæ, 1660.

Summa Raymundi *de Peniafort* ; seconda editio, 1 vol. in-4. Avenione, 1715.

Summa *Diana* ; 1 vol. in-4. Lugduni, 1644.

Somme de la Théologie morale et canonique, traduite de l'espagnole par Léon *Bacone* ; 1 vol. in-fol. Paris, 1635.

Raynerii Pantheologia, sive universa Theologia ordine alphabetico per varios titulos distributa ; 3 vol. in-fol. Lugduni, 1655.

Theologia Dogmatica et Moralis ad usum Seminarii Catalaunensis, auctore *Habert* ; 8 vol. in-12. Parisiis, 1782.

Cursus Theologicus amplectus præcipuas materias quæ in Scholis tradi et legi solent secundum ordinem D. Thomæ, auctore Ludovico *Caspensi* ; 2 vol. in-fol. Lugduni, 1641.

Martini *Bonacinæ* Opera omnia ; 2 vol. in-fol. Lugduni, 1684.

— Le même ; 3 vol. in-fol. (Sans frontispice ; le titre est au dos de la reliure.)

Le Théologien Français, dans lequel selon l'ordre de l'Eschole est traité des principes et propriétés de la Théologie par le sieur *de Marande* ; 2 vol. in-fol. Paris, 1646.

Dionysii *Petavii* Opus de Theologicis Dogmatibus ; 3 vol. in-fol. Antuerpiæ, 1700.

Gregorii de Valentia Metimnensis commentariorum theologicorum tomi III ; 4 vol. in-fol. Lugduni, 1619.

2° TRAITÉS PARTICULIERS.

Opuscula tria a F. Laurentio *Brancanto* ; 1 vol. in-4.

Joannis Ludovici *Vivis de Valentinii* de Disciplinis libri ; 1 vol. in-12. Coloniæ, 1536.

Joannis *Launoii* varia Opuscula ; 2 vol. in-8. Parisiis, 1660.

Beati Servati *Lupi* Opera ; 1 vol. in-8. Parisiis, 1664.

Leonardii *Lessii* Opuscula varia in unum corpus redacta; 1 vol. in-fol. Lutetiæ Parisiorum. (Le millésime est déchiré.)

Scrutinium Sacerdotale, sive Modus examinandi tam in visitatione episcopali quam in susceptione ordinum ; 1 vol. in-8. Rhotomagi, 1642.

Guilielmi *Alverni* Opera omnia; 2 vol. in-fol. Parisiis, 1674.

Magister *Petrus de Aquila* dictus Scotellus super quatuor libros Magistri Sententiarum ; 1 vol. in-4. Venetiis, 1501.

Disputationum Theologicarum tomus primus, de Deo et de Angelis, ad primam partem D. Thomæ, auctore J. *Martinon*; 1 vol. in-fol. Burdegalaæ, 1644.

Guilielmi *de Rubione* Disputationes in quatuor libros Magistri Sententiarum; 1 vol. in-fol.

Bartholomæi *Mastrii de Meldula* Disputationes Theologicæ in quatuor libros Sententiarum, quibus Scoti Theologia vindicatur; 3 vol. in-fol. Venetiis, 1675.

Eximii doctoris Francisci *Suarez* ad primam secondæ D. Thomæ tractatus quinque theologici ; 1 vol. in-fol. Lugduni, 1628.

Commentariorum ac Disputationum in tertiam partem divi Thomæ tomi tres, authore Francisco *Suarez* ; 3 vol. in-fol. Lugduni, 1608.

Traitez historiques et dogmatiques sur divers Points de la Discipline de l'Eglise et de la Morale chrétienne, par Louis *Thomassin* ; 2 vol. in-8. Paris, 1691. (Dépareillé.)

Operis de Religione tomi quatuor, auctore Francisco *Suarez*; 4 vol. in-fol. Lugduni, 1630.

Traité historique de l'ancienne Pâque des Juifs, par Bernard *Lamy*; 2 vol. in-12. Paris, 1693.

Prælectiones Theologicæ de Deo et divinis Attributis quas in scholis Sorbonicis habuit Honoratius *Tournely*; 2 vol. in-8. Parisiis, 1725.

Prælectiones Theologicæ de Misterio sanctissimæ Trinitatis quas in scholis Sorbonicis habuit honoratus *Tournely*; 1 vol. in-8. Parisiis, 1726.

Prælectiones Theologicæ de Sacramentis in generale quas in scholis Sorbonicis habuit honoratus *Tournely*; 1 vol. in-8. Parisiis, 1726.

Prælectiones Theologicæ de sacramentis Baptismi et Confirmationis quas in scholis Sorbonicis habuit honoratus *Tournely*; 1 vol. in-8. Parisiis, 1727.

Prælectiones Theologicæ de augustissimo Eucharistiæ sacramento quas in scholis Sorbonicis habuit honoratus *Tournely*. Parisiis, 1729.

Prælectiones Theologicæ de sacramentis Penitentiæ et extremæ Unctionis quas in scholis Sorbonicis habuit honoratus *Tournely*; 2 vol. in-8. Parisiis, 1728.

Prælectiones Theologicæ de sacramento Ordinis quas in scholis Sorbonicis habuit honoratus *Tournely*; 1 vol. in-8. Parisiis, 1729.

Prælectiones Theologicæ de Incarnatione Verbi divini, quas habuit in scholis Sorbonicis honoratus *Tournely*; 1 vol. in-8. Parisiis, 1727.

Prælectiones Theologicæ de sacramento Matrimonii sancto quas in scholis Sorbonicis habuit honoratus *Tournely*; 1 vol. in-8. Parisiis, 1730.

Prælectiones Theologicæ de Gratia Christi quas in scholis Sorbonicis habuit honoratus *Tournely*; 2 vol. in-8. Parisiis, 1725.

— Le même, ad usum Seminariorum; 2 vol. in-12. Parisiis, 1755.

Francisci *Suarez* de divina Gratia Tractatus ; 2 vol. in-folio. Lugduni, 1651.

Commentarius historicus et dogmaticus de Sacramentis in generale et Specie, authore Gaspard *Juenin*; 2 vol. in-fol. Lugduni, 1696.

Dom. Josephi *Cacherani* Theologiæ assertivæ Tractatus; 1 vol. in-fol. Mediolani, 1685.

Defensio Doctrinæ veteris et apostolicæ de sacrosancto Eucharistiæ sacramento Petri Martyri *Vermilii*; 1 vol. petit in-fol. 1562.

De Maria et Deo incarnato Tractatus, de Joseph *de Lacerda*; 1 vol. in-fol.

Disputationum de sancto Matrimonii sacramento tomi, authore *Sanchez*; 1 vol. in-fol. Antuerpiæ, 1614.

Examen et Résolutions des principales Difficultés qui regardent l'Office Divin; par *Collet*; 1 vol. in-12.

Traité de l'Exposition du Saint-Sacrement de l'Autel, par J. B. *Thiers*; 1 vol. in-12. Paris, 1673.

Dissertations Ecclésiastiques sur les principaux Autels des Eglises, les Jubés, la clôture des Chœurs, par J. B. *Thiers*; 1 vol. in-12. Paris, 1688.

De Signis Prædestinationis et Reprobationis Tractatus duo, authore Julio Cæsare *Recupito*; 1 vol. in-4. Lugduni, 1681.

Manuale Exorcistarum ac Parochorum, hoc est Tractatus de Curatione ac Protectione Divina; 1 vol. in-4. Lugduni, 1658.

Flagellum Dæmonum Exorcismos terribiles potentissimos et efficaces complectens, auctore Hieronymo *Mengo*; 1 vol. in-8. Lugduni, 1608.

VI. THÉOLOGIE MORALE.

Idea Theologiæ moralis, authore Petro et Jos. *Fuliensi*; 1 vol. petit in-12. Lugduni, 1652.

Moralis Theologiæ Specimen, studio et labore *Pauli*; 3 vol. in-12. Lugduni, 1729.

Digestum Sapientiæ, auctore *Yvone*; 1 vol. in-fol. Lutetiæ Parisiorum, 1648.

Fundamentum Theologiæ Moralis, id est Tractatus theologicus de recto Usu Opinionum probabilium; 1 vol. in-4. Romæ, 1694.

Thesaurus Moralis Francisci *Labatæ*; 2 vol. in-4. Coloniæ, 1652.

Thelogia Moralis universa complectens omnia morum præcepta et principia decisionis omnium conscientiæ casuum, authore P. G. *Antoine*; 4 vol. in-12. Parisiis, 1744.

Theologia Moralis a Claudio *Lacroix*; 2 vol. in-fol. Venetiis, 1732.

Theologia Moralis, auctore Bartholomæo *Mastrio de Meldula*; 1 vol. in-fol. Venetiis, 1671.

Pauli *Laymann* Theologia moralis; 1 vol. in-fol. Lugduni, 1698.

— Le même; in-fol. (Sans frontispice.)

Institutionum Moralium, in quibus universæ questiones ad conscientiam recte aut prave factorum pertinentes breviter tractantur partes, auctore *Azorio Loreinato*; 2 vol. in-fol. Lugduni, 1602.

Della Institutione Morale di Alessandro *Piccolomini* libri (en italien); 1 vol. in-4. Venetia, 1560.

Petri *Berchorii* Opera omnia; 2 vol. in-fol. Coloniæ Agripinæ, 1630.

Aurum Moralis Theologiæ, à Carolo *Malleto*; 2 vol. in-fol. Augustæ Taurinarum, 1656.

Ferdinandi *de Castro Palao* Operis moralis de Virtutibus et Vitiis contrariis pars prima; 1 vol. in-folio. Lugduni, 1645.

Francisci *Labatæ* Loca moralis; 1 vol. in-fol. Lugduni, 1638.

— Le même; même édition.

Joannis *Morini* Opera posthuma; 1 vol. in-4. Lutetiæ Parisiensis, 1703.

Les Morales Chrétiennes, par le P. *Yves*; 4 vol. in-4. Paris, 1640.

De Justitia, auctore Leonardo *Lessio*; 1 vol. in-fol. Lugduni, 1630.

De Officio Curati liber Joannis Baptistæ Bernardini *Possovini*; 1 vol. in-8. Romæ, 1618.

Francisci *Toleti* Instructio Sacerdotum locupletissima; 2 vol. in-8. Lugduni, 1678.

— Le même; 1 vol. in-8. (Dépareillé.)

Prælatus Regularis, opus in quo cum dignitas Prælaturæ, tum conditiones in prælatio ad eam digne exercendam, auctore Brunone *Chassaing*; 1 vol. in-fol. Burdigalæ, 1655.

Regulæ Cleri ex sacris Litteris, sanctorum Patrum monumentis ecclesiasticisque sanctionibus excerpta, studio et opera *Gelabert*; 1 vol. in-12. Parisiis, 1768.

Forma Cleri, secundum exemplar quod Ecclesiæ sanctisque Patribus a Christo-Domino summo sacerdote monstratum est, opera et studio Ludovici *Tronson*; 1 vol. in-4. Parisiis, 1727.

Le Théophile paroissial de la Messe de Paroisse; 1 vol. in-8. Lyon, 1646.

Le Parfait Ecclésiastique, ou diverses Instructions sur

toutes les Fonctions cléricales ; par Claude *de La Croix* ; 1 vol. in-8. Paris, 1666.

— Le même ; 1 vol. in-4. Paris, 1665.

De la Sainteté et des Devoirs des Prêtres, par *Compaing*; 1 vol. in-12. Paris, 1747.

L'Instruction des Prêtres, par *Molina*, traduit de l'Espagnol par *Gauthier*; 1 vol. in-8.

Le Livre de saint *Grégoire le Grand*, du Soin et des Devoirs des Pasteurs, adressé à Jean, évêque de Ravenne ; 1 vol. in-12. Lyon, 1690.

Lettres à un Evêque sur divers points de Morale et de Discipline concernant l'Episcopat, par *de Pompignan*, archevêque de Vienne; 1 vol. in-8. Paris, 1802.

Le Devoir des Pasteurs en ce qui regarde l'Instruction de leur peuple; 1 vol. in-12. Lyon, 1699.

Avis au Clergé. Ouvrage attribué au curé *Dumas*, de Roiffieu; 2 vol. in-12. Paris, 1833.

Les trois Devoirs d'un bon Prêtre, par Modeste *de Saint-Amable* ; 1 vol. in-12. Lyon, 1685.

Essai sur la Conduite que peuvent se proposer de tenir les Prêtres appelés à travailler au rétablissement de la Religion Catholique en France, par *Coste*; troisième édition, 1 vol. in-8. 1801.

Manuel des Missionnaires, ou Essai sur la Conduite que peuvent se proposer de tenir les Prêtres appelés à travailler au rétablissement de la Religion Catholique en France, par *Coste*; 1 vol. in-8. Rome, 1801. (Cet ouvrage est le même que le précédent.)

La Conduite du Religieux, par le père *Yves*; 1 vol. in-4, 1633. (Sans frontispice.)

Les Devoirs des maîtres et des Domestiques, par Claude *Fleury* ; 1 vol. in-12. Paris, 1688.

Commentarius historicus de Disciplina in Administratione

sacramenti penitentiæ, authore Joanne *Morino*; 1 vol. in-fol. Antuerpiæ, 1682.

Parochiale Curatorum, editum a Michaele *Lochmaier*; 1 vol. petit in-8. Lugduni, 1521. (La date est à la fin.)

Summa Questionum Regularium, seu de Casibus Conscientiæ ad personas religiosas utriusque sexus valde spectantibus, per J. B. *Delazana*; 1 vol. in-fol. Venetiis, 1646.

Andreæ *Mendo* Statera Opinionum benignarum in Controversis moralibus, opus elaboratum ad praxim Confessarium; 1 vol. in-fol. Lugduni, 1666.

Bordoni Opera omnia juridicoregularia et moralia; 3 vol. in-fol. Lugduni, 1665.

Medula Theologiæ Moralis facili ac perspicua methodo resolvens Casus conscientiæ, per *Busembaum*; 1 vol. in-12, Lugduni, 1699.

Antonini *Diana* Resolutionum Moralium libri; 2 vol. in-fol. Lugduni, 1639.

Speculum totius Hominis Christiani, sive Tribunalis Sacramentalis, auctore Petro *Marchant*; 2 vol. in-fol. Antuerpiæ, 1650.

Directorium Regularium in quo praticabiliores Casus tum ex jure tum ex bullis pontificis illustrantur, a Antonio *a Spiritu Sancto*; 1 vol. in-fol. Lugduni, 1670.

Catechismus moralis Casum Conscientiæ in genere et præcipue de iis qui passim reserveri consueverunt; 1 vol. in-12. Lugduni, 1681.

L'Instruction du Confesseur, ou la méthode pratique du Confessionnal, par Paul *Seguari*; 1 vol. in-12. Paris, 1686.

Avis donnés aux Confesseurs, par saint Charles *Borromée*, archevêque de Milan; 1 vol. in-12. Vienne, 1674.

Le Directeur des Confesseurs, en forme de Catéchisme,

composé par *Bertaut*; 1 vol. in-12, 1637. Sans frontispice ; le titre est extrait de l'approbation.)

Le Sacramentaire des Pasteurs contenant le Dogme et la Pratique de tous les Sacrements, par *Jolliot*; 4 vol. in-12. Paris, 1723.

Pratique du sacrement de Pénitence, ou Méthode pour l'administrer utilement; 1 vol. in-12. Paris, 1707.

La Somme des Péchés et les Remèdes d'iceux, par Jean *Benedicti*; 1 vol. in-4. 1583. (Sans frontispice; le titre est extrait du privilége.)

Théologie Morale, ou Résolution des Cas de Conscience; 5 vol. in-12. Paris, 1708.

Résolution de plusieurs Cas de Conscience touchant la Morale et la Discipline de l'Eglise, par *Sainte-Beuve*; 6 vol. in-12. Lyon, 1702.

— Le même; 2 vol. in-4. Paris, 1689.

Dictionnaire des Cas de Conscience, ou Décisions des plus considérables Difficultés touchant la morale et la Discipline ecclésiastique, par Jean *Pontas*; 3 vol. in-folio. Paris, 1734.

Le Dictionnaire des Cas de Conscience décidés suivant les principes de la morale, les usages de la discipline ecclésiastique; l'autorité des conciles et des canonistes et la jurisprudence du royaume, par *Delamet* et *Fromageau*; 2 vol. in-fol. Paris, 1733.

Traité historique et dogmatique du Secret inviolable de la Confession, où l'on montre quelle a toujours été à ce sujet la doctrine et la discipline de l'Eglise, par *Langlet du Fresnoy*; 1 vol. iu-12. Paris, 1715.

L'Attrition suffisante pour la Rémission des Péchés dans le sacrement de Pénitence, par *Dupasquier*; 2 vol. in-4. Lyon, 1687.

Traité de la Conscience, dans lequel on examine sa nature, ses illusions, ses craintes, ses doutes, ses scrupules, sa paix, etc., par *Basnage* ; 3 vol. in-12. Amsterdam, 1697.

Aurelii *Augustini* Hipponensis episcopi Confessionum libri tredecim ; 1 vol. in-12. Turnoni, 1533.

Les Confessions de saint *Augustin*, traduites par *Arnaud d'Andilly* ; 1 vol. in-12. Lyon, 1690.

VII. THÉOLOGIE CATÉCHÉTIQUE OU INSTRUCTIVE.

Conférences Ecclésiastiques du diocèse d'Angers, rédigées par *Badin* ; 8 vol. in-12. Avignon, 1735.

Conférences Ecclésiastiques du diocèse de Luçon ; 5 vol. in-12. Lyon, 1635.

Conférences Ecclésiastiques de *Barrillon*, évêque de Luçon, sur le Symbole ; 2 vol. in-12. Paris, 1718.

Les Devoirs du Chrétien dressez en forme de Catéchisme, par Claude *Joly*, évêque d'Agen ; 1 vol. in-12. Agen, 1739.

Catéchisme, ou Doctrine Chrétienne, imprimé par ordre de Mgr l'évêque d'Angers, de ceux de La Rochelle et de Luçon ; 1 vol. in-12. Lyon, 1635.

Le Catéchisme du Concile de Trente, en latin et en français ; 2 vol. in-12. Mons, 1675.

Catéchisme des Curez, selon le Concile de Trente ; 3 vol. in-12. Lyon, 1696.

Catéchisme du diocèse de Montpellier, imprimé par ordre de Messire *Colbert*, évêque de Montpellier ; 1 vol. in-12. Lyon, 1730.

Catéchisme du diocèse de Nantes, par M. *de Beauvau*, évêque de Nantes ; 1 vol. in-8. Nantes, 1741.

Catéchisme, ou Doctrine Chrétienne ; imprimé par ordre de Mgr l'Archevêque de Reims ; 1 vol. in-12. Paris, 1692.

Catechismus Romanus; 1 vol. in-12. (Sans frontispice.)

Catéchisme du diocèse de Viviers; 1 vol. in-12. Avignon, 1743.

Catéchisme, ou ample Déclaration de la Doctrine Chrétienne, par le cardinal *Bellarmin*; 1 vol. in-12. Rouen, 1699.

Exposition de la Doctrine Chrétienne, divisée en trois catéchismes, Historique, Domestique et Pratique, par *Bougeant*; 4 vol. in-12. Paris, 1741.

Instruction du Chrétien, par le cardinal *de Richelieu*; trente-deuxième édition, 1 vol. in-12. Lyon, 1666.

Catéchisme Historique, contenant en abrégé l'Histoire Sainte et la Doctrine Chrétienne, par *Fleury*; 2 vol. in-12. Paris, 1740.

Catéchisme Dogmatique et Historique, ou Instructions chrétiennes pour la jeunesse; 1 vol. in-12. Paris, 1701.

Catéchisme Moral et Dogmatique, ou Abrégé méthodique pour apprendre facilement les principaux points de la Doctrine et de la Morale chrétienne; 1 vol. in-12. Paris, 1695.

Le nouveau Catéchisme, ou Instructions de la Doctrine Chrétienne; 1 vol. in-12. Marseille, 1675.

Instructions Chrétiennes en forme de Catéchisme, imprimées par ordre de Messire *Colbert*, évêque de Montpellier; 1 vol. in-4. Lyon, 1739.

VIII. THÉOLOGIE PARÉNÉTIQUE OU SERMONAIRE.

De la meilleure Manière de Prêcher; 1 vol. in-12. Paris, 1700.

Apparatus Concionatorum, seu Loci communes ad Conciones ordine alphabetico digesti, authore Francisco *Labata*; 3 vol. in-fol. Lugduni, 1620.

Manipulus sacer Concionum moralium, collectus, ex voluminibus Hieremiæ *Drœxelii*, per Petrum *Devos*; 1 vol. in-18. Antuerpiæ, 1645.

Directorium Superiorum regularium et ecclesiasticorum, continens nonaginta tres sermones; 1 vol. in-4. Coloniæ Agripinæ, 1658.

Bibliothecæ Homiliarum et Sermonum priscorum Ecclesiæ Patrum tomi tres; 3 vol. in-fol. Lugduni, 1588.

La Bibliothèque des Prédicateurs, qui contient les principaux sujets de la Morale Chrétienne, mis par ordre alphabétique, par Vincent *Houdry*; 20 vol. in-4. Lyon, 1715.

Auctarium Operis Concionum tripartiti, adjectum ab ejusdem operis authore Mathia *Fabro*; 2 vol. in-fol. Antuerpiæ; 1646.

L'Année Pastorale, ou Prosnes sur les principales Festes, par Antoine *Caignet*; 1 vol. in-4. Paris, 1663.

Annus Apostolicus, authore Zacharia *Laselve*; 1 vol. in-4. Parisiis, 1696.

Hortus Pastorum et Concionatorum, authore Jacobo *Marchantio*; 1 vol. in-fol. Parisiis, 1635.

Ameliarius Doctorum; 1 vol. in-fol. (Sans frontispice, imprimé à Bâle, en 1498. Cette dernière indication se trouve à la dernière page d'impression.)

Sermones Discipuli de Tempore per circulum anni redacti; 1 vol. in-8. (Sans frontispice; le titre est extrait de la page 23; imprimé en caractères gothiques. On remarque sur la reliure l'inscription suivante: *Jean-Pierre Delmas*.)

Sermones Discipuli de Tempore per circulum anni redacti; 1 vol. in-8. (Sans frontispice.)

Tertulianus Prædicans, cum duplici indice concionum silicet et materiam, auctore Michaele *Vivien*; 6 vol. in-4. Parisiis, 1679.

Sylva Rerum Moralium, seu Prædicabilium per locos communes, auctore Leonardo Lauredano Venato ; 1 vol. in-4. Coloniæ Agripinæ, 1648.

Benedicti *Fidelis* Paradisus Concionatorum; 2 vol. in-4. Antuerpiæ, 1659.

Adriani *Mongotii* Monita sacra ex Sancta Scriptura et SS. Patribus potissimum collecta ; 4 vol. in-8. Lugduni, 1634.

Paradisus Voluptatis Verbi incarnati, hoc est Sermones in Evangelia dominicalia, auctore Benedicto *Fideli* ; 1 vol. in-4. Coloniæ Agripinæ, 1659.

Reverendi Patris Thomæ *Reinæ* Quadragesimale, sive Conciones in totius Quadragesimæ Dominicas et Ferias ; 1 vol. in-4. Parisiis, 1667.

Aurea Rosa, id est Præclarissima Expositio super Evangelia toti anni, doctoris Sylvestri *de Prierio* Pedemontani; 1 vol. in-8, 1503. (La date est avant le commencement.)

Rationale Evangelizantium, sive Doctrina et Veritas Evangelica, a Jacobo *Marchantio* ; 1 vol. in-4. Parisiis, 1646.

Lectiones Evangelicæ in Dominicas et Ferias Quadragesimalæ, opera et studio Jacobi *Willemart*; 1 vol. in-folio. Antuerpiæ, 1685.

Postilla, sive Expositio Epistolarum et Evangeliarum Dominicalium per Claudium *Danosl ali de Troys* ; 1 vol. in-4. Lugduni, 1506.

Essais de Sermons pour tous les jours de Carême, par l'abbé *de Bretteville* ; 3 vol. in-8. Paris, 1691.

Sermons choisis sur les Mystères et la Vérité de la Religion ; 2 vol. in-12. Paris, 1732.

Sermones domini Petri *Hieremie* ; 1 vol. in-8. (Imprimé en caractère gothique.)

Les Sermons du révérend Père *de La Boissière*, pour le Carême ; 6 vol. in-12. Paris, 1738.

Sermons du Père *Bourdaloue* pour le Carême; quatrième édition, 10 vol. in-12. Lyon, 1715.

Sermons prêchez devant Son Altesse Royale la duchesse d'York, par Claude *La Colombière*; troisième édition, 4 vol. in-8. Lyon, 1689.

Doctes et rares Sermons pour tous les jours du Carême, par Antoine *Feo* ; 2 vol. in-8. Paris, 1618.

Sermons de Morale prêchez devant le Roi, par M. *Fléchier*; 2 vol. in-12. Lyon, 1730.

Sermons de *Fromentière*, prédicateur ordinaire de Sa Majesté; 2 vol. in-8. Paris, 1695.

— Le même; même édition.

Sermons du Père *Girouest*; 3 vol. in-12. Bruxelles, 1742.

Sermons du Père *Hubert*, pour le Carême; 6 vol. in-12. Paris, 1725.

Sermons du Père *La Pesse* ; 7 vol. in-12. Lyon, 1708.

Sermons du Père *Pallu*; 5 vol. in-8. Paris, 1754.

Sermons du Père *de La Roche*; 7 vol. in-12. Paris, 1729.

Sermons du Père *de La Rue*, pour l'Avant; 3 vol. in-12. Lyon, 1736.

Sermons de M. Gaspard *Terrasson*; 4 vol. in-12. Paris, 1749.

Sermons et Panégyriques de *Texier*; 6 vol. in-8. Paris, 1680.

Le Missionnaire Paroissial, ou Sommaire des Exhortations familiaires sur les cinquante-deux Dimanches de l'année; 3 vol. in-12. Paris, 1669.

Le Missionnaire Apostolique, ou Sermons utiles à ceux qui s'emploient aux Missions, par François *de Toulouze*; 10 vol. in-8. Paris, 1666.

Le Missionnaire de l'Oratoire, ou Sermons par le Père *Le Jeune*; 4 vol. in-8. Tolose, 1662.

Le Missionnaire de l'Oratoire, ou Sermons de la Foy, par le Père *Le Jeune*; 2 vol. in-8. Tolose, 1667.

Saint Paul en chaire, ou les Sermons de l'Avent sur la Conversion de la Samaritaine, par Jean *de Reyroles*; 1 vol. in-8. Paris, 1646.

Sermons pour tous les jours du Carême, par Constance *Rounat*; 2 vol. in-8. Lyon, 1691.

Sermons pour le Carême par le Père *du Fay*; 3 vol. in-12. Lyon, 1738.

Sermons pour tous les jours du Carême, prêchés par Jacques *Biroat*; 2 vol. in-8. Paris, 1668.

Sermons sur tous les Évangiles du Carême, prêchés par Nicolas *de Dijon*; 3 vol. in-8. Lyon, 1692.

Sermons sur tous les Évangiles du Carême, par Claude *de Lingendes*.

Matanéologie Sacrée, Sermons sur tous les Évangiles du Carême, par André *Valladier*; 1 vol. in-8. Paris, 1616. (La date est extraite de l'approbation.)

Les Triomphes Évangéliques, Carêmes prêchés dans l'église de Saint-Germain-l'Auxerrois, par Léon *de Saint-Jean*; 2 vol. in-8. Paris, 1665.

L'Évangile de la Grace, ou Sermons sur les Mystères et Dévotions de la Sainte-Vierge, par Lazare *Dassier*; 1 vol. in-8. Lyon, 1685.

Sermons sur les Mystères de notre Seigneur, prêchés par Jacques *Biroat*; 1 vol. in-8. Paris, 1669.

L'Évangile de la Grace, ou Sermons sur les Mystères de notre Seigneur, par Lazare *Dassier*; 1 vol. in-8. Lyon, 1683.

Sermons sur les Mystères de la Vierge, prêchés par Jacques *Biroat*; 1 vol. in-8. Paris, 1669.

Sermons sur les Vérités Chrétiennes et Morales, par M. *de La Volpilière*; 3 vol. in-8. Paris, 1689.

Sermons et Instructions Chrétiennes pour tous les Dimanches; 1 vol. in-8. Paris, 1567.

Les Sermons et Instructions Chrétiennes pour tous les jours de l'Avent jusqu'à Noel; 1 vol. in-8. Paris, 1570.

Sermons pour les grandes Fêtes de l'Année, par Louis *Bourdaloue*; 1 vol. in-12. Bruxelles, 1695.

L'Évangile de la Grace, ou Sermons pour tous les Dimanches de l'Année, par Lazare *Dassier*; 2 vol. in-8. Lyon, 1682.

Du Verbe, mis au jour dans la Naissance de Marie mère de Dieu, partagé en huit discours prononcés par le Père Guillaume *Raynaud*; 1 vol. in-8. Marseille, 1668. (Le titre est extrait de l'approbation.)

Sermons pour l'Octave des Morts, par *Rounat*; 1 vol. in-8. Lyon, 1678.

Sermons prêchés pendant l'Octave des Morts, par *Bertel*; 1 vol. in-8. Lyon, 1727.

Octave du Saint-Sacrement, prêchée par Nicolas *de Dijon*; 1 vol. in-8. (La date est extraite du privilége.)

Octave de l'Assomption de la Sainte-Vierge, prêchée par Nicolas *de Dijon*; 1 vol. in-8. Lyon, 1687.

Octave de saint François de Sales, où les plus beaux Traits de sa Vie sont ordonnés en forme de panégyrique, par *Hauteville*; 1 vol. in-8. Paris, 1668.

Vox clamantis in Deserto, sive Conciones sacræ et morales in omnes totius anni Dominicas et Festa, authore Matthia *Keul*; 3 vol. in-4. Coloniæ, 1686.

Vox clamantis in Deserto, sive Conciones sacræ et morales in omnes totius anni Dominicas et festa, authore Matthia *Keul*; 3 vol. in-4. Coloniæ, 1686.

Sancti Vincenti confessoris de Valentia ordinis divi Predicatorum Sermones uberinti de Sanctis per toti anni circulum ; 1 vol. in-8. (Sans frontispice.)

Conciones in Evangelia et Epistolas quæ dominicis diebus populo in Ecclesia proponi solent, per *Ægidium Topiarum* Flandrum ; 1 vol. in-8. Parisiis, 1566.

Divi *Augustini* Sermones ; 1 vol. in-8. Lugduni, 1520.

Mariale eximii viri Bernardini *de Bussi* ordinis seraphici Francisci, de singulis Festivitatibus beatæ Virginis, per modum sermonum tractatus ; 1 vol. petit in-4. Lugduni, 1502.

Prima Pars Rosarii Sermonum prædicabilium per Quadragesimam, per Bernardinum *de Bussi* ; 1 vol. petit in-4. Lugduni, 1513.

Seconda Pars Rosarii *de Bussi* ; 1 vol. petit in-4. Venetiis. (Ces deux volumes d'un même ouvrage sont dépareillés.)

Stellæ Concionatorum Alexandri *Calamati*, sive Conciones et Discursus de Reliquis præsertim Sanctorum præcipuis Festis, etc. ; 4 vol. in-4. Moguntiæ, 1658.

Petri *Chrysologi* Sermones in Evangelia de Dominicis et Festis aliquot solemnioribus totius anni ; 1 vol. in-8. Tolosæ, 1670.

Sermones ad omnes Status de novo correcti et emendati Fratris *Guilliberti* ; 1 vol. petit in-8. Lugduni, 1511.

— Le même ; même édition.

Guilielmi Arverni Sermones per annum ; 1 vol. in-fol. Lutetiæ Parisiorum, 1638.

Sermones Quadragesimales Fratris *Leonardi* de ultimo ; 1 vol. petit in-4. Lugduni, 1505.

Joannis Pauli *Olivæ* Conciones a Joanne *de Bussière* ; 2 vol. in-4. Lugduni, 1665.

Guilielmi *Peraldi* Sermones aurei ; 1 vol. in-4. Coloniæ Agripinæ, 1632.

Thomæ *a Villa Nova* Conciones ; 1 vol. in-4. Coloniæ Agripinæ, 1619. (Le titre est au dos et à la page 356.)

Homeliæ in Evangelia dominicalia, authore Henrico *Helmesio* ; 1 vol. in-8. Parisiis, 1552.

Haymonis Homeliæ in Evangelia dominicalia ; 1 vol. in-18. Parisiis, 1555.

Homélies Morales sur les Évangiles de tous les Dimanches de l'année ; ; 2 vol. in-4. Paris, 1681.

Les Homélies de saint Jean *Chrysostôme* au peuple d'Antioche, traduites en français par *Maucroix* ; 1 vol. in-4. Paris, 1671.

Homélies ou Sermons de saint Jean *Chrysostôme*, traduits en français par *de Marsilly* ; 1 vol. in-8. Lyon, 1685.

Les Homélies pour tous les jours de Carême, traduits de l'Espagnol de *Lannuza* par *Amariton* ; 2 vol. in-4. Paris, 1646.

Homeliæ Catholicæ de sacris Arcanis deiparæ Mariæ et Josephi, Joanne *de Carthagena* auctore ; 1 vol. in-folio. Parisiis, 1620.

— Le même ; 2 vol. in-fol. Antuerpiæ, 1622.

Sancti *Cæsarii* Homiliæ XIV ; 1 vol. in-8. Parisiis, 1669.

Panégyriques des Saints, preschez par Jacques *Biroat* ; deuxième édition, 2 vol. in-8. Paris, 1668.

Panégyriques sur le Mystère de notre Seigneur, prêchez par Nicolas *de Dijon* ; 1 vol. in-8. Lyon, 1688.

Paradisus Sanctorum, hoc est Sermones sacri Panegyrici in Festa Sanctorum, authore Benedicto *Fideli* ; 2 vol. in-4. Coloniæ Agripinæ, 1661.

Panégyriques des Saints, preschez par le R. P. Constance *Rounat* ; 2 vol. in-8. Lyon, 1691.

Retraites Spirituelles à l'usage des Communautés religieuses par le Père *Bourdaloue* ; 1 vol. in-12. Lyon, 1760.

Panégyriques des Saints, composés par Jean-François *Senault*; 1 vol. in-8. Paris, 1656. (Sans frontispice; le titre est extrait de l'approbation, qui est à la fin.)

Panégyriques des Saints, par Jean-François *Senault* ; 1 vol. in-4. Paris, 1656.

— Le même ; même édition.

— Le même ; 3 vol. in-8. Paris, 1668.

Conceptions Théologiques sur tous les Dimanches de l'année, prescheez en divers lieux par Pierre *de Besse*; 3 vol. in-8. Paris, 1611.

Discours Ecclesiastiques et monastiques ; 3 vol. in-12. Paris, 1708.

Discours moraux sur les Évangiles de tous les Dimanches de l'année ; 3 vol. in-12. Paris, 1683.

Discours prédicables pour tous les Dimanches depuis l'Avent jusqu'à la Pentecôte ; 2 vol. in-8. Paris, 1637.

Les Thèses affectives et prédicables, ou les sacrez Eloges de la Rédemption, par Nicolas *de Haulteville* ; 2 vol. in-8. Paris, 1664.

Instructions chrétiennes sur les Mystères de notre Seigneur Jésus-Christ et sur les Principales Fêtes de l'année ; quatrième édition, 5 vol. in-8. Paris, 1681.

Conférences ou Exhortations Monastiques pour tous les Dimanches de l'année ; 1 vol. in-4. Paris, 1671.

IX. THÉOLOGIE MYSTIQUE OU CONTEMPLATIVE.

La Théologie affective, ou saint Thomas en méditation, par maistre Louis *Bail*; 1 vol. in-fol. Paris, 1659.

Le vray Pédagogue Chrétien, contenant en trois parties les points principaux de la Perfection Chrétienne; 1 vol. in-4. Lyon, 1662.

Catéchisme spirituel de la Perfection Chrétienne, par *Surin*, jésuite; 2 vol. in-12. Lyon, 1730.

Pratique de la Perfection et des Vertus Chrétiennes et Religieuses, composée en Espagnol par Alphonse *Rodriguez* et traduite par *Duez*; 3 vol. in-4. Paris, 1624.

— Le même; 1 vol. in-4. Lyon, 1633.

Le Chrétien du Temps, par *Bonal*; 1 vol. in-4. Lyon, 1680.

La Conduite du Chrétien pour aller au Ciel, par *Basile*, de Soissons; 1 vol. in-8. Paris, 1686.

L'Homme Religieux, par J. B. *Saint-Jure*; 1 vol. in-8. Paris, 1670.

— Le même; 1 vol. in-4. Paris, 1663. (Double.)

L'Homme Spirituel, où la vie spirituelle est traitée par ses principes, par J. B. *Saint-Jure*; 1 vol. in-8. Paris, 1685.

— Le même; 1 vol. in-4. Paris, 1646.

L'Homme Chrétien, ou la Réparation de la Nature par la Grace, par J. F. *Senault*; deuxième édition, 1 vol. in-4. Paris, 1650.

— Le même; 1 vol. in-4. Paris, 1648.

L'Année Chrétienne, ou le saint et profitable Employ du Temps pour gagner l'éternité, par Jean *Suffren*; 4 vol. in-4. Paris, 1645.

L'Année du Chrétien, contenant des Instructions sur les Mystères et les Fêtes; 17 vol. in-12. Paris, 1747.

Méditations sur la Vie de Jésus-Christ pour tous les jours de l'année et pour les Fêtes des Saints, par *Hayneufve*; 4 vol. in-4. Paris, 1661.

— Le même; 2 vol. in-4. Paris, 1650. (Double.)

Méditations sur les principales Vérités Chrétiennes et Ecclésiastiques pour tous les Dimanches, Fêtes, et autres jours de l'année, par *Beuvelet*; 1 vol. in-4. Paris, 1664.

— Le même; sixième édition, 1 vol. in-4. Rouen, 1664.

Méditations pour toutes les Fêtes de l'Ordre séraphique de Saint-François, par Pierre *Guillaume*; 1 vol. in-8. Lyon, 1674.

Très excellentes Méditations sur tous les Mystères de la Foy, avec la Pratique de l'Oraison mentale, par Louis *du Pont*; troisième édition, 1 vol. in-4. Paris. (La date est déchirée.)

Les Œuvres Spirituelles de saint François *de Sales*; 7 vol. petit in-12. Paris, 1685. (Dépareillé; les volumes 1, 7 et 9 manquent.)

Œuvres Spirituelles de *Fénélon*; 4 vol. petit in-12. Anvers, 1720.

Œuvres Spirituelles de *Boudon*, docteur de Sorbonne; 2 vol. petit in-12. Lyon, 1741.

Les Œuvres de la sainte mère *Thérèse de Jésus*, fondatrice de la Réforme des Carmes; 1 vol. in-4. Paris, 1667.

Œuvres Chrétiennes sur le verset *Audi, filia, et vide*, par Jean *d'Avila*, traduites de l'espagnol par *Personne*; 1 vol. in-8. Paris, 1662.

L'Œuvre entier et parfait de la Vérité du Monde, par Diego *de Stella*, traduit de l'espagnol par *Chappuis*; 1 vol. in-8. Lyon, 1634.

Les Œuvres Spirituelles de Louis *de Grenade*, traduites de nouveau en français par *Girard*; 2 vol. in-folio. Paris, 1690.

Lieux communs de *Grenade*; 1 vol. in-8. (Sans frontispice; il y a un médaillon doré sur le milieu de la couverture.)

Jésus crucifié de nouveau, par Jean *de Reyrolles*; 1 vol. in-4. Paris, 1636.

Le Christianisme fervent dans la primitive Église et languissant dans celle de nos derniers siècles, par *Rapine*; 3 vol. in-4. Paris, 1671.

Bouclier sacré de Patience, par Jacques *Corenus*, traduit en français par *de Dijon*; 1 vol. in-4. Lyon, 1631.

Le Bouquet de Myrrhe de l'Amante sacrée, composé de la Passion de N. S. Jésus-Christ recueillie des quatre évangélistes, par *Molissier*; 1 vol. in-8. Tolose, 1613.

L'Art de Vaincre le Monde, à l'exemple de Judith, victorieuse d'Holopherne, par *Michaelis*; 1 vol. in-4. 1663. (Sans frontispice; le titre est extrait de l'approbation.)

Les Clefs du Purgatoire forgées dans les sacrées Playes du Sauveur et présentées par les mains de la Charité divine à tous les vivants pour ouvrir la prison des ames souffrantes; 1 vol. in-8. Lyon, 1669.

De la Connaissance et de l'Amour du Fils de Dieu, par J. B. *Saint-Jure*; 3 vol. in-8. Paris, 1646.

— Le même; 1 vol. in-fol. Avignon, 1651.

La Cité mystique de Dieu, miracle de toute puissance, abyme de la grace, histoire divine et la vie de la très sainte vierge Marie, mère de Dieu, par Marie de Jésus *d'Agréda*; 3 vol. in-4. Brusselles, 1715. (Traduit de l'espagnol par *Croset*.)

Le Commerce des Vivants fait en faveur des Ames du Purgatoire, par Bonaventure *Breugne*; 1 vol. in-4. Lyon, 1658.

La Famille Sainte, où il est traité des devoirs de toutes les personnes qui composent une famille, par Jean *Cordier*; 1 vol. in-8. Lyon, 1691.

Trésor de la Doctrine Chrétienne, par *Turlot*; 1 vol. in-4. Rouen, 1647.

— Le même; même édition.

— Le même; quatorzième édition. Lyon, 1673.

Les Tapisseries du divin Amour, ou la Passion et Mort de Jésus, fils de Dieu, par *Laurent*; 1 vol. in-4. Paris, 1631.

De la plus Solide, la plus Nécessaire et souvent la plus Négligée de toutes les Dévotions, par J. B. *Thiers*; 1 vol. in-12. Paris, 1703.

Pensées ou Réflexions Chrétiennes pour tous les jours de l'année, par *Nepveu*; 4 vol. in-12. Paris, 1712.

La Vierge souffrante pour un Dieu mourant, par Chérubin *de Marcigny*; 1 vol. in-4. Lyon, 1647.

— Le même; même édition. (Trois exemplaires.)

La Vraie et Solide Dévotion, contenant la Science du Chrétien, touchant l'explication des sept Sacrements de l'Eglise, par *Beuvelet*; 1 vol. in-8. Paris, 1668.

Les Pas glissants des Religieux, ou le Religieux pauvre et chaste, par Modeste *de Saint-Amable*; 1 vol. in-4. Lyon, 1682.

L'Eucharistie couronnée par les trois Vies du parfait Chrétien, par Boniface *Constantin*; 1 vol. in-4. Lyon, 1642.

La Guerre aux Vices, où l'on fait voir les caractères particuliers de malignité qui se trouvent dans chaque vice, par *Bonzelle* : 1 vol. in-8. Lyon, 1685.

Conduite de la Grace sur la Conversion des Ames pécheresses ou son terme du départ qui est le péché, par *de La Porte*; 1 vol. in-4. Lyon, 1654 (sans frontispice; le titre est à la page 244.)

L'Ordre de la Vie et des Mœurs qui conduit l'Homme à son Salut et le rend parfait en son état, par *Hayneufve*; 1 vol. in-4. Paris, 1639.

Le Portrait de notre Seigneur Jésus-Christ, par *Rapiere* ; 1 vol. in-4. Paris, 1664.

La Dévotion vers notre Seigneur Jésus-Christ souverainement Bon, souverainement Grand, souverainement Saint, par *Moüet* ; 3 vol. in-4. Paris, 1679.

De la Dévotion à la Sainte-Vierge et du Culte qui lui est dû; 1 vol. in-12. Paris, 1693.

Retraite selon l'Esprit et la Méthode de saint Ignace, par *Nepveu* ; 1 vol. in-12. Paris, 1740.

Remarques sur divers sujets de Religion et de Morale, Tirées des Saints Pères, par *La Pesse*; 1 vol. in-12. Lyon, 1708.

Traité de la Pénitence contenant la Différence qu'il y a entre la Temporelle et l'Eternelle, par *Le Febure* ; 1 vol. in-4. Paris, 1691.

Traité du Bonheur de la Vie Religieuse, par *Platus*, et traduit du latin par *Girard* ; 1 vol. in-4. 1644.

Traité du dernier Jour de la Vie des Chrétiens sur la Mort différente des Justes et des Pécheurs, par Hyacinte *Le Febure*; 1 vol. in-4. Paris, 1691.

Traitez sur la Prière publique et sur les Dispositions pour offrir les saints Mystères et y participer avec fruit; 1 vol. in-12. Amsterdam, 1707.

De la Piété des Chrétiens envers les morts; troisième édition, 1 vol. in-12. 1679.

De Disciplina Christianæ Perfectionis, per *Rossignolium*; 1 vol. in-8. 1600 (sans frontispice; le titre est extrait de l'approbation).

Vitiis Florigera, hoc est Dissertatio et Doctrina moralis de Festis, Vita, Gestis Sanctorum qui in Ecclesia coluntur annua solemnitate; 1 vol. in-4. Parisiis, 1646.

Paradisus Eucharisticus, hoc est Theoremata moralia in Psalmo xxii; 1 vol. in-4, Coloniæ Agripinæ, 1659.

Verbum Dei carnem factum, hoc est Jesum Christum Servatorem nostrum, etc., assertio Joannis *Hoffmeysteri*; 1 vol. in-4, 1545.

Opus de Veritate Contritionis in quo mirifica documenta eternæ salutis aperiuntur; 1 vol. in-8. Parisiis.

Josephi *Speranzæ* Scripturæ selectæ; 1 vol. in-fol. Lugduni. 1641.

Magistri angeli *Pacinchelli*, Lectiones morales in Jonam prophetam; 3 vol. in-fol. Antuerpiæ. 1680.

Medula sancti Evangelii per Christum dictata sancto Francisco in sua seraphica regula, per *Dernoye*; 1 vol. in-fol., Antuerpiæ. 1657.

Joannis *Gersonis* de Institutione Christi; 1 vol. in-18, Lugduni. 1561.

Questiones Evangeliorum tam de Tempore quam de Sanctis domini Johannis *de Turre* Crensatæ cardinalis; 1 vol. in-8, Lugduni. 1509. (Le titre est à la fin.)

Operum Thomæ *Malleoli a Kempis* tomus primus; 1 vol. in-4, Antuerpiæ, 1606.

Sancti *Francisci* Assisiatis nec non sancti *Antonii* Paduani Opera omnia, opera et labore Joannis *de La Haye*; 1 vol. in-fol. Parisiis, 1641.

Drexelii Opera omnia; 2 vol. in-fol., Antuerpiæ, 1643.

Discursus Morales in decem Decalogi Præcepta, authore *Davide a Moden*; 1 vol, in-fol., Antuerpiæ, 1630.

Mundi Tribulatio ejusque Remedia; 1 vol. in-4, Antuerpiæ, 1651.

Candelabrum Mysticum septem Lucernis adornatum, auctore Jacobo *Marchantio*; 1 vol. in-4. Parisiis, 1636.

X. THÉOLOGIE POLÉMIQUE.

1.º POUR LA DÉFENSE DE LA RELIGION CHRÉTIENNE.

Traité historique et dogmatique de la vraie Religion, avec la Réfutation des Erreurs qui lui ont été opposées dans différents siècles, par *Bergier*; 12 vol. in-12. Paris, 1784.

Catéchisme Philosophique, ou Recueil d'Observations propres à défendre la Religion Chrétienne contre ses ennemis, par *Flexier de Reval*; 1 vol. in-8. Paris, 1777, deuxième édition.

Traité de la Vérité de la Religion Chrétienne; 2 vol. in-12. Rotterdam, 1789.

La Religion Chrétienne prouvée par les Faits, par *Haulteville*; 4 vol. in-12. Rotterdam, 1744.

Voyage d'un Gentilhomme irlandais à la recherche d'une Religion, par Thomas *Moore*; 1 vol. in-8. Paris, 1833.

Recueil des Ouvrages composés par feu M. *Papin*, en faveur de la Religion; 2 vol. in-12. Paris, 1723.

Sainct *Augustin*, de la Cité de Dieu, contenant le commencement et progrez d'icelle, avec une défense de la Religion Catholique, le tout fait en français par Gentian *Hervet*; troisième édition, 1 vol. in-fol. Paris, 1584.

Le Manuel de la Recherche et Antiquité de la Foy, ou Doctrine de l'Eglise Catholique, par *Chesneau*; 1 vol. in-8. Reims, 1679.

Génie du Christianisme, ou Beautés de la Religion Chrétienne, par le vicomte *de Châteaubriand*; 5 vol. in-8. Paris, 1823, cinquième édition.

Génie du Christianisme, par M. *de Châteaubriand*; 5 vol. in-8. Paris, 1826.

Les Martyrs, ou le Triomphe de la Religion Chrétienne, par le vicomte *de Châteaubriand*; quatrième édition, 4 vol. in-8. Paris, 1822.

Les Martyrs, ou le Triomphe de la Religion Chrétienne, par M. *de Châteaubriand*; 3 vol. in-8. Paris, 1826.

2ᵉ CONTRE LES ATHÉES ET LES PHILOSOPHES.

Athanasii Dialogi; Basilii libri adversus impium Eunomium ex interpretatione Theodori *Bezœ* græce et latine; 1 vol. in-8. 1570; édition d'Henri Etienne.

Principes de Religion, ou Préservatif contre l'Incrédulité; 1 vol. in-12. Paris, 1752.

Les Trois Vérités, contre tous athées, idolâtres, juifs, mahométans, hérétiques, schismatiques, par Pierre *Le Charron*; 1 vol. in-12. Lyon, 1596.

Preuves de la Religion de Jésus-Christ, contre les Spinosistes et les Déistes; 8 vol. in-12. Paris, 1751.

Dictionnaire Antiphilosophique, pour servir de commentaire et de correctif au Dictionnaire Philosophique et aux autres livres qui ont paru de nos jours contre le Christianisme; 1 vol. in-8. Avignon, 1771.

Pensées Théologiques relatives aux Erreurs de ce temps, par *Jamin*; 1 vol. in-12. Bruxelles, 1774.

L'Oracle des nouveaux Philosophes, pour servir de suite et d'éclaircissement aux œuvres de M. de Voltaire; 2 vol. in-12. Berne, 1765.

Les Triomphes de la Religion Chrétienne, contre Typhon, maître des impies et libertins de ce temps, par *Dulithée*; 1 vol. in-fol. Paris, 1628.

Le Théologien dans les Conversations avec les Sages et les Grands du monde; 1 vol. in-4. Paris, 1683.

Essai sur l'Indifférence en matière de Religion, par l'abbé *de Lamennais*; 4 vol. in-8. Paris, 1629.

3° CONTRE LES HÉRÉSIES ANCIENNES ET MODERNES.

Florentis Septimii *Tertuliani* liber de Præscriptionibus contra hæreticos, per Christianum *Lupum*; 1 vol. in-4. Bruxelles, 1675.

Divinitas Domini nostri Jesu Christi manifesta in Scripturis et traditione, opera et studio unius ex Monachis congregationis Sancti Mauri; 1 vol. in-fol. Parisiis, 1746.

Enchiridion Controversiarum præcipuarum nostri temporis de Religione, authore Francisco *Castero*; 1 vol. in-12. Turnoni, 1591.

Catéchisme et Abrégé des Controverses de notre temps touchant la Religion, par Guillaume *Baile*, jésuite; 1 vol. petit in-12. Lyon, 1625.

Abrégé des Manuels des Controverses de ce temps touchant la Foy et la Religion, par Martin *Becan*; 1 vol. in-12. Grenoble, 1625.

Traité qui contient la Méthode la plus facile et la plus assurée pour Convertir ceux qui se sont séparés de l'Eglise, par le cardinal *de Richelieu*; 1 vol. in-4. Paris, 1657.

Les principaux Points de la Foi Catholique défendus contre l'écrit adressé au roi par les quatre ministres de Charenton, par le cardinal duc *de Richelieu*; 1 vol. in-fol. Paris, 1642.

La Perpétuité de la Foy de l'Église Catholique touchant l'Eucharistie, avec la Réfutation de l'Ecrit d'un ministre contre ce Traité; sixième édition, 1 vol. in-12. Paris, 1701.

— Le même; seconde édition, 5 vol. in-4. Paris, 1713.

Histoire des Variations des Églises Protestantes, par *Bossuet*; 4 vol. in-12. Paris, 1740.

— Le même; 2 vol. in-4. Paris, 1688.

Exposition de la Doctrine de l'Église Catholique sur les matières de controverses, par *Bossuet*; 1 vol. in-12. Paris, 1748.

Conférence avec M. Claude, ministre de Charenton, sur la matière de l'Eglise, par *Bossuet*; 1 vol. in-12. Paris, 1682.

Institutions Catholiques où ont été déclarées et confirmées la Vérité de la foi contre les hérésies et superstitions de ce temps; divisées en quatre livres qui servent d'antidote aux quatre de l'Institution de Jean Calvin; 1 vol. in-4. Paris, 1624.

— Le même; 1 vol. in-4; 1610. (Sans frontispice.)

Règles générale de la Foy Catholique, moyen très propre et efficace pour la Conversion de ceux de la Religion prétendue Réformée, à l'Eglise Catholique, par François *Véron*; 1 vol. in-fol. Paris, 1645.

De la Réunion des Communions Chrétiennes, ou Histoire des négociations, conférences, correspondances qui ont eu lieu, des projets et des plans qui ont été formés à ce sujet depuis la naissance du Protestantisme jusqu'à présent, par *Tabaraud*; 1 vol. in-8. Paris, 1808.

Motifs de Réunion à l'Église Catholique présentez à ceux de la Religion prétendue Réformée de France, par René *Ouvrard*; 1 vol. in-12. Paris, 1668.

Unio Dissidentium, libellus omnibus unitatis ac pacis amatoribus utilissimus, per Hermanum *Bodium*; 1 vol. petit in-8. Basileæ, 1551.

Le Hérault de la Paix, ou la Fin des Controverses, ouvrage très utile pour ramener les dévoyez dans le sein de l'Eglise Romaine; 1 vol. in-12. Lyon, 1670.

Exposition et Résolution de certains principaux Passages tant du Vieil que du Nouveau Testament, desquels les hérétiques de ce temps abusent contre la foy catho-

-lique et la vérité de l'Evangile ; 1 vol. in-18. Lyon, 1519.

Excellent et très utile Traité de ne recevoir diverses Religions en aucun royaume, monarchie, province, principauté, république, villes et citez, par Jacques *Pamelie* ; 1 vol. in-8, Lyon, 1592.

La France toute Catholique sous le règne de Louis le Grand, ou Entretiens de quelques Protestants ; 2 vol. in-12. Lyon, 1684.

Réflexions sur les Différents de Religion avec les preuves de la Tradition ecclésiastique ; 1 vol. in-12. Paris, 1686.

Le Génie de Calvin, avec les Réponses des Ministres de France et de Genève, occupez à trouver quelque Religion dans la ruine et désolation de leur première et prétendue Réforme ; 1 vol. in-12. Avignon, 1682.

Dispute touchant le Schisme et la Séparation que Luther et Calvin ont faits de l'Eglise Romaine, par *Mestrezat* ; 1 vol. in-fol. Paris, 1655.

Prétextes de la prétendue Religion Réformée, par *Toulousain* ; 1 vol. in-12. Lyon, 1614.

Préjugez légitimes contre les Calvinistes ; 1 vol. in-12. Paris, 1725.

Avertissement de Vincent *de Lérins* touchant l'Antiquité et l'Universalité de la Foy Catholique contre les nouveautez profanes de tous les hérétiques ; 1 vol. in-12. Paris, 1684.

Thèses royales adressées par Messieurs de la Religion prétendue réformée, par *Bernardin* de Poitiers ; 1 vol. in-12. Poitiers, 1662.

Disputationum Roberti *Bellarmini* de Controversiis Christianæ Fidei adversus hujus temporis Hæreticos epitome ; 3 vol. in-8. Parisiis, 1602.

— Le même ; 4 vol. in-fol. Ingolstadii, 1601.

Assertionis Lutheranæ Confutatio, per Joannem *Roffensem* episcopum; 1 vol. in-4. Parisiis, 1523. (Sans frontispice; le titre est à la fin.)

— Le même; 1 vol. in-8. Parisiis, 1545.

De Veritate Corporis et Sanguinis Christi in Eucharistia, per *Roffensem* adversus *Œcolampadium*; 1 vol. in-4. Coloniæ, 1527.

Erasmi Epistola ad Fratres inferioris Germaniæ accommodatissima ad intelligendum rationem controversarium quæ nunc sunt in Religione; 1 vol. in-8. Parisiis, 1545.

Réplique aux Tolérants de ce temps qui soutiennent que la Communion ecclésiastique avec les hérétiques ou schismatiques notoires n'est défendue que de droit ecclésiastique; 1 vol. in-8. Avignon, 1729. (Le titre est au dos et à la page 17.)

La Confession de Foy de Messieurs les Ministres, convaincue de nullité par leur propre Bible; 1 vol. in-8. Lyon, 1617.

Rechute de Genève plagiaire, ou Réplique aux prétendues Défenses de *Turretin*, ministre et professeur en l'Eschole de Genève, par *Coton*; 1 vol. in-4. Lyon, 1620.

Le Tombeau des Hérétiques.

La Cabale des Réformés tirée nouvellement du puits de Démocrite; 1 vol. in-8. Montpellier, 1597.

— Le même; même édition.

Les Artifices des Hérétiques; 1 vol. in-12. Paris, 1681. (Sans frontispice.)

Le Coq-à-l'Asne, au lieu de Réponses faites par un ministre Calvinien aux demandes de Charles *de Claveson*; 1 vol. in-8. Lyon, 1587.

L'Antidote de la Confession de Foy des églises prétendues réformées de France, par *Chavasse*; 1 vol. in-12. Lyon, 1616.

L'Antimoine aux Réponses que *de Beze* fait à trente-sept Demandes de deux cent et six ; 1 vol. in-8. Tournon, 1588.

— Le même ; même édition.

Réveil-Matin à double Montre, l'une qui guide au précipice, et l'autre à la gloire, par *Faverot* ; 1 vol. in-8. Grenoble, 1670.

L'Antimartyrologe, ou Vérités manifestées contre les histoires des supposez martyres de la Religion prétendue Réformée ; 1 vol. in-4. Lyon, 1630. (Le titre est extrait de l'approbation.)

La Ministrophorie, ou Renversement des Ministres en la réfutation d'un imprimé fait par ceux de l'Eglise prétendue Réformée de la ville de Genève ; par *Pétriny* ; 1 vol. in-8. Tournon, 1619.

Les Ministres pupilles et sans pères, ou la Preuve de leur Religion contre les Efforts d'Alexandre Vinay en la Conférence d'Annonay par François *de La Rivière*, curé de Sainte-Foy-lès-Annonay ; 1 vol. in-8. Tournon, 1626.

— Le même ; même édition. (Triple.)

Actes de la Conférence tenue à Annonay en 1625 entre *de Vinay*, ministre de la parole de Dieu, et *Martincourt*, jésuite ; 1 vol. in-8. Genève, 1626.

De la Nullité des Témoignages alléguez par le ministre de Vinay en la Conférence d'Annonay ; 1 vol. in-8. (Sans frontispice.)

Traité du saint Sacrement de l'Eucharistie, contenant la Réfutation du Livre du sieur du Plessy-Mornay, par *du Perron* ; 1 vol. in-fol. Paris, 1629.

Responce Catholique au Livre du sieur du Plessy-Mornay, de l'Institution, Usage et Doctrine du saint Sacrement de l'Eucharistie en l'Eglise Romaine, par *Bulenger* ; 1 vol. in-8. Paris, 1599.

Première Découverte des Faulsetez et des Erreurs du sieur du Plessy-Mornay, par *Dupuy*; 1 vol. in-8. Bourdeaux, 1599.

Inventaire des Fautes, Contradictions et faulses Allégations du sieur du Plessys, en son livre de la sainte Eucharistie; 1 vol. in-8. Lyon, 1599.

— Le même; même édition.

Déclaration des principaux Motifs qui ont induit le feu sieur de Sponde à s'unir à l'Eglise Catholique; 1 vol. in-8. Lyon, 1595.

Défense de la Déclaration de feu sieur de Sponde, par Henri *de Sponde*; 1 vol. in-8. Bourdeaux, 1597.

Response du feu sieur *de Sponde* au Traité des Marques de l'Eglise, fait par *de Beze*; 1 vol. in-12. Paris, 1596.

Destruction des faux Arguments et Sophismes du sieur de Montigni, premier ministre de la prétendue Eglise Réformée de Paris, par *Beaulieu*; 1 vol. in-8. Paris, 1603.

Manifeste du sieur *de Merez* avec l'Instruction par l'Écriture pour se rendre en la Foy; 1 vol. in-8. Tournon, 1594.

Motifs de la Conversion de Minutoli; 1 vol. in-12. Modène, 1714.

Responses du P. *Marcelin* au narré du sieur Ministre, de Grenoble, sur leur Conférence du 19 décembre 1614; 1 vol. in-8. Grenoble, 1615.

Apologie de la Foy Catholique contre les Erreurs de Benedict Pictet, pour servir de Response à son livre intitulé: La Défense de la Religion des Protestants, par Antoine *Léorat*; 1 vol. in-12. Avignon, 1726.

La Vérité de la Foy Catholique victorieuse des Erreurs et des Sophismes de Benedict Pictet, par Antoine *Léorat*; 1 vol. in-12. Avignon, 1726.

Réfutation de la Réponse de M. Pictet au livre intitulé L'Hérésie des Protestants et la Vérité de l'Église mise en évidence, par Antoine *Léorat*; 4 vol. in-12. Cologne, 1720.

Réplique à M. Pictet en confirmation du livre intitulé L'Hérésie des Protestants et la Vérité de l'Eglise mise en évidence, par Claude *Andry*; 2 vol. in-12. Lyon, 1716.

4° CONTRE DIVERS CONTROVERSISTES.

Bellaria Epistolarum *Erasmi* et *Pelargi* vicissim missarum; 1 vol. petit in-8. Coloniæ, 1539.

Genebrardi Theologi ad Jacobum Schegkium Schorndoffensem philosophum et medicum assertionibus sacris de Deo sese temere immiscentem Responsio; 1 vol. in-8. Parisiis, 1575.

Réponses Chrétiennes du sieur *de Vernant* à l'Idée de l'Église naissante, au Livre de la Messe paroissiale par Guery, au cahier faussement intitulé La Défense de la Vérité par Marais; 1 vol. in-8. Metz, 1667.

La Doctrine ancienne des Théologiens de la faculté de Paris opposée à la censure par la même Faculté sur le livre de l'Autorité de N. S. P. le Pape, de M. de Vernant; 1 vol. in-8. 1666.

Traité de la Langue estrangère ès Prières au service de Dieu; 1 vol. in-8 .(Sans frontispice. Cet ouvrage s'élève contre l'usage de prier Dieu en langue latine.)

Questiones agitatæ inter Thomistas et Molinistas, auctore Alexandro *Piny*; 1 vol. in-12. Lugduni, 1666.

Dialogues posthumes du sieur *de La Bruyère*, sur le Quiétisme; 1 vol. in-12. Paris, 1699.

Critique de l'Histoire des Flagellants, et Justification des Disciplines volontaires, par J. B. *Thiers*; 1 vol. in-12. Paris, 1720.

Recueil de Lettres sur plusieurs points de Morale contestés entre les Jésuites et le père Alexandre, *Dominicain*; 1 vol. in-12. Lille, 1697.

Lettres Provinciales, par Blaise *Pascal*; 2 vol. in-8. Paris, 1821.

Apologie des Lettres Provinciales de Louis *de Montalte* contre la dernière Réponse des PP. Jésuites; 1 vol. in-12. Delft, 1698.

La Vérité défendue pour la Religion Catholique en la cause des Jésuites, contre le plaidoyer d'Antoine Arnaud, par François *de Montaignes*; 1 vol. in-8. Turin, 1595.

L'Antidote de Mont-Rouge, ou six Questions adressées à Mgr l'Evêque d'Hermopolis, sur le projet de rétablir ou de tolérer les Jésuites, par *Salgues*; 1 vol. in-8. Paris, 1827.

Réfutation de l'Instruction pastorale de l'Archevêque de Rouen pour le Rétablissement de la Discipline ecclésiastique dans son diocèse; broch. in-8. Paris, 1825.

5° JANSÉNISME.

Bibliothèque Janséniste, ou Catalogue alphabétique des livres jansénistes; quatrième édition, 2 vol. in-12. Bruxelles, 1744.

Dictionnaire des Livres Jansénistes ou qui favorisent le Jansénisme; 4 vol. in-12. Anvers, 1755.

Dissertatio Scholastica de quinque Jansenii Propositionibus; 1 vol. in-8. Parisiis, 1730.

Le Secret du Jansénisme découvert et réfuté; 1 vol. in-8. Paris, 1651.

Histoire de la Constitution *Unigenitus*, par François *Lafiteau*; 1 vol. in-4. Avignon, 1737.

Justification de la Constitution; 1 vol. in-12. Lyon, 1715.

Le véritable Esprit des nouveaux Disciples de Saint Augustin ; 2 vol. in-12. Bruxelles, 1706.

Les Sentiments de Saint Augustin sur la Grace opposez à ceux de Jansénius ; 1 vol. in-4. Lyon, 1700.

De la Grace victorieuse de Jésus-Christ, ou Molina et ses Disciples convaincus de l'erreur des Pélagiens et Sémi-pélagiens, par *Boulieu* ; 1 vol, in-12. 1666.

Délibérations de l'Assemblée des Cardinaux, Archevêques et Evêques, tenue à Paris en l'année 1713 et 1714, sur l'Acceptation de la Constitution en forme de bulle de N. S. P. le Pape Clément XI, avec la même Constitution en latin et en français ; broch., in-4. Vienne. 1714.

Recueil des Mandements des Archevêques et Evêques de France, pour l'Acceptation de la Constitution du pape Clément XI ; 1 vol. in-4. Paris, 1715.

Traité Théologique, où l'on démontre que les Fidèles ne peuvent communiquer en matière de Religion avec les ennemis déclarés de la bulle *Unigenitus* ; 1 vol. in-8. Nancy, 1726.

La Constitution, règle de Foi et de Discipline ; 1 vol. in-12. Anvers, 1717.

Réfutation de l'Apologie des Chartreux retirez à Utrecht, au sujet de la Constitution *Unigenitus* ; broch. in-4. Louvain, 1725.

Recueil de Pièces touchant les Prélats qui refusent d'accepter la Constitution *Unigenitus* ; 1 vol. in-12. 1714.

Nouvelle Défense de la Constitution, où l'on démontre qu'elle est règle de foi, par Claude *Lepelletier* ; 2 vol. in-12. 1719.

Principes Catholiques opposez à ceux des tolérants qui reçoivent dans leur Communion les ennemis de la bulle *Unigenitus* ; 1 vol. in-8. Avignon. 1727.

Le Flambeau de la Doctrine Catholique contre les

fausses Interprétations des Jansénistes, par Jacques *Igout*; 1 vol. in-4. Paris, 1661.

Instruction Pastorale du cardinal *de Bissy*, évêque de Maux, au sujet de la bulle *Unigenitus*; 1 vol. in-4. Paris, 1722.

Le Père Quesnel, séditieux et hérétique dans ses Réflexions sur le Nouveau Testament; 1 vol. in-12. Bruxelles, 1705.

Antihexaple, ou Analyse des cent et une Propositions du Nouveau Testament du Père Quesnel, par *Paul*; 2 vol. in-12. Lyon, 1715.

La défense de l'Autorité de N. S. P. le Pape, des Cardinaux et des Evêques, contre les Erreurs de ce temps, par Jacques *de Vernaut*; 1 vol. in-4. Louvain, 1669.

Défense de l'Honneur de la sainte Mère de Dieu, contre un attentat de l'apologiste de Port-Royal, par *Abelly*; 1 vol. in-12. Paris, 1666.

Entretiens de M. le Commandeur de **, au sujet des Affaires présentes, par rapport à la Religion; 1 vol. in-12. 1737.

Entretiens de Madame la Prieure **, au sujet des Affaires présentes, par rapport à la Religion; 1 vol. in-12. 1737.

Lettres Instructives sur les Erreurs du temps; troisième édition, 1 vol. in-12. Lyon, 1715.

Lettres d'un Prédicateur contre les Erreurs du temps; 1 vol. in-8. Liége, 1718.

— Le même; même édition.

Les Nouvelles et Anciennes Répliques de Messire Jean *du Vergier de Haurane*, abbé de Saint-Cyran, extraites des ouvrages qu'il a composés et donnés au public; 1 vol. in-4. Melphe, 1680.

Lettres Chrétiennes et Spirituelles de Messire Jean *du Vergier de Haurane*, abbé de Saint-Cyran; 2 vol. in-12. Lyon, 1675.

Lettre d'un ancien Professeur de Théologie qui a révoqué son Appel, à un autre Professeur qui persiste dans le sien; 1 vol. in-12. Paris, 1727.

Lettre de Monsieur L. G., au sujet de la Constitution *Unigenitus* ; 1 vol. in-12. Avignon, 1720.

Lettres de Mgr l'Evêque de Soissons, adressées à M. de Lamoignon, au Clergé de son diocèse, formant 6 vol. in-12, incomplets et dépareillés. (On a les volumes 1, 3, 4, 5, 7, 7 *bis* et 8.)

Avertissement de Mgr l'Evêque de Soissons, à ceux qui, dans son diocèse, se sont déclarez Appelants de la Constitution *Unigenitus*; 3 vol. in-12. 1719.

Difficultés proposées à M. l'Evêque de Soissons sur sa Lettre à M. d'Auxerre, en réponse à celle de ce prélat, par un Théologien catholique; 1 vol. in-12. 1724.

Remarques de M. l'Evêque de Soissons sur l'Instruction pastorale du cardinal de Noailles, du 14 janvier 1719; 1 vol. in-12. Reims, 1719.

Lettres Théologiques aux Écrivains défenseurs des Convulsions et autres prétendus miracles du temps; 2 vol. in-4. Paris, 1740.

Dialogues entre deux Paroissiens de Saint-Hilaire-du-Mont, sur les Ordonnances contre la Traduction du Nouveau Testament, imprimée à Mons; 1 vol. in-12. (Marquis *de Gerlande*.)

Réflexions sur les Vérités Évangéliques contre les Passages que les Traducteurs de Mons ont corrompus dans le Nouveau Testament, etc., par *Maximin* d'Aix ; 1 vol. in-4. Trévoux, 1681.

XI. THÉOLOGIE HÉTÉRODOXE.

La réfutation des folles Rêveries, exécrables Blasphèmes Erreurs et Mensonges de Nicolas Durand, qui se nomme Villegaignon, par *Richer*, calviniste; 1 vol. in-8. 1561.

Sermons de *Hugh-Blair*, ministre de l'église cathédrale d'Édimbourg, traduits de l'anglais par *Frossard*, ministre du saint Evangile; 3 vol. in-12. Lauzanne, 1785.

Sermons sur divers Textes de l'Écriture sainte, par Jacques *Saurin*, pasteur à La Haye; 3 vol. in-12. Genève, 1717.

Le vrai Messie, ou l'Ancien et le Nouveau Testament examinés d'après les principes de la langue de la nature, par *Oegger*, ancien premier vicaire de la cathédrale de Paris; 1 vol. in-8. Paris, 1829.

Lettres Méthodistes par Lud. *Dauern*; 1 vol. in-12. Paris, 1833.

THÉOLOGIE DES CHINOIS, DES PERSES, DES GRECS, DES ROMAINS, DES ÉGYPTIENS, DES MAHOMÉTANS.

Natalis Comitis Mithologiæ, sive Explicationes Fabularum libri decem; 1 vol. in-8. Lugduni, 1602.

— Le même; 1 vol. in-8. Turnoni, 1596.

Dictionnaire de la Fable, ou Mythologie grecque, latine celtique, persane, syriaque, indienne, chinoise, mahométane, rabbinique, etc., par *Noel*; troisième édition, 2 vol. in-8. Paris, 1810.

Du Polythéisme romain, ouvrage posthume de Benjamin *Constant*; 2 vol. in-8. Paris, 1833.

TABLE ALPHABÉTIQUE

DES AUTEURS

DONT LES OUVRAGES COMPOSENT LA BIBLIOTHÈQUE.

❋

A

Abeilard. — Lettres et Épîtres, page 89.
Abelly. — Défense de l'honneur de la mère de Dieu, p. 188.
Abra de Racon. — Physica, page 91.
Abrantès (duchesse d'). — Mémoires, page 29.
          —   L'Amirante de Castille, p. 75.
Ader. — Résumé de Béarn, page 24.
Agrippa. — De incertitudine scientiarum, page 91.
       —   Vanité des sciences, page 91.
Alcasar. — Vestigatio in apocalypsi, page 143.
Alembert (d'). — Les Jésuites, page 15.
Alfieri. — Œuvres dramatiques, page 59.
Alibert. — Physiologie des passions, page 95.
Alix. — Précis sur l'empire Ottoman, page 38.
Allatius. — De Libris Græcorum dissertatione, page 16.
Alletz. — Études poétiques, page 64.
       —   Souffrance morale, page 95.
Alvizet. — De Privilegiis regularium, page 127.
Amariton. — Homélies, page 169.
Ambroise (Saint). — Opera, page 147.

Amelot de La Houssaie.—Mémoires historiques, p. 47.
— Lettres du cardinal d'Ossat, p. 88.
Amyot. — Traduction de Longus, page 72.
Anacréon. — Odes, page 58.
— Poésies, page 58.
Andry.—Réplique à Pictet, page 185.
Angran de Rueneuve.—Agriculture et Jardinage, p. 113.
Anquetil. — Histoire de France, page 21.
— Esprit de la Ligue, page 22.
— Intrigue du Cabinet, page 22.
Anselme. — Opera, page 148.
Anspach. — Mémoires, page 47.
Antoine de Padoue. — Opera omnia, page 176.
Antoine (Jésuite). — Theologia moralis, page 156.
Antomarchi. — Mémoires, page 29.
Aphton. — Sophistæ progymnastus, page 84.
Ardskin. — Theologia, page 151.
Arioste. — Roland furieux, page 60.
Aristote. — De Arte rhetoricâ, page 54.
— Libri omnes ad Logicam, page 93.
— De Moribus, page 94.
— Problematum sectiones, page 110.
— Historia animalium, page 114.
Arlincourt. — Le Brasseur roi, page 74.
— La Caroleide, page 61.
— L'Étrangère, page 69.
— Les Écorcheurs, page 78.
— Ipsiboé, page 70.
— Ismalie ou la mort, page 70.
— Les Rebelles sous Charles V, page 77.
— Le Renégat, page 73.
— Siége de Paris, page 65.
— Le Solitaire, page 73.

Arnaud. — Biographie des Contemporains, page 46.
Arnaud (Antoine). — Plaidoyer, page 131.
Arnaud d'Andilly. — Traduction de St-Augustin, p. 161.
Aroux. — Traduction de Thomas Moore, page 61.
Artur. — Martyrologium Franciscanum, page 13.
— Sacrum Gynecæum, page 13.
Aubergier. — Méthode de Vinification, page 113.
Aubuisson des Voisins. — Géognosie, page 111.
Audibert. — Histoire et Roman, page 69.
Augustin (Antoine). — Juris Pontificis Epitome, p. 122.
Augustin (Saint). — Epitome Omnium Operum, p. 147.
— Opera, page 147.
— Milleloquium, page 147.
— Confessionum libri, page 161.
— Confessions, page 161.
— Sermons, page 168.
— Cité de Dieu, page 177.
Aulu-Gelle. — Noctium Atticarum libri, page 84.
— Noctes Atticæ, page 84.
Athanase. — Opera, page 146.
— Dialogi, page 178.
Avila. — Œuvres chrétiennes, page 172.
Avrillon. — Mémoires, page 29.
Aygnan. — Commentaria in psalmos, page 141.
Azaïs. — Des Compensations, page 95.

B

Bachaumont. — Mémoires Secrets, page 42.
Bacheville. — Voyages, page 3.
Bacon. — Sylva Sylvarum, page 110.
Bacone. — Somme de la Théologie, page 152.
Badin. — Conférences d'Angers, page 161.

Baeza. — Commentariorum moralium, page 142.
— Commentaria allegorica, page 142.
Bail. — Summa Conciliorum, page 145.
— Théologie Affective, page 171.
Baile (*Jésuite*).—Catéchisme des Controverses, p. 179.
Bailleul. — Liberté des Cultes, page 101.
Baillot Saint-Martin. — Histoire Chronologique, p. 7.
Bailly. — Mémoires, page 29.
Balanche. — L'Homme sans Nom, page 70.
Balzac. — Le dernier Chouan, page 78.
— Études de Mœurs, page 33.
— Le Médecin de Campagne, page 71.
— La Peau de Chagrin, page 72.
Banim. — L'Anglo-Irlandais, page 76.
— L'Apostat, page 76.
— Bataille de La Boyne, page 76.
— Crohore na Bilhoge, page 76.
— Les Croppys, page 76.
— John Doë, page 76.
— Padré na moulh, page 76.
Baour-Lormian. — Duranti, page 77.
— Traduction d'Ossian, page 62.
Barante. — Histoire des Ducs de Bourgogne, page 24.
— De la Littérature française, page 41.
Barbaroux. — Mémoires, page 29.
Barbaroux (*Charles*). — Résumé des États-Unis, p. 40.
Barbeyrac. — Traduction de Pufendorf, page 98.
Barbier (*Auguste*). — Iambes, page 64.
Barbier. — Ouvrages anonymes, page 44.
— Bibliothèque d'un Homme de goût, page 44.
Barclai. — Euphormionis Satyricon, page 59.
— Satyres d'Euphormion, page 59.
Barillon. — Conférences de Luçon, page 161.

Barginet. — Les Deux Seigneurs du Village, page 78.
— Chroniques Impériales, page 75.
— La Cotte rouge, page 75.
— Le Grenadier de l'île d'Elbe, page 78.
— Le Roi des Montagnes, page 75.
— La Trente-Deuxième, page 78.
Baronius. — Annales ecclesiastici, page 9.
— Martyrologium Romanum, page 13.
Barradas. — Commentariorum, page 139.
Barri (comtesse du). — Mémoires, page 23.
Barruel (abbé). — Mémoires, page 29.
— Collection ecclésiastique, page 10.
— Du Pape et de ses Droits, page 124.
Barruel (chimiste). — Sucre de Betterave, page 113.
Barthélemy (J. J.). — Voyage d'Anacharsis, page 5.
Barthélemy (poète). — La Villéliade, page 62.
— Napoléon en Égypte, page 62.
Bary. — Secrets de notre Langue, page 53.
Bassé. — Flores Theologiæ, page 150.
— Theologiæ Compendium, page 150.
Basile (saint). — Opera, page 146.
Basile de Soissons. — Conduite du Chrétien, page 171.
Basnage. — Histoire des Juifs, page 9.
— Traité de la Conscience, page 160.
Bauny. — Pratique du Droit Canonique, page 123.
Bausset. — Mémoires anecdotiques, page 30.
Bayle. — Nouvelles de la république des Lettres, p. 42.
Bazin. — Époque sans nom, page 69.
Beaufort d'Hautpoul (Madame). — Séverine, page 73.
Beaulieu. — Destruction, page 184.
Beaumarchais. — Mémoires, page 57.
— Comédies, page 64.
— Œuvres diverses, page 86.

Beauveau. — Catéchisme de Nantes, page 161.
Beaux-Amis. — Commentariorum, page 139.
Becan. — Manuel des Controverses, page 179.
— Summa Theologiæ, page 151.
Beda. — Opera, page 140.
Bellagnet. — Mémoires de Pacca, page 12.
Bellarmin. — De Indulgentiis et Jubileo, page 126.
— Catéchisme, page 162.
— De Controversiis, page 181.
Bellegarde. — Réflexions sur le Ridicule, page 96.
Bellidor. — Architecture Hydraulique, page 118.
Belloc (Madame). — Buonaparte et les Grecs, p. 39.
— Traduction de miss Edgwort, p. 69.
Benedict. — La Somme des Péchés, page 160.
Benjamin Constant. — Mémoires, page 30.
— Discours, page 57.
— Mélanges de Politique, p. 101.
— De la Religion, page 92.
— Polythéisme Romain, page 190.
Benoit XIII. — Sanctissimi, page 123.
Beuzon. — In canticum Magnificat, page 143.
Béranger. — Chansons, page 63.
Bérard. — Souvenirs sur la Révolution de 1830, p. 29.
Berchor. — Opera omnia, page 156.
Bergier. — Traité de la vraie Religion, page 177.
Bernard (saint). — Opera, page 148.
— Lettres, page 88.
Bernard. — Œuvres complètes, page 62.
Bernardin de Poitiers. — Thèses royales, page 181.
Bernardin de Saint-Pierre. Œuvres.
— Étude de la Nature, page 110.
— Harmonie de la Nature, page 111.
— Mélanges, page 85.

Bernardin de Saint-Pierre. — Voyage, page 3.
        — Œuvres d'un Solitaire, page 86.
        — Vœux d'un Solitaire, page 100.
Berrule. — Explication de la Sainte Bible, page 143.
Berryat. — Recueil de Mémoires, page 109.
Bertaut. — Le Directeur des Confesseurs, page 159.
Berthel. — Sermons, page 167.
Berthoud. — Asrael et Neptha, page 67.
        — Contes Misanthropiques, page 68.
        — La Sœur du Vicaire, page 73.
Bertrand. — Du Magnétisme Animal, page 116.
Berzelius. — Traité de Chimie, page 116.
Besse. — Conceptions Théologiques, page 170.
        — Traité des Passions, page 95.
Besenval. — Mémoires, page 30.
Besnier. — Le Jardinier Botaniste, page 114.
Beudant. — Traité de Physique, page 109.
        — Traité de Minéralogie, page 111.
Beuvelet. — Méditations, page 172.
        — Vraie et Solide Dévotion, page 174.
Beze. — Novum Testamentum, page 137.
Bigland. — Histoire d'Espagne, page 35.
Bigne. — Bibliotheca patrum, page 145.
Bignon. — Histoire de France, page 27.
Binet. — Consolations pour les Malades, page 96.
Bion. — Construction des Instruments, page 119.
Biroat. — Panégyriques des Saints, page 169.
        — Sermons, page 166.
Bissy. — Instruction Pastorale, page 188.
Blanchard. — Voyageur de la Jeunesse, page 2.
Blanqui (Adolphe). — Histoire du Commerce, page 105.
        — Voyage en Angleterre, page 3.
Blemur. — Vie des Saints, page 12.

Bleygnian. — Rudimenta Juris Canonici, page 122.
Bobynet. — Horographie, page 119.
Bodin. — Les deux Oppositions, page 104.
— Histoire de la Révolution française, page 26.
— Résumé de l'Histoire de France, page 20.
— Résumé d'Angleterre, page 35.
Bodium. — Unio dissidentium, page 180.
Boerhaave. — Institutions de Médecine, page 115.
Bohaire. — Catalogue, page 44.
Boissy-d'Anglas. — Études littéraires et poétiques, p. 85.
— Essai sur Malesherbes, page 45.
Bollandus. — Acta Sanctorum, page 12.
Bonacin. — Opera omnia, page 152.
Bonafous. — Culture du Mûrier, page 113.
— Éducation des Vers-à-Soie, page 113.
— Coup d'œil sur l'Agriculture, page 112.
Bonal. — Le Chrétien du Temps, page 171.
Bonald. — Législation Primitive, page 98.
Bonnaire. — Leçons de la Sagesse, page 96.
Bonaventure. — Opera, page 148.
— Opuscula, page 148.
Bonchamp. — Mémoires, page 30.
Bonnelier. — La Fille du Libraire, page 69.
Boniface. — Historia Ludicra, page 84.
Bonzelle. — Guerre aux Vices, page 174.
Boppin. — Police Ecclésiastique, page 125.
Borcholt. — Commentaria Juris Civilis, page 122.
Bordon. — Opera omnia, page 159.
Borgnis. — Traité de Mécanique, page 117.
Boron. — In Psalmos Davidicos, page 141.
Borromée (Charles). — Avis aux Confesseurs, page 159.
Bory-Saint-Vincent. — L'Homme, page 115.
— Dictionnaire d'Histoire Naturelle.

Bosc. — Annales d'Agriculture, page 112.
Bossange. — Clotilde, page 66.
Bossuet. — Conférence avec M. Claude, page 180.
— Discours sur l'Histoire, page 7.
— Doctrine de l'Église catholique, page 180.
— Sermons, page 56.
— Variations des Églises protestantes, page 179.
Botta. — Histoire d'Italie, page 19.
Boucher de La Richarderie. — Bibliothèque des Voyages, page 43.
Boudon. — Œuvres Spirituelles, page 172.
Boufflers. — Œuvres, page 63.
Bouillé. — Mémoires, page 30.
Bougeant. — Doctrine Chrétienne, page 162.
Boulieu. — De la Grace Victorieuse, page 187.
Bourdaloue. — Sermons, page 167.
— Sermons, page 165.
— Retraites Spirituelles, page 169.
Bourrienne. — Mémoires, page 30.
Bourrit. — Aspects du Mont-Blanc, page 111.
Boutaric. — Droits Seigneuriaux, page 130.
Boutrolle. — Le Parfait Bouvier, page 116.
Boyvin. — Theologia quadripartita, page 151.
— Theologia Scoti, page 151.
Brancant. — Opuscula. — Tria, page 152.
Brancat. — Epitome Canonum, page 123.
Bretteville. — Essais de Sermons, page 164.
Breugne. — Commerce des Vivants, page 173.
Bruzen de La Martinière. — Grand Dictionnaire, p. 2.
Bulenger. — Responce Catholique, page 183.
Buffon. — Histoire Générale, page 110.
— Histoire Naturelle, page 110.
— Œuvres complètes, page 110.

Bulet. — L'Angleterre et les Anglais, page 36.
Buonaparte (*Louis*). Documents historiques, page 34.
Bure. — Catalogue de La Vallière, page 44.
Busembaum. — Medula Theologiæ, page 159.
Busgarme. — Gilblas russe, page 70.
Bussi. — Pars rosarii, page 168.
Butler. — Hudibras, page 61.
Buxtorf. — Lexicon, page 51.
Byron. — Œuvres complètes, page 61.
— Mémoires, page 45.

C

Cabassutius. — Notitia Ecclesiastica, page 11.
— Juris canonici Theoria, page 123.
Cacheran. — Theologiæ Tractatus, page 155.
Caignet. — L'Année pastorale, page 163.
Caillé. — Journal d'un Voyage, page 4.
Calamat. — Stellæ Concionatorum, page 168.
Calepin. — Dictionarium, page 52.
Calmet. — Histoire Universelle, page 8.
— Dictionnaire Historique, page 139.
— Histoire du Testament, page 144.
— Prolégomènes de l'Écriture Sainte, p. 133.
— Commentaire sur les Livres Saints, p. 143.
— Nouvelles dissertations, page 144.
Callet. — Table des Logarithmes, page 117.
Camoens. — La Lusiade, page 53.
Campan (*Madame*). — Mémoires, page 30.
— De l'Éducation, page 97.
Campbell. — Aventures, page 67.
Camus. — Traité du chef de l'Église, page 124.
Capefigue. — Histoire de la Ligue, page 22.

Capefigue. — Jacques II, page 36.
Carême. — Le Maître d'hôtel, page 121.
Carion-Nisas. — Résumé de Venise, page 20.
— Idées républicaines, page 102.
Carnot. — Mémoires, page 30.
Carrel. — Résumé d'Écosse, page 36.
— Résumé des Grecs modernes, page 38.
Carrière. — Historia chronologica, page 11.
— Commentarius, page 141.
Carthagène. — Homeliæ, page 169.
Casanova. — Mémoires, page 45.
Caspens. — Cursus theologicus, page 152.
Cassandre. — Réthorique d'Aristote, page 54.
Cassian. — Opera omnia, page 147.
Castel. — Annales des Frères Mineurs, page 14.
Caster. — Enchiridion controversarium, page 179.
Castera. — Catherine de Russie, page 37.
Catnon. — Histoire du Fanatisme protestant, page 16.
Cauchois-Lemaire. — Les quatre Évangiles, page 138.
— Lettre à M. de Peyronnet, p. 104.
Caussin. — De Eloquentia sacra, page 55.
Ceillier. — Histoire des Auteurs sacrés, page 43.
Celada. — Electa sacra, page 140.
— Commentarius litteralis, page 141.
— In Judith commentarii, page 141.
Cervantes. — Don Quichotte, page 70.
César (saint). — Homeliæ, page 169.
Cæsar. — Commentaria, page 18.
— Mémoires, page 18.
Chabron. — Philosophia, page 91.
Chalippe. — Vie de Saint François, page 13.
Chalvet. — Traducteur de Sénèque, page 94.
Chambolle. — Résumé de l'Histoire de Gênes, page 20.

Champollion. — Lettres d'Égypte et de Nubie, page 49.
Chasles. — Résumé de la Suisse, page 34.
Chassaing. — Prælatus regularis, page 157.
— Privilegia regularium, page 127.
Châteaubriand. — Œuvres.
— Atala, Réné, Abencerages, page 67.
— De la Censure, page 102.
— Essai sur les Révolutions, page 99.
— Études Historiques, page 20.
— Génie du Christianisme, page 177.
— Itinéraire à Jérusalem, page 3.
— Liberté de la Presse, page 101.
— Les Martyrs, page 178.
— Mémoire sur la Captivité, page 105.
— Mélanges Historiques, page 28.
— Mélanges Politiques, page 100.
— Mélanges Littéraires, page 86.
— Mélanges et Poésies, page 86.
— Les Natchez, page 71.
— Note sur la Grèce, page 102.
— Opinions et Discours, page 100.
— Polémique, page 100.
— De la Restauration, page 101.
— Rétablissement de la Censure, p. 103.
— Voyage en Amérique, page 3.
Chavasse. — L'Antidote, page 182.
Chénier (M.-J.). — Mélanges de Littérature; p. 86.
— Œuvres Politiques, page 101.
— Poésies diverses, page 64.
— Tableau de la Littérature, p. 41.
— Théâtre, page 63.
Chénier (André). — Mélanges de Politique, page 101.
— Poésies, page 63.

Chesneau. — Recherche de la Foi, page 177.
Chéron. — Traduction de Tom Jones, page 74.
Chiesa. — Epistolica Dissertatio, page 151.
Choiseul. — Mémoires, page 30.
Choppin. — Domaine de la Couronne, page 130.
Chousel. — Dictionnaire économique, page 112.
Chrysologue. — Opera omnia, page 148.
Chrysologue. — Sermones, page 168.
Chrysolore. — Græcæ Linguæ Institutiones, page 52.
Chrysostome. — Opera omnia, page 147.
— Homélies, page 169.
Cicéron. — Épîtres familières, page 87.
— Lettres à ses Amis, page 87.
— Lettres à Atticus, page 87.
— Lettres à Brutus, page 87.
— Questions tusculanes, page 94.
— Offices, page 94.
— Pensées, page 85.
— Libri rhetorici, page 54.
— De Lege agraria, page 56.
— Omnia opera, page 55.
— Orationum volumen, page 56.
Claverus. — Historiarum epitome, page 8.
Claveson. — Le Coq-à-l'Ane, page 182.
Clément d'Alexandrie. — Omnia opera, page 146.
Coffeteau — Histoire romaine, page 18.
Colbert. — Testament, page 33.
— Instructions chrétiennes, page 162.
— Catéchisme de Montpellier, page 161.
Collet. — Vie de Boudon, page 13.
Collet. — Examen et Résolutions, page 155.
— Traité des Dispenses, page 126.
— Traité des Indulgences et du Jubilé, page 126.

Collin de Plancy. — Le Diable, page 68.
Columbus. — Cursus philosophicus, page 92.
Comines. — Mémoires, page 23.
Compaing. — Des Devoirs des Prêtres, page 158.
Comte. — Traité de Législation, page 98.
Condorcet. — Tableau de l'Esprit humain, page 90.
Constant. — Mémoires, page 30.
Constantin. — L'Eucharistie, page 174.
Coquerel. — Résumé de la Suède, page 36.
Cordier. — La Famille sainte, page 174.
Corenus. — Bouclier de Patience, page 173.
Cornaro. — Vrai Régime de Vivre, page 115.
Corneil de la Pierre. — In Pentateuchum, page 141.
  —   In Ecclesiasticum, page 141.
  —   In quatuor Prophetas, p. 141.
  —   In quatuor Evangelias, p. 141.
  —   In duodecim Prophetas, p. 141.
  —   Commentarii in canticum, p. 41.
  —   Salomon, page 141.
  —   In Pauli Epistolas, page 141.
  —   In ecclesiasticum, page 141.
  —   In Acta Apostolorum, page 141.
Corneille (Pierre). — Théâtre, page 64.
Corneille (Thomas). — Poèmes dramatiques, page 64.
Cornelius-Nepos. — Vie des Capitaines de la Grèce, p. 45.
Cossart. — Sacrosancta Concilia, page 145.
  — Conciliorum Collectio, page 145.
Costaz. — Histoire de l'Administration, page 96.
Coste. — Essai sur la Conduite des Prêtres, page 158.
  — Manuel des Missionnaires, page 158.
  — Traducteur de Locke, page 107.
Coton. — Rechute de Genève, page 182.
Cottin (Madame). — Amélie Mansfield, page 83.

Cottin (Madame). — Claire d'Albe, page 83.
— Élisabeth, page 83.
— Malvina, page 83.
— Mathilde, page 83.
Cottu. — Changement de Ministère, page 103.
— Mise en accusation des Ministres, page 103.
— Police de la Presse, page 103.
Coulomb. — Machines simples, page 117.
Courier. — Mémoires, Correspondances, page 86.
— Pamphlets politiques, page 104.
— Traduction de Langues, page 72.
Court. — Troubles des Cevènes, page 22.
Cousin. — Traduction de Platon, page 92.
— Éditeur de Descartes, page 92.
Crebillon. — Œuvres complètes, page 64.
Créqui (Marquise de). — Souvenirs, page 23.
Crévier. — Histoire romaine, page 17.
— Histoire des Empereurs romains, page 18.
Crousaz. — Examen du Pyrrhonisme, page 92.
Crowe. — Le Connemara, page 76.
— Les Cardeurs, page 76.
Cuvier. — Progrès des Sciences naturelles, page 109.
— Règne animal, page 115.
Cygne. — Ciceronis Analysis rhetorica, page 54.
Cyprien. — Opera, page 146.
Cyrille d'Alexandrie. — Opera, page 147-148.
Cyrille de Jérusalem. — Opera, page 146-147.

D

Dacier. — Vie des hommes illustres, page 44.
Damascène. — Opera, page 148.
Damien. — Opera omnia, page 46.
Damiron. — Essai sur la Philosophie, page 91.

Dandolo. — Art d'élever les Vers à Soie, page 113.
Daniel. — Histoire de France, page 20.
Dante. — Opere poetiche, page 60.
Darès le Phrygien. Guerre de Troie, page 44.
Daru. — Histoire de Venise, page 20.
Dassier (Lazare). — Sermons, page 166.
— Sermons, page 166.
— Sermons, page 167.
Dauern. — Lettres méthodistes, page 190.
Defauconpret. — Robert Fitzooth, page 78.
Defougeray. — Soirées de Neuilly, page 66.
Delamet. — Dictionnaire des cas de Conscience, p. 160.
Delaistre. — Science de l'Ingénieur, page 117.
Delavigne. — Marino Faliero, page 65.
— Œuvres dramatiques, page 65.
Delazana. — Summa quœstionum, page 159.
Delille. — Énéide, page 59.
— Géorgiques, page 59.
— Les Jardins, page 63.
— L'imagination, page 63.
— Malheur et Pitié, page 63.
— Trois Règnes de la Nature, page 63.
— Paradis perdu, page 61.
— Poésies fugitives, page 63.
— Œuvres posthumes, page 63.
Demosthènes. — Olynthiacœ tres, page 55.
Denis (l'Areopagyte). — Opera, page 146.
Denis (Ferdinand). Scènes de la Nature, page 86.
— Histoire littéraire du Portugal, page 41.
— Résumé du Brésil, page 40.
Dernoye. — Medula Evangelii, page 176.
Descartes. — Œuvres, page 92.

Desessarts.—Bibliothèque d'un Homme de goût, p. 44.
Desfontaines. — Révolutions de Pologne, page 38.
Desgodets. — Lois des Bâtiments, page 130.
Deshoulières.—Poésies, page 62.
Despautère. — Grammatica, page 51.
— Hermes grammaticus, page 51.
Desperthes.— Histoire des Naufrages, page 5.
Despommier. — Moyen d'Économie rurale, page 112.
Desprez. — Les Femmes vengées, page 69.
Destouches.—Œuvres dramatiques, page 65.
Dianæ.—Summa, page 152.
— Resolutionum Moralium libri, page 159.
Diderot.—Encyclopédie, page 90.
— Correspondance littéraire, page 89.
Diego de Stella.—Œuvre entier, page 172.
Dieudonné. — Statistique du département du Nord, page 106.
Dieudonné (Jean) La Sainte Bible, page 139.
— Histoire du Concile de Trente, page 11.
Dijon. — Bouclier de Patience, page 173.
— Sermons, page 166.
— Octave du Saint-Sacrement, page 167.
— Panégyriques, page 169.
Dionis.— Traité des Accouchements, page 115.
Dionys. — In Pauli Epistolas, page 143.
Dolet. — Traducteur de Cicéron, page 94.
Domat. — Loix civiles, page 128.
Dombasle. — Annales de Roville, page 112.
— Calendrier du Cultivateur, page 114.
Dominique de Jésus. — Monarchie sainte, page 12.
Donat.— Ad novum Thesaurum, page 48.
Doppet.— Mémoires, page 30.
Dowert. — Vie de Frédéric II, page 34.

Drexelius. — Opera omnia, page 176.
— Manipulus sacer, page 163.
Drouineau. — Résignée, page 73.
— L'Ironie, page 70.
— Le Manuscrit vert, page 71.
— Les Ombrages, page 72.
Droz. — Philosophie morale, page 95.
Dubois. — Traducteur de Cicéron, page 94.
Dubois (Cardinal). — Mémoires, page 23.
Ducange. — Les trois Filles de la Veuve, page 83.
— Léonide, page 82.
— Agathe, page 82.
— La Luthérienne, page 82.
— Le Médecin Confesseur, page 83.
— Albert, page 82.
— L'Artiste et le Soldat, 82.
Ducasse. — Juridiction ecclésiastique, page 126.
Duchatel. — De la Charité, page 101.
Ducis. — Œuvres, page 64.
Duclos. — Œuvres.
— Histoire de Louis XI, page 22.
— Mémoires historiques, page 48.
— Mémoires secrets, page 23.
— Mélanges, page 85.
Ducrest (Madame). — Paris en Province, page 72.
Dufau. — Collection des Constitutions, page 97.
Duhan. — Philosophus, page 91.
Dulaure. — Esquisse de la Révolution, page 26.
— Histoire de Paris, page 24.
Dumas (Alexandre). — Henri III, page 66.
Dumas (Matthieu). — Événements militaires, page 27.
Dumas (Alexandre). — Impressions de Voyages, p. 3.
Dumas d'Annonay. — Avis au Clergé, page 158.

Dumolin. — Des Contrats, page 130.
Dumont. — Souvenirs sur Mirabeau, page 30.
— Catéchisme des Bergers, page 112.
Dumourier. — Mémoires, page 30.
Dunoyer. — De l'Industrie et de la Morale, page 98.
Duns Scot. — Philosophia naturalis, page 92.
— Primus Scripti, page 151.
Dupasquier. — L'Attrition suffisante, page 160.
— Summa Theologiæ, page 151.
Dupaty. — Lettres sur l'Italie, page 19.
— Lettres sur l'Italie, page 88.
Dupin (Élie). — Bibliothèque des Auteurs ecclésiastiques, page 43.
Dupin (Charles). — Géométrie et Mécanique, page 117.
— Voyages en Angleterre, page 3.
— Effet de l'Enseignement, page 97.
Dupleix. — Histoire de France, page 21.
Dupré de Saint-Maure. — Ermite en Russie, page 37.
Dupuis. — Origine des Cultes, page 132.
Dupuy. — Première Découverte, page 184.
Durand. — Clypeus theologiæ, page 151.
Dusaulchoy. — Nuits poétiques, page 62.
Dusaulx. — Satires de Juvénal, page 59.
Du Séjour. — Mouvements des Corps célestes, page 118.
Dulithée. — Triomphes de la Religion, page 178.
Duval (Alexandre). — Le Misanthrope, page 71.
Duvergier. — Collection des Constitutions, page 97.
— Lettres chrétiennes, page 188.
Duvergier de Hauranne. — Répliques, page 188.
— Égalité des Partages, page 103.
Duverne. — Art de Chauffer, page 121.

E

Edgeworth. — Les Jeunes Industriels, page 70.
Edgwort. — Hélène, page 69.
Elenard. — Institutiones in græcam Linguam, page 52.
Epinay (Madame). — Mémoires, page 23.
Epiphanes. — Opus Pannarium, page 146.
Erasme. — Éloge de la Folie, page 96.
— Lettres, page 44.
— Epistolæ, page 182.
— Bellaria Epistolarum, page 185.
— Adagiorum Chiliades quatuor, page 94.
Erlach. — Code du Bonheur, page 95.
Esope. — Fabulæ, page 66.
Espagnac. — Histoire du Comte de Saxe, page 45.
Esper. — Opera, page 124.
— Dissertation canonique, page 127.
Espiard. — Esprit des Nations, page, 98.
Estius. — In Pauli Epistolas, page 143.
Etienne. — Résumé de Lorraine, page 25.
Etienne (Henri). — Thesaurus Linguæ grœcœ, page 52.
Etienne. — Dictionarium historicum, page 46.
Etienne (Bernard). — Posthumæ prosæ, page 55.
Euagrius. — Historiæ ecclesiasticæ, page 9.
Eusèbe. — Historiæ ecclesiasticæ, page 9.
Euclide — Éléments géométriques, page 117.

F

Fabre. — Auctarium operis, page 163.
Fabrice. — De Re poeticâ, page 57,
Fagnan. — Jus Canonicum, page 122.

Fain. — Manuscrit de l'an III, page :
— Manuscrit de 1812, page 28.
— Manuscrit de 1813, page 28.
— Manuscrit de 1814, page 28.
Fantin des Odoards. — Histoire de France, page 21.
Farnabe. — Index rhetoricus, page 55.
Fars. — Mémoires sur Charles X, page 30.
Fauche-Borel. — Mémoires, page 30.
Faugère. — Etymologium trilingue, page 51.
Faujas de Saint-Font. — Volcans du Vivarais, p. 111.
Faventin. — Philosophia Duns Scoti, page 92.
Faverot. — Réveil-matin, page 183.
Fay. — Sermons, page 166.
Feller. — Dictionnaire Historique, page 46.
Fénélon. — Œuvres spirituelles, 172.
Fenimore Cooper. — Le Bourreau de Berne, page 81.
— Le Bravo, page 81.
— Le Corsaire Rouge, page 81.
— Le Dernier des Mohicants, p. 81.
— L'Ecumeur de Mer, page 81.
— L'Espion, page 81.
— L'Heidemaer, page 81,
— Légende des treize républiques, page 81.
— Lettres sur les États-Unis, p. 40.
— Le Pilote, page 81.
— Les Pionniers, page 81.
— La Prairie, page 81.
— La Précaution, page 82.
— Le Puritain d'Amérique, page 82.
— Redwod, page 82.
Feo. — Sermons, page 165.
Ferrand. — Esprit de l'Histoire, page 1.

Ferrières. — Mémoires, page 31.
Feuret. — Traité de l'Abus, page 130.
Fidèle. — Paradisus Concionatorum, page 164.
— Paradisus Sanctorum, page 169.
— Paradisus Voluptatis, page 164.
Fielding. — Tom Jones, page 74.
Fievée. — De l'Espagne, page 102.
Filleau de Saint-Martin. — Traduction de Cervantes, page 70.
Fischer. — Considérations sur l'Allemagne, page 101.
Fiume. — Del terrestre Paradiso, page 15.
Fléchier. — Histoire de Théodose-le-Grand, page 19.
— Lettres choisies, page 88.
— Sermons, page 165.
— Panégyriques et Sermons, page 56.
Fleury (abbé). — Mœurs des Israélites, page 47.
— Mœurs des Chrétiens, page 47.
— Opuscules, page 46, 47.
— Histoire ecclésiastique, page 10.
— Cathéchisme historique, page 162.
— Traité des Études, page 50.
— Devoirs des Maîtres et des Dometiques, p. 158.
— Institution en Droit ecclésiastique, p. 126.
Flexier de Reval. — Cathéchisme Philosophique, p. 177.
Florian. — Comédies, page 65.
— Discours Académiques, page 56.
— Estelle et Galatée, page 69.
— Fables, page 66.
— Gonzalve de Cordoue, page 75.
— Guillaume Tell, page 75.
— Nouvelles, page 71.
— Numa Pompilius, page 71.
— Traduction de Don Quichotte, page 69.

Florus. — Abrégé de l'Histoire romaine, page 18.
Fontaine (*Madame*) — Œuvres, 72.
Fontanes. — Discours, page 56.
Fontenelle. — Œuvres, page 85.
— Éloges des Académiciens, page 56.
Forbin. — Voyage dans le Levant, page 4.
— Souvenirs de la Sicile, page 4.
Formey. — Mélanges Philosophiques, page 93.
— Éloge des Académiciens, page 56.
Fouché. — Mémoires, page 31.
Fournier Verneuil. — Le Huron, page 70.
Foy. — Guerre de la Péninsule, page 27.
— Discours, page 57.
Francklin. — Correspondance, page 89.
— Mémoires, page 46.
— Correspondance, page 40.
François d'Assises. — Opera omnia, page 176.
François de Sales. — Œuvres Spirituelles, page 172.
Frassen. — Scotus Academicus, page 151.
— Philosophia Academica, page 92.
Fredegaire. — Epitome et Chronicum, page 21.
Freron. — Mémoires, page 31.
Fromageau. — Dictionnaire des cas de Conscience, p. 160.
Froment. — La Police dévoilée, page 28.
Fromentière. — Sermons, page 165.
Frossard. — Cause des Esclaves Nègres, page 103.
Fulgence. — Opera, page 148.
Fuliens. — Idea Theologiæ Moralis, page 156.

G.

Gaertner. — Traducteur du Galerien, page 77.
Gall. — Qualités et Facultés intellectuelles, page 107.

Gallois. — Trois actes d'un Drame, page 66.
Gallon. — Machines et Inventions, page 117.
Gammache. — Summa Theologica, page 151.
Ganilh. — Dictionnaire d'Économie pratique, p. 105.
— Esprit révolutionnaire des Nobles, page 33.
— De la Contre-Révolution, page 100.
Garnier. — Histoire de France, page 21.
— Puits Artésiens, page 118.
Garostiza. — Œuvres Dramatiques, page 60.
Gaudoin. — Traducteur des épîtres de Cicéron, p. 87.
Gauret. — Style des Cours et Juridictions, page 131.
Gauthier. — Tabula Chronographia, page 6.
— Table Chronographique, page 6.
Gauthier (du Var) — Des Indépendants, page 102.
Gavent. — Thesaurus Sacrorum Rituum, page 149.
— Trésor des Cérémonies, page 149.
Gay. — Duchesse de Châteauroux, page 69.
Gay Lussac. — Annale de Chimie, page 109.
Gayot. — Chronologie historique, page 7.
Gaza. — Institutiones Grammaticæ, page 51.
Gelabert. — Regulæ Cleri, page 157.
Genebrard. — Responsio, page 185.
Genlis. — Mémoires, page 31.
Gentillet. — Discours, page 98.
Gerdil. — Discours Philosophique, page 97.
Gerson. — De Institutione Christi, page 176.
Gibbon. — Histoire de la décadence romaine, page 19.
Gibert. — Institutions ecclésiastiques, page 125.
Gilbert. — Consultations Canoniques, page 125.
— Œuvres complètes, page 63.
— Odorum Libri, page 59.
Gilibert. — Démonstrations de Botanique, page 114.
Ginguené. — Histoire littéraire d'Italie, page 41.

Ginouvier. — Tableau des Prisons, page 107.
Girard. — Synonimes français, page 53.
Girardin. — Journal et Souvenir, page 31.
Girargue. — De Regimine Regularium, page 127.
Giraud. — Bibliothèque Sacrée, page 43.
Girouest. — Sermons, page 165.
Gliesler. — In Canticum Canticorum, page 142.
Godeau. — Vie de saint Augustin, page 13.
Goldinish. — Statistiqne de la France, page 106.
Goëthe. — Mémoires, page 42.
Goguelat. — Mémoires, page 31.
Gohier. — Mémoires, page 31.
Gonon. — Vitæ Patrum Occidentis, page 12.
Gourgaud. — Examen critique, page 28.
Grainville. — Aventures d'une Sauvage, page. 67.
Grandmaison. — Catéchisme des Bergers, page 112.
Grapaldi. — De partibus œdium Lexicon, page 121.
Gratien. — Decreta, page 123.
Grégoire de Blois. — Histoire du mariage des Prêtres, page 10.
  — Histoire des Confesseurs, page 47.
  — Noblesse de la Peau, page 103.
Grégoire le Grand. — Opera, page 148.
Grégoire (Pape) — Decrétales, page 123.
Grégoire le Grand. — Devoirs des Pasteurs, page 158.
Grégoire de Naziance. — Opuscula quædam, p. 147.
Grégoire de Nicée. — Opera, page 147.
Grégoire Thaumaturge. — Opera omnia, page 146.
Grégoire de Tours. — Opera omnia, page 21.
Grégoire de Valence. — Commentariorum, page 152.
Grenade. — Œuvres spirituelles, page 173.
  — Lieux Communs, page 173.
Gresset. — Œuvres choisies, page 63.

Grimm. — Correspondance Littéraire, page 89.
Grimaud. — Liturgie Sacrée, page 149.
Gruter. — Traducteur de Bacon, page 110.
Guadet. — Collection des Constitutions, page 97.
Guedeville. — Traduction d'Erasme, page 96.
Guichardin. — Francisci, page 8.
Guilon de Monléon. — Mémoires, page 31.
Guillaume. — Méditations, page 172.
Guillibert. — Sermones, page 168.
Guiraud. — Cesaire, page 67.
Guizot. — Cours d'histoire moderne, page 8.
— Mémoires sur l'Angleterre, page 36.
— Des moyens de Gouvernement, page 100.
Guizot. (Mme) — Éducation domestique, page 97.
Guy Coquille. — Œuvres posthumes, page 126.
Guy de Rousseau. — Recueil de Jurisprudence, p. 124.

H.

Habert. — Theologia dogmatica, page 152.
Hallem. — Histoire Constitutionnelle d'Angleterre, p. 35.
Hamilton. — Mémoires de Grammon, page 45.
— Contes, page 68.
Hanin. — Cours de Botanique, page 114.
Harlay. — Synodicon Parisiensis, page 145.
Hausset. — Mémoires, page 31.
Haussez. — La Grande-Bretagne, page 3.
Hauteville. — Octave de Saint-François, page 167.
— La Religion prouvée par les faits, p. 177.
Haymon. — Homeliæ, page 169.
Hayneufve. — Méditations, page 172.
— L'Ordre de la Vie, page 175.
Hebert(Evéque). — Voyage à Calcutta, page 4.

Helmesi. — Homeliæ, page 169.
Helvetius. Traité des Maladies, page 115.
Henault. — Abrégé chronologique, page 20.
Hennequin. — Matinées d'un Dandy, page 71.
Henriet. — Harmonia Evangelica, page 139.
Herder. — Les feuilles de Palmier, page 69.
Héricourt. — Lois ecclésiastiques, page 126.
Herinx. — Summa Theologia, page 151.
Herman. — Histoire des Ordres Religieux, page 14.
Hermant. — Vie de Saint Basile, page 13.
Hermias Sozomène. Histoire ecclésiastique, page 9.
Hernauld Rasvalde. — Jean Cavalier, page 77.
Hervet. — Traduction de Saint Augustin, 177.
Hieremie. — Sermones, page 164.
Hilaire. — Lucubrationes, page 140.
Hoffmann. — Contes fantastiques, page 68.
Hoffmeyster. — Verbum Dei, page 176.
Homère. — Iliade, page 58.
— Odyssée, page 58.
Horace. — Œuvres complètes, page 59.
Hortense. — Mémoires, page 31.
Houdry. — Bibliothèque des Prédicateurs, page 163.
Hubert. — Sermons, page 165.
Hudson-Lowe, Mémorial, page 28.
Hugh-Blair. — Sermons, page 190.
Hugo. — Mélanges de Littérature et de Philosophie, page 86.
— Études sur Mirabeau, page 26.
— Dernier jour d'un Condamné, page 69.
— Bug-Jargal, page 67.
— Le Roi s'amuse, page 65.
— Notre-Dame de Paris, page 71.
— Marion Delorme, page 65.

Hugo. — Marie Tudor, page 65.
— Lucrèce Borgia, page 65.
— Odes et Ballades, page 64.
— Feuilles d'Automne, page 64.
Hugo (général). — Mémoires, page 31
Hugon. — Opera, page 140.
Hullin. — Explication sur la mort du ...., page 27.
Hume. — Histoire d'Angleterre, page 35.

I.

Igout. — Flambeau de la doctrine Catholique, page 188.
Iréné. — Opus Eruditissimum, page 146.
Irson. — Arithmétique, page 117.
Irving. — Contes de l'Alhambra, page 68.
— Histoire de Colomb, page 2.
Irwin. — Voyage à la Mer Rouge, page 4.
Isnard. — Sucre de Betterave, page 113.
Isocrate. — Orationes et Epistolæ, page 55.
Ivon. — Jus Naturale, page 122.

J.

Jacob. — Soirées de Walter Scott, page 47.
— Le roi des Ribauds, page 77.
Jacquemont. — Correspondance, page 5.
Jal. — Résumé du Lyonnais, page 25.
— Vie Maritime, page 73.
Jamin. — Pensées Théologiques, page 178.
Janin. — L'Ane Mort et la Femme Guillotinée, p. 66.
— Barnave, page 67.
— La Confession, page 68.
Jansénius. — Concordia Evangelica, page 139.

Jars. — Voyages Métallurgiques, page 111.
Jay. — Œuvres Littéraires, page 86.
— Biographie des Contemporains, page 46.
— Hermites en Prison, page 86.
— Hermites en Liberté, page 86.
— Recueil de pièces, page 28.
— Napoléon et la Censure, page 104.
— Du Ministère et de la Censure, page 103.
Jérôme. — Opera omnia, page 147.
Joly. — Les Devoirs du Chrétien, page 161.
Jolliot. — Le Sacramentaire des Pasteurs, page 160.
Josèphe. — Histoire des Juifs, page 8.
Joséphine. — Mémoires, page 31.
Jousse. — Administration de la Justice, page 130.
Jouy. — Guillaume Franc Parleur, page 33.
— Hermite de la Chaussée, page 35.
— Hermite de la Guyane, page 33.
— Hermite en Province, page 33.
— Hermites en Prison, page 86.
— Hermites en Liberté, page 86.
— Biographie des Contemporains, page 46.
Jucherand. — Considérations sur Alger, page 106.
Juenin. — Commentarius Historicus, page 155.
Juigné. — Dictionnaire Théologique, page 46.
Julien. — Esquisse d'un plan de Lecture, page 1.
— Manuel Electoral, page 129.
Junius. — Lettres, page 99.
Jussieu. — Comment on fait des Révolutions, page 108.
Juvénal. — Satires, page 59.
— Juvenalis familiare consentum, page 59.
— Satiræ, page 59.
Juvenel Carlencas. — Essais sur les Belles-Lettres, page 41.

K.

Karamlin. — Histoire de Russie, page 37.
Kératry. — Dernier des Beaumanoirs, page 68.
— Quelques Pensées, page 72.
Keul. — Vox clamantis in deserto, page 167.
Kock. — La Laitière de Montfermeil, page 72.

L.

Labat. — Apparatus Concionatorum, page 162.
— Thesaurus moralis, page 156.
— Loca moralis, page 157.
Labbe. — Conciliorum collectio, page 145.
— Sacrosancta concilia, page 145.
— Dissertationis philologiæ tomi, page 144.
— La Géographie Royale, page 1.
La Bigne. — Bibliothecæ veterum patrum, page 145.
La Boissière. — Sermons, page 165.
Laborde. — Itinéraire de l'Espagne, page 4.
— De l'Esprit d'Association, page 105.
La Bruyère. — Les Caractères, page 95.
— Dialogues sur le Quiétisme, page 185.
Lacerda. — De Maria et Deo incarnato, page 155.
La Colombière. — Sermons, page 165.
Lacombe. — Histoire de Catherine de Suède, page 37.
Lacretelle (jeune). — Histoire de France, page 21.
— Histoire des Guerres de Religion, p. 22.
— Histoire de la Restauration, page 26.
Lacroix. — Theologia moralis, page 156.
— Le Parfait Ecclésiastique, page 157.
Lady Morgan. — La France, page 33.

Lady Morgan — L'Italie, page 19.
— Vie de Salvator Rosa, page 45.
Ladvocat. — Dictionnaire Historique, page 46.
La Fayette. (*Mde*) — Œuvres, page 72.
Lafiteau. — Constitution Unigenitus, page 186.
Lafond. — Défendez-Vous, page 102.
Lafontaine. — Œuvres, page 66.
Lafosse. — Précis d'histoire naturelle, page 110.
Lafuente. — Questiones Dialecticæ, page 92.
Lagarde. — Résumé de l'île de France, page 25.
Laharpe. — Lycée, page 50.
— Du Fanatisme, page 102.
Lalemandet. — Cursus Philosophicus, page 91.
Lallement. — Histoire de la Colombie, page 40.
Lamarre. — Culture des Pins, page 113.
Lamartine. — Harmonies Poétiques, page 62.
— Épîtres Poétiques, page 62.
— Méditations Poétiques, page 62.
— Politique rationnelle, page 98.
La Mennais. — Essai sur l'Indifférence, page 178.
— Des Progrès de la Révolution, page 104.
— Paroles d'un Croyant, page 101.
Lameth. — Histoire de la Constituante, page 26.
Lami. — Résumé de Danemarck, page 37.
— Résumé de Picardie, page 25.
Lamothe Langon. — La Province à Paris, page 72.
Lamy (*Bernard.*) — Traité de la Pâque, page 154.
Lander. — Journal d'une Expédition, page 4.
Langlet du Fresnoy. — Traité de la Confession, p. 160.
Lannuza. — Homélies, page 169.
La Pesse. — Sermons, page 165.
— Remarques, page 175.
Laplace. — Essai sur les Probabilités, page 93.

Lapoix de Freminville.—Police des Villes, page 130.
Laporte.—Journal de la Cour de Cassation, page 130.
— Conduite de La Grace, page 174.
Larivière. Les Ministres pupilles, page 183.
Laroche. — Sermons, page 165.
Larochefoucault. — Maximes, page 96.
Laroche-Jacquelin. — Mémoires, page 30.
Laromiguière. — Leçons de Philosophie, page 107.
Larue. — Sermons, page 165.
Lascaris.—Institutiones Grammaticæ, page 51.
Las Cases. — Mémorial, page 28.
— Atlas historique, page 6.
Laselve. — Annus apostolicus, page 163.
Lasteyrie. — Constitution Espagnole, page 97.
Latour. — Œuvres, page 56.
Launoy. — Varia opuscula, page 153.
Lauredant. — Sylva rerum moralium, page 164.
Laurent. — Tapisserie du divin amour, page 174.
— Résumé de la Philosophie, page 91.
Laurent. — Résumé du Dauphiné, page 25.
Lauret. — Sylvæ allegoriarum, page 140.
Laurière. — Ordonnances des rois de France, p. 129.
Laval. — Traducteur des lettres de Cicéron, page 87.
Lavalette. — Mémoires, page 31.
Laville de la Plaigne. — Eaux Minérales, page 115.
La Vallière. — Mémoires, page 23.
Laymann. — Theologia moralis, page 156.
Le Blanc. — Psalmorum Davidicorum analysis, p. 142.
Lebret. — Table du journal du Palais, page 129.
Le brun. — Explication des Cérémonies, page 149.
Le Charron. — Les trois Vérités, page 178.
Le Febure. — Traité de la Pénitence, page 175.
— Du Dernier Jour, page 175.

Lefèvre. — Résumé de Franche-Comté, page 24.
Legallois. — Histoire de l'Inquisition, page 16.
Legouvé. — Le Mérite des Femmes, page 64.
Legrand d'Aussy. — Vie privée des Français, p. 33.
Le Jeune. — Sermons, page 166.
Le Long. — Bibliothèque historique, page 43.
—   Bibliotheca sacra, page 43.
Lemercier. — Alminti-Val, page 67.
Le Mercier. — Camille, page 65.
Lemontey. — Œuvres, page 85.
—   Minorité de Louis XV, page 23.
Lenfant. — Histoire de tous les Siècles, page 7.
Léon. — Portrait de la Sagesse, page 90.
Léon le Grand. — Opera omnia, page 148.
Léonard. — Résumé du Roussillon, page 25.
—   Sermons, page 168.
Léorat. — Vérité de la foi Catholique, page 184.
—   Apologie de la foi Catholique, page 184.
—   Réfutation de Pictet, page 185.
Le Paige. — Bibliotheca prœmonstratensis, page 14.
Lepelletier. — Défense de la Constitution, page 187.
Lerins. — Avertissements, page 181.
Lerminier. — Lettres à un Berlinois, page 93.
—   Influence de la Philosophie, page 93.
Leroux. — Dictionnaire Comique, page 84.
Le Roy. — Traduction du Phedon, page 107.
Lesage. — Aventures de Beauchêne.
—   Bachelier de Salamanque, page 74.
—   Le Diable Boiteux, page 74.
—   Don Quichotte, page 74.
—   Estevanille Gonzalès, page 74.
—   Gil-blas de Santillane, page 74.
—   Guzman d'Alfarache, page 74.

Lesage. — Roland l'Amoureux, page 74.
— Théâtre, page 64.
Lessius. — Vrai régime de vivre, page 115.
— De Justitia, page 157.
— Opuscula varia, page 153.
Letourneur. — Œuvres de Shakspeare, page 61.
Levasseur. — Mémoires, page 31.
Levis. — La Conspiration de 1821, page 78.
Lezana. — Reformatio regularium, page 128.
Liebeskind. — Les Feuilles de Palmier, page 69.
Liergues. — Journal des Voyages, page 2.
Ligne. — Lettres et pensées, page 89.
Limier. — Histoire de Louis XIV, page 22.
Lingendes. — Sermons, page 166.
Liskenne. — Histoire de Louis XI, page 22.
Liskène. — La France et les Ultramotains, p. 103.
Llorente. — Histoire de l'Inquisition, page 16.
— Portraits politiques des Papes, page 99.
Lochmaier. — Parochiale curatorum, page 159.
Locke. — Entendement humain, page 107.
Locré. — Esprit du Code de Commerce, page 118.
Loeve-Weimare. — Traducteur de Zschokke, page 76.
— Traduction du Fugitif, page 77.
— Traduction du Ménétrier, page 76.
Loiret. — Histoire du Sacrilége, page 10.
Lombard. — Manuel des Propriétaires d'Abeilles, p. 112.
Lonchamp. — Mémoires sur Voltaire, page 42.
Longueval. — Histoire de l'Église Gallicane, page 10.
Longueville-Harcovet. — Secret du Rajeunissement, page 116.
Longus. — Breviarum chronologicum, page 11.
— Les Pastorales, page 72.
Loreinat. — Institutionum moralium, page 156.

Lorin. — In actus Apostolorum, page 143.
— In Sapientiam, page 142.
Lorris. — Roman de la Rose, page 73.
Lotin de Laval. — Les Truands, page 77.
Louis XVIII. — Mémoires, page 31.
— Voyage à Coblentz, page 26.
Louvet. — Mémoires, page 32.
Louvois. — Testament, page 33.
Lovet. — Arrêts de Parlement, page 129.
Lucain. — Pharsale, page 58.
Lucien Samatrace. — Libri, page 84.
Lucrèce. — De la Nature des choses, page 58.
Lupus. — Opera, page 153.
Luther. — Bible en Allemand, page 138.
Lycosthène. — Apophtegmata, page 83.
Lyre. — Postilla, page 140.
— Commentaires sur la Bible, page 140.

M

Mably. — Observations sur l'Histoire de France, p. 33.
— Parallèle des Romains et des Français, p. 100.
Macaire. — Le Chiffonnier, page 68.
Macarel. — Droit politique, page 97.
Mackintosh. — Mélanges philosophiques, page 93.
Macrobe. — Libri, page 84.
Madiot. — Étude et Culture du Mûrier, page 113.
Madwin. — Conversations de Byron, page 47.
Maffée. — De Vita Loiolæ, page 13.
Magalon. — Ma Translation, page 86.
Mahoni. — Réflexions politiques, page 102.
Maignan. — Cursus Philosophicus, page 91.
Maimbourg. — Traité historique, page 10.

Maimbourg — Histoire de l'Arianisme , page 15.
— Histoire du schisme des Grecs , page 16.
— Histoire du schisme d'Occident, p. 16.
— Histoire du Luthéranisme , page 16.
Maistres. — Soirées de Saint-Pétersbourg , page 93.
Malfilâtre. — Œuvres , page 63.
Malléole de Kempis. — Operum , page 176.
Mallet. — Histoire de Danemarck , page 37.
— Histoire des Suisses , page 34.
— Aurum moralis theologiæ, page 157.
Malte-Brun. — Tableau de la Pologne , page 37.
Malthus. — Essai sur la Population , page 105.
— Lettres, page 105.
Mancinelli. — Omnia opera , page 55.
Manzoni. — Les Fiancées , page 75.
Manzour-Effendi. — Mémoires sur la Grèce, page 38.
Marande. — Abrégé de la Philosophie , page 91.
— Le Théologien Français , page 152.
Marchangy. — La Gaule poétique , page 21.
— Tristan le Voyageur, page 78.
Marchant. — Fundamenta fratrum minorum , page 14.
— Rationale Evangelizantium , page 164.
— Hortus Pastorum , page 163.
— Speculum hominis christiani, page 159.
— Candelabrum mysticum , page 176.
Marcelin. — Réponses , page 184.
Marcigny. — La Vierge souffrante , page 174.
Mardèle. — Traduction d'Euclide , page 117.
Maréchal. — Droits Seigneuriaux dans les Églises, p. 125.
Mariana. — Histoire d'Espagne , page 35.
Marino. — L'Adone , page 60.
Marmontel. — Œuvres.
— Bélisaire , page 74.

Marmontel. — Contes moraux, page 68.
— Éléments de littérature, page 50.
— Grammaire et Logique, page 53.
— Les Incas, page 75.
— Mélanges, page 86.
— Métaphysique, page 107.
— Pharsale, page 58.
— Régence du duc d'Orléans, page 23.
— Théâtre, page 65.
Martial. — Epigrammation libri, page 83.
Martian. — De Nuptii Philologia, page 83.
Martin. — Le Guidon Allemand, page 54.
— La Vieille Fronde, page 77.
Martins (aîné). — Éducation des Mères, page 97.
Martincourt. — Conférence d'Annonay, page 183.
Martineau. — Contes, page 106.
Martinon. — Disputationum....., page 153.
Marshall. — Vie de Washington, page 39.
Massias. — Révolution de 1830, page 104.
Masson. — Le Cœur d'une jeune Fille, page 68.
Mastri. — Disputationes in Organum, page 108.
Mathiole. — Commentaires, page 114.
Mathée. — Angli historia, page 35.
Maucroix. — Traducteur de St. Chrysostôme, p. 169.
Mauden. — Speculum vitæ moralis, page 141.
Maximilien. — Voyage au Brésil, page 5.
Maximin. — Réflexions, page 189.
May. — Saint-Pétersbourg, page 3.
Mayr. — Institutiones Hebraïcæ, page 51.
Meillan. — Mémoires, page 32.
Melanchthon. — Chronica, page 7.
Meldula. — Disputationes theologicæ, page 153.
— Theologia moralis, page 156.

Mendoça. — Commentariorum, page 140.
Menestrier. — Méthode du Blason, page 49.
Mengo. — Flagellum Dœmonum, page 155.
Merault. — Résumé de l'histoire, page 106.
Mercier. — Mon Bonnet de nuit, page 86.
Merez. — Manifeste, page 184.
Merimé. — La Double méprise, page 69.
— Chronique du temps de Charles IX, p. 77.
Mermet. — Histoire de Vienne, page 24.
Merville. — Les deux Apprentis, page 69.
Merz. — La Villeliade, page 62.
— Nopoléon en Égypte, page 62.
Mestrezat. — Dispute touchant Luther, page 181.
Meung dit Clopinet. — Roman de la Rose, page 73.
Meyssonnier. — Magie naturelle, page 108.
Michaelis. — Art de vaincre le Monde, page 173.
Michaud. — Histoire des Croisades, page 11.
— Correspondance d'Orient, page 3.
Mignet. — Histoire de la Révolution, page 26.
Milhet. — Notitia Scripturæ sacræ, page 132.
Millevoye. — Œuvres complètes, page 63.
Milliet. — Moyses Viator, page 59.
Millot. — Éléments d'histoire générale, page 8.
Milton. — Paradis perdu, page 16.
Mirabeau. — Mémoires, page 32.
— Discours et Répliques, page 101.
Moden. — Discursus morales, page 176.
Modène. — Histoire des révolutions de Naples, page 20.
Molière. — Œuvres, page 64.
Molina. L'Instruction des Prêtres, page 158.
Molissier. — Bouquet de Myrrhe, page 173.
Monconys. — Journal des Voyages, page 2.
Monglave. — Résumé du Mexique, page 40.

Mongot. — Monita sacra page 164.
Monlouys. — Généalogie de l'ame fidèle, page 6.
Montaigne. — Essais, page 96.
Montaignes (François). — La vérité défendue, p. 186.
Montalte. — Apologie, page 186.
Montchal. — Mémoires, page 23.
Montecuculi. — Mémoires, page 121.
Montesquieu. — Œuvres.
— Considérations, page 19.
— Esprit des Lois, page 98.
— Lettres persanes, page 88.
— Œuvres diverses, page 86.
Montgaillard. — Histoire de France, page 26.
Monthyard. — Hiéroglyphes, page 49.
Montlosier. — Pétition, page 110.
— Dénonciation aux Cours Royales, p. 100.
— Mémoire à consulter, page 100.
— Mystères de la vie humaine, page 93.
Montolieu. — Caroline de Lichtfield, page 67.
— La Tante et la Nièce, page 74.
Montrol. — Résumé de Champagne, page 25.
Moore (Thomas). — Recherche d'une Religion, p. 177.
— Amours des Anges, page 61.
Moreau. — Mémoires sur Talma, page 42.
Moreau de Jonès. — Commerce au XIXme siècle, p. 105.
Morel. — Dictionariolum latino-græcum, page 50.
— Trilingue dictionarium, page 51.
Morellet. — Mémoires, page 32.
Moreri. — Dictionnaire historique, page 45.
Morin. — Commentarius de Disciplinâ, page 158.
— Opera posthuma, page 157.
Mortonval. — Le Tartufe moderne, page 74.
— Le Comte de Villemayor, page 75.

Mortonval. — Le Siége de Paris, page 75.
— Le Siége de Rouen, page 75.
— Don Martin Gil, page 77.
Moüet. — Dévotion vers Jésus-Christ, page 175.
Mounier. — Appel à l'opinion publique, page 26.
Mourgues. — Traité de la Poésie, page 57.
Muller. — Histoire des Suisses, page 34.
Murat. — Esquisses des États-Unis, page 40.
Muratori. — Thesaurus inscriptionum, page 48.

N.

Nannins. — Miscellanearum Decas, page 84.
Napoléon. — Mémoires, page 32.
Natalis. — Historia ecclesiastica, page 10.
Naville. — De l'Éducation publique, page 97.
Nepveu. — Pensées Chrétiennes, page 174.
— Retraite, page 175.
Nicephore. — Historiæ ecclesiasticæ, page 9.
Nicolas. — Questiones et Observationes, page 128.
Nigol. — In Ciceronem observationes, page 84.
Nodier. — Critique du Dictionnaire, page 84.
— Souvenirs sur la Révolution, page 26.
Noel. — Leçons de Littérature, page 56.
— Dictionnaire de la Fable, page 190.
Nolay. — La Gloire de Saint François, page 14.
Norwins. — Porte-feuille de 1813, page 28.

O.

Oegger. Le vrai Messie, page 190.
Oginski. — Mémoires, page 38.
Olive. — Conciones, page 168.

Olivet. — Traduction des pensées de Cicéron, page 85.
Onuphrius. — Onuphrii fastorum libri, page 6.
Optat. — Opera, page 146.
Origène. — Operum tomi duo, page 146.
Orléans (père d'). Révolutions d'Angleterre, page 36.
Orléans (duc d'). — Mémoires, page 32.
Orloff. — Mémoires sur Naples, page 20.
Ortig. — Sainte Beaume, page 73.
Ostervald. — La Sainte Bible, page 139.
Ouvrard (Réné). — Motifs de réunion, page 180.
Ouvrard. — Mémoires, page 107.
Oxenstiern. — Pensées, page 85.
Ossat (cardinal). — Lettres, page 88.
Ossian. — Poésies Galliques, page 62.

P.

Pacca. — Mémoires, page 12.
Pacinchel. — Lectiones morales, page 176.
Paez. — In Epistolam Jacobi, page 143.
—   Opera, page 140.
Pagès. — De la Censure, page 104.
Pailliet. — Manuel du Droit français, page 128.
Palao. — De Virtutibus et Vitiis, page 157.
Palian. — Annalium testamenti epitome, page 144.
Palladio. — Architecture, page 121.
Pallas. — Voyages, page 2.
Pallu. — Sermons, page 165.
Pamelie. — Excellent et très utile Traité, page 181.
Panage. — Les Mœurs, page 95.
Papin. — Ouvrages, page 177.
Parisot. — Mémoires d'Iturbide, page 40.
Parmentier. — Mémoires sur les Grains, page 113.

Partounaux — Explication, page 28.
Pascal. — Lettres provinciales, page 186.
Pasteur. — De Beneficiis et censuris, page 125.
Pau. — Recherches sur les Égyptiens, page 39.
— Recherches sur les Américains, page 39.
Paul. — Epistolæ, page 138.
— Theologiæ specimen, page 156.
— Autihexaple, page 188.
Pausanias. — Pausaniæ, page 1.
Pecchio. — Tableau de la Grèce en 1825, page 39.
Pelarge. — Bellaria epistolarum, page
Perald. — Sermones aurei page 168.
Peniafort. — Summa, page 152.
Perducet. — Universa medicina, page 115.
Perron. — Traité du Saint-Sacrement, page 183.
Perseval. — Philippe-Auguste, page 62.
Petaro. — Science du Setifère, page 113.
Petau. — Petavii aurelianensis, page 6.
— Opus de Theoligicis dogmatibus, page 152.
Petit de La Croix. — Mille et un jour, page 71.
Petriny. — La ministrophorie, page 183.
Petrone. — Traduction entière, page 95.
Peyret. — Antiquités de la Chapelle royale, page 48.
Peyronnet. — Pensées d'un prisonnier, page 85.
Picard. — Œuvres dramatiques, page 64.
— L'Exalté, page 82.
— Le Gil-Blas de la Révolution, page 82.
— L'Honnête homme, page 82.
— Mémoires de Jacques Fauvel, page 82.
Pichat. — Léonidas, page 65.
Pichot. — Statistique de la Suisse, page 106.
— Voyage en Angleterre, page 3.
— Histoire de Charles Édouard, page 36.

Piccolonimi. — Institutione morale, page 156.
Pilon. — Voyages à Caïenne, page 5.
Pindare. — Olympia nemea, page 58.
Pineda. — In Job, page 142.
Piny. — Questiones agitatæ, page 185.
Piron. — Œuvres choisies, page 63.
Plancher. — Histoire de Bourgogne, page 24.
Plancy. — Mémoires d'un vilain, page 76.
Platine. — Historia de vitis pontificum, page 11.
— Vies et mœurs des papes, *idem.*
Platira. — Stati oratori, page 55.
Platon. — Œuvres, page 92.
— Phedon, page 107.
Platus. — Vie religieuse, page 175.
Pline l'ancien. — Naturalis historiæ libri, page 110.
— Historiæ mundi libri, *idem.*
Pline le jeune. — Lettres, page 88.
— Epistolæ, page 87.
Pluche. — Spectacle de la nature, page 110.
— Histoire du Ciel, page 118.
Pluquet. — De la Sociabilité, page 95.
Plutarque. — Plutarchi, page 44.
— Vie des Hommes illustres, page 44.
— Œuvres morales et mêlés, page 94.
— Entretiens familiers, page 87.
Polan. — Histoire du Concile de Trente, page 11.
Polman. — Breviarium theologicum, page 150.
Pomet. — Candidatus rhetoricæ, page 55.
Pompadour (marquise de). — Mémoires, page 23.
Pompignan. — Lettres sur la morale, page 158.
Pomponius Mela. — Pomponii, page 1.
Ponce. — Theologiæ Cursus, page 151.
Poncius. — Philosophiæ Cursus, page 92.

Pongerville. — Lucrèce, page 58.
Pons. — Congrès de Châtillon, page 103.
Pont. — Méditations, page 172.
Pontas. —Dictionnaire des cas de conscience, page 160.
Porta. — Magie naturelle, page 108.
Portal. — Dubia regularia, page 127.
Possevin. — De officio curati, page 157.
— Tractatio de Poesi, page 57.
Potter. — L'Esprit de l'Église, page 99.
Poujoulat. — Correspondance d'Orient, page 3.
Pouqueville. — Voyage en Morée, page 4.
— Régénération des Grecs, page 38.
Pourret des Gauds.—Adhémar et Théodeberge, p. 74.
Prade. — Histoire de Gustave Adolphe, page 37.
Pradt (*abbé*). — Histoire de l'Ambassade, page 28.
— Vrai système de l'Europe, page 100.
— La France, l'Émigration, page 99.
— Garanties à demander à l'Espagne, page 100.
— De l'Esprit du Clergé, page 105.
— Concordat de l'Amérique, page 99.
— Congrès de Panama, page 99.
Prelle. — Avantages de la Vieillesse, page 95.
Prevost (*abbé*). — Doyen de Killerine, page 69.
— Histoire de Cleveland, page 70.
Prieur. — Aurea rosea, page 164.
Prosper. — Opera omnia, page 148.
Pufendorf. — Devoirs de l'Homme et du Citoyen, p. 98.
Purchot. — Institutiones philosophicæ, page 92.

Q.

Quatrebarbes. — Souvenirs d'Afrique, page 29.

Quinet. — Ahsverus, page 67.
Quintilien — Institutionum oratoriarum libri, page 55.

R.

Rabaut Saint-Étienne. — Précis de la Révolution, p. 25.
— Discours, page 57.
Rabbe. — Histoire d'Alexandre de Russie, page 37.
— Résumé de Russie, page 37.
— Résumé de Portugal, page 35.
Rabelais. — Œuvres, page 72.
Rabutin. — Commentaires des guerres, page 34.
Racine (Jean). — Œuvres complètes, page 64.
Raffenel. — Résumé du Bas-Empire, page 19.
— Résumé de la Perse, page 39.
Rainier-Lanfranchi. — Voyage à Paris, page 5.
Ramus. — Aristoteles analysis, page 93.
— Oratio, page 56.
Raoul Rochette. — Cours d'Archéologie, page 48.
Rapière. — Portrait de Jésus-Christ, page 175.
Rapine. — Christianisme fervent, page 173.
Rapp. — Mémoires, page 32.
Raverin. — Epitome in prosodiam, page 57.
Ravisius. — Epitheta, page 57.
Raybaud. — Mémoires sur la Grèce, page 38.
Raymond. — Les intimes, page 70.
Raynal. — Histoire philosophique, page 106.
Raynaud. — Du Verbe, page 167.
Rayné. — Quadragesimale, page 164.
Rayner. — Pantheologia, page 152.
Réaumur. — Histoire des Insectes, page 115.
— Art d'élever des Oiseaux, page 112.
Rebuff. — Commentarii in Constitutiones, page 125.

Recupit. — De signis prædestinationis, page 155.
Region. — De Ecclesiasticis disciplinis, page 125.
Régnard. — Œuvres complètes, page 64.
Remusat. — Les Deux cousines, page 70.
Remusat (*Mme*). — Éducation des Femmes, page 97.
Renouard. — Loi contre la Presse, page 103.
Rey Dusseuil. — Résumé de l'Égypte, page 39.
— Le monde nouveau, page 105.
Reyre. — L'École des Jeunes Demoiselles, page 89.
Reyroles. — Sermons, page 166.
— Jésus crucifié, page 173.
Ribadeneyra. — Fleurs des Vies des Saints, page 12.
— Vie de S. François de Borgia, page 13.
Ribera. — In librum duodecim prophetarum, page 142.
Ricci. — Vie et Mémoires, page 10.
Richard. — Journal d'une Expédition, page 4.
— Bibliothèque sacrée, page 43.
Richelet. — Dictionnaire des Rimes, page 57.
Richelieu (*cardinal*). — Foi catholique, page 179.
— Instruction du Chrétien, p. 162.
Richelieu (*duc*). — Mémoires, page 23.
Richer. — Historia conciliorum, page 11.
— Defensio libelli, page 124.
— Réfutation des Rêveries, page 189.
Rioche. — Compendium temporum, page 9.
Riva. — Histoire de la Barbarie, page 98.
Rivarol. — Mémoires, page 32.
Robertson. — Histoire d'Écosse, page 36.
— Histoire de Charles-Quint, page 34.
— Histoire d'Amérique, page 39.
Robert de Vaugondi. Atlas universel, page 2.
Robespierre. — Mémoires, page 32.
Roch. — Paris malade, page 24.

Roche. — Manuel du Prolétaire, page 101.
Rochefort. — Dictionnaire, page 53.
Roscoe. — Vie et Pontificat de Léon X, page 11.
Roderic. — Collectio privilegiorum, page 127.
Rodriguez. — Perfection et vertus chrétiennes, page 171.
Rœderer. — Louis XII et François Ier, page 22.
Roffens. — De veritate Christi in Eucharistia, page 182.
— Assertionis Lutheranæ confutatio, page 182.
Roland (Mme). — Mémoires, page 32.
Rollin. — Histoire Ancienne, page 17.
— Histoire Romaine, page 17.
Rossi. — Droit pénal, page 131.
Rossignol. — De disciplina christiana', page 175.
Rougemont. — Les Missionnaires, page 71.
Rougeot. — Compendium in disserendi artem, page 55.
Rounat. — Sermons, page 167.
— Sermons, page 166.
— Panégyriques des Saints, page 169.
Rousseau (J. B.) — Œuvres, page 62.
Rousseau (J. J.) — Confessions, page 45.
— Contrat social, page 98.
— Correspondance, page 88.
— Dialogues, page 87.
— Dictionnaire de Musique, p. 119.
— Discours, page 56.
— Émile ou de l'Éducation, page 97.
— Lettres à Beaumont, page 88.
— Lettres à d'Alembert, page 88.
— Mélanges, page 86.
— Nouvelle Héloïse, page 71.
— Théâtre, page 64.
Roussel. Système de la Femme, page 115.
Rubion. — Disputationes, page 153.

Ruinart. — Acta Martyrum, page 13.
Ruland. — Copia verborum græcorum, page 52.
Rulhière. — Anarchie de Pologne, page 38.
Ruvio. — Logica mexicana, page 94.

S.

Sacy. — La Sainte Bible, page 134.
— La Genèse, page 135.
— Paralipomènes, page 137.
— Exode et Lévitique, page 135.
— Les Nombres, page 135.
— Les Rois, page 136.
— Josué, les Juges et Ruth, page 135.
— Proverbes de Salomon, page 137.
— Psaumes de David, page 136.
— Douze petits prophètes, page 136.
— Daniel, page 136.
— Esdras et Néhémias, page 137.
— Ezéchiel, page 136.
— Isaïe, page 136.
— Jérémie, page 136.
— Les Machabées, page 137.
— Actes des Apôtres, page 138.
— Épîtres catholiques, page 138.
Saint-Amable. — Devoirs d'un bon Prêtre, page 158
— Pas glissant du Religieux, page 174.
Saint-Aulaire. — Histoire de la Fronde, page 22.
Sainte-Beuve. — Résolution des cas de Conscience, page 160.
Sainte-Croix. — Dialectica, page 94.
Saint-Edme. — Dictionnaire de la Pénalité, page 131.
Saint-Esprit. — Directorium regularium, page 159.

Sainte-Foix. — Essais sur Paris, page 24.
— Ordre du Saint-Esprit, page 23.
— Comédies, page 65.
Saint-Jean. — Carêmes prêchés, page 166.
Saint-Jure. — L'Homme religieux, page 171.
— Amour du Fils de Dieu, page 173.
— L'Homme spirituel, page 171.
Saint-Maurice. — Résumé des Guerres de religions, p. 22.
— Résumé des Croisades, page 11.
Saint-Simon. — Cathéchisme des Industriels, page 106.
Saintine. — Jonathan le Visionnaire, page 70.
Sakspeare. — Œuvres, page 61.
Salgues. — L'Antidote de Montrouge, page 186.
Salomon. — Ecclesiaste de Salomon, page 137.
Salvador. — Histoire des Institutions de Moïse, page 9.
Salvandy. — Histoire de Pologne, page 38.
— Don Alonzo, page 75.
— Émancipation de Saint-Domingue, p. 103.
— Marchés d'Ouvrard, page 107.
— État des affaires publiques, page 104.
— Le Ministère et la France, page 102.
— Lettre à un Provincial, page 104.
— La Révolution et les Révolutionnaires, p. 105.
Salverte. — Des Sciences occultes, page 109.
Sanchez. — De Matrimonii sacramento, page 155.
Sand. — Indiana, page 70.
— Jacques, page 70.
— Lélia, page 71.
— Valentine, page 74.
Sanson. — Mémoires, page 32.
Santeul. — Saint-Louis, page 61.
Sapho. — Poésies, page 58.
Sarpi. — Traité des Bénéfices, page 125.

Saurin. — Sermons, page 190.
Savary. — Mémoires, page 32.
— Catastrophe du duc d'Enghien, page 27.
Say. — Cathéchisme d'Économie politique, page 105.
— Traité d'Économie politiqne, page 105.
Scaliger. — Josephi Scaligeri opus, page 6.
Scarron. — Roman Comique, page 73.
Scheffer. — Résumé de Hollande, page 34.
— Résumé de Flandre et d'Artois, page 24.
— Résumé de l'Empire germanique, 34.
Schelegel. — Histoire de la Littérature, page 41.
Schield. — Scènes populaires en Irlande, page 36.
Schiller. — Œuvres dramatiques, page 60.
Schrevelius. — De Patientia, page 96.
Scoglius. — A primordio Ecclesiæ historia, page 9.
Scot. — Apparatus latinæ Lucotionis, page 53.
Seguar. — L'Instruction du Confesseur, page 159.
Seguin aîné. — Ponts en fil de fer: page 117.
Segur. — Histoire Universelle, page 8.
— Politique de tous les Cabinets, page 99.
— Mémoires ou Souvenirs, page 47.
— Galerie morale et politique, page 96.
— Les Femmes, page 96.
Segur (général). — Histoire de Napoléon, page 28.
Semonville. — Cérémonies des Juifs, page 48.
Senar. — Mémoires, page 32.
Senault. — Panégyriques des Saints, page 170.
— L'Homme chrétien, page 171.
Senèque. — Œuvres, page 94.
— Tragædiæ, page 59.
Senèque (Annæus). — Opera, page 84.
Senty. — Résumé de l'Histoire ancienne de la Grèce, p.
Serar. — Prolegomena bibliaca, page 133.

Serar. — Judices et Ruth explanati, page 142.
Serres (*Marcelin de*). — Voyage en Autriche, p. 4.
Sévigné (*M.me*). — Lettres, page 88.
Sherlon. — In Canticum canticorum, page 142.
Signol. — Le Chiffonnier, page 68.
Silvio Pellico. — Mémoires, page 42.
Sinclair. — Agriculture pratique, page 112.
— Les Réfugiés, page 76.
Simon. — Traducteur de Mackintosh, page 93.
Simonot. — Résumé d'Espagne, page 35.
Sismond. — Voyage en Suisse, page 3.
Sismonde de Sismondi. — Histoire de l'Italie, p. 19.
Sixte. — Bibliotheca sancta, page 140.
Sleindan. — Histoire entière, page 8.
Smith. — Causes de la richesse des nations, page 105.
Smollett. — Histoire d'Angleterre, page 35.
Socrátes le Scolastique. — Historiæ Ecclesiasticæ, p. 9.
Souillé. — Le port du Créteil, page 72.
— Clotilde, page 66.
— Les deux Cadavres, page 69.
— Le Magnétiseur, page 71.
Solleysel. — Le parfait Maréchal, page 116.
Southey. — Guerre de la Péninsule, page 27.
Souza. — Charles et Marie, page 67.
Spenerus. — Galliæ stirpes, page 49.
Speranza. — Scripturæ Selectæ, page 176.
Sponde (*Henri*). — Défense, page 184.
Sponde. — Response, page 184.
Suarez. — De Divina gratia, page 155.
— Tractatus theologici, page 153.
— Commentariorum, page 153.
— De Religione, page 154.
— Metaphysicárum disputationum tomi, p. 108.

Suchet. — Mémoires, page 32.
Sue. — Salamandre, page 73.
— Plik et Plok, page 72.
— La Conearatcha, page 68.
— La Vigie, page 74.
Suetone. — De Vita Cæsarum, page 18.
— Histoire des douze Césars, page 18.
Suffren. — L'Année Chrétienne, page 171.
Sulpice Sévère. — Historia sacra, page 8.
— Sacræ historiæ, page 7.
Surin. — Catéchisme Spirituel, page 171.
Stael-Holstein (Mme). — De l'Allemagne, page 35.
— Corine ou l'Italie, page 68.
— Delphine, page 68.
Stael-Holstein. — Lettres et Pensées du prince de Ligne, page 89.
— Lettres sur l'Angleterre, page 99.
Stanhope. — Lettres sur la Grèce, page 39.
Stella. — In Jesu Christi Evangelium, page 143.
Stendhal. — Le Rouge et le Noir, page 78.
Sterne. — Œuvres complètes, page 72.
Strabon. — Biblia Sacra, page 134.
Synesius. — Epistolæ, page 88.

T.

Tabaraud. — Réunion des Communions chrétiennes, page 180.
Tacite. — Scripta, page 18.
— Opera, page 18.
— Œuvres, page 19.
Tallement des Reaux. — Historiettes, page 23.
Tasse. — Jérusalem délivrée, page 60.

Taxci. — Le Suisse catholique, page 132.
Teissier. — Annales d'Agriculture, page 112.
Temminck. — Manuel d'Ornithologie, page 114.
Tencin (Mme). — Œuvres, page 72.
Terasson. — Sermons, page 165.
Terence. — Comediæ, page 59.
Tertulien. — Opera, page 146.
— Contra hæreticos, page 179.
Texier. — Sermons, page 165.
Tite-Live. — Historiarum libri, page 18.
Titelman. — Compendium philosophiæ, page 91.
Tilly. — Mémoires, page 48.
Tissot. — Souvenirs sur Talma, page 45.
Theil. — Traducteur du Galérien, page 77.
Theïs. — Voyage de Polyclète, page 5.
Théocrite. — Ydilliæ, page 58.
Theodoret. — Opera omnia, page 148.
— Historiæ Ecclesiasticæ, page 9.
Theophraste. — Les Caractères, page 95.
Thérèse de Jésus. — Œuvres, page 172.
Thibodeau. — Mémoires, page 32.
Thiebault. — Mes Souvenirs de vingt ans, page 34.
Thiers (J. B.). — Critique des Flagellants, page 185.
— Histoire des Perruques, page 125.
— Solide Dévotion, page 174.
— Exposition du Saint-Sacrement, page 155.
— Dissertations Ecclésiastiques, p. 155.
Thiers. — Histoire de la Révolution, page 26.
— Les Pyrénées, page 104.
Thierry (Augustin). — Lettres sur l'Histoire de France, page 20.
— Conquête de l'Angleterre, p. 36.

Thierry (Augustin). — Résumé d'Écosse, page 35.
— Résumé de la Guienne, page 25.
Thierry (Amédée). — Histoire des Gaulois, page 20.
Thiessé. — Résumé de la Révolution, page 25.
— Résumé de la Normandie, page 25.
— Résumé de Pologne, page 37.
Thomas d'Aquin. — In Pauli Epistolas, page 143.
— Summa theologiæ, page 150.
— Summæ theologiæ, page 150.
— Quodlibet, page 151.
Thomassin. — Traités dogmatiques, page 153.
— Discipline de l'Église, page 125.
— Méthode d'étudier les Lettres, page 50.
Thou (de). — Historiarum volumen, page 21.
— Histoire, page, 21.
Thucydide. — De Bello peloponesiaco, page 17.
— Histoire, page 17.
Thunberg. — Voyage en Afrique, page 4.
Tolet. — In Joannis Evangelium, page 143.
— Instructio Sacerdotum, page 157.
Toloppe. — Mœurs des Américains, page 40.
Topiar. — Conciones in Evangelia, page 168.
Toulotte. — Histoire de la Barbarie, page 98.
— La Cour et la Ville, page 33.
Toulousain. — Prétextes de la Religion réformée, p. 181.
Toulouze. — Missionnaire apostolique, page 165.
Tourreil. — Œuvres, page 56.
Tournely. — Prelectiones theologicæ, page 154.
Tournon. — Statistique de Rome, page 106.
Touron. — Vie de S. Thomas d'Aquin, page 13.
Tott. — Mémoires, page 38.
Towneley. — Traduction d'Hudibras, page 61.
Tuff. — In Ecclesiasticum, page 142.

Turreau. — Mémoires, page 32.
Turlot. — Trésor de la Doctrine chrétienne, page 174.
Tranchant. — Arithmétique, page 117.
Trelawney. — Mémoires d'un Cadet, page 71.
Tressan. — Romans de Chevalerie, page 73.
— Roland furieux, page 60.
Trogue-Pompée. — Histoire universelle, page 7,
Tronson. — Forma Cleri, page 157.

V.

Vair. — Œuvres, page 85.
Vaissette. — Histoire de Languedoc, page 24.
Valla. — Latinæ linguæ libri, page 52.
Valladier. — Sermons, page 166.
Valère Maxime. — Dictorum ac factorum libri, p. 47.
— Actions et paroles remarquables, p. 47.
Valère (Augustin). — De Rhetorice ecclesiastica, p. 55.
Valery. — Voyages d'Italie, page 4.
— Sainte Périne, page
Varillas. — Histoire de Louis XII, page 22.
Velazquez. — In Epistolam Pauli, page 143.
— In Psalmum Davidi, page 142.
Velleius-Paterculus. — Histoire Romaine, page 18.
— Scripta, page 18.
Velloso. — In Juditham, page 142.
Velly. — Histoire de France, page 21.
Venator. — Analysis Juris Pontificis, page 122.
Veneroni. — Le Maître italien, page 53.
Verdier. — Histoire des Cardinaux, page 12.
Vergara. — Græcæ linguæ Grammatica, page 52.
Vermil. — Defensio Eucharistiæ, page 155.
Vernant. — Défense de l'autorité du Pape, page 188.

Vernant. — Réponses chrétiennes, page 185.
Véron. — Nouveau Testament, page 138.
— Règles de la Foy catholique, page 180.
Verri. — Art de cultiver les Mûriers, page 113.
Vertot. — Histoire de Malte, page 15.
— Histoire des Révolutions romaines, page 19.
— Révolutions de Suède, page 37.
Viardot. — Histoire des Arabes, page 38.
Vidaillan. — Histoire politique de l'Église, page 10.
Vidal. — Résumé du Languedoc, page 24.
Viegas. — In Apocalypsum Joannis, page 143.
Viennet. — Sigismond de Bourgogne, page 65.
— Château Saint-Ange, page 67.
— Tour de Montléry, page 77.
Vigny. — Les Diables bleus, page 73.
— Cinq Mars, page 75.
Vilette. — Annales de l'Église catholique, page 10.
Villaret. — Histoire de France, page 21.
Villeforce. — Traducteur de S. Bernard, page 88.
Villemain. — Lascaris, page 75.
— Discours et mélanges, page 85.
Villeneuve. — Conciones, page 169.
Vinay. — Conférence d'Annonay, page 183.
Vinet. — Liberté des Cultes, page 101.
— Conscience et Liberté religieuse, page 99.
Virgile. — Enéide, page 59.
— Géorgiques, page 59.
— Publius Virgilius, page 58.
Vitet. — Les Barricades, page 66.
Vivien. — Tertulianus predicans, page 163.
Vivis de Valentin. — De Disciplinis libri, page 153.
Voelle. — De Oratore libri, page 55.
Volpilière. — Sermons, page 167.

Volney. — Œuvres.
— — Leçons d'Histoire, page 1.
— — Recherches sur l'Histoire ancienne, p. 6.
— — Tableau du climat des États-Unis, page 5.
— — Voyages en Égypte, page 5.
— — Alphabet Européen, page 51.
— — Les Ruines, page 132.

Voltaire. — Résumé de l'Histoire générale, page 7.
Vosgien. — Dictionnaire Géographique, page 2.
Voutier. — Mémoires sur les Grecs, page 39.

W.

Wagnière. — Mémoires sur Voltaire, page 42.
Walckenaer. — Histoire des Voyages, page 2.
Walter-Scott. — L'Abbé, page 78.
— L'Antiquaire, page 78.
— Les Aventures de Nigel, page 78.
— Biographie des Romanciers, page 66.
— Biographie des Romanciers, page 43.
— Charles le Téméraire, page 81.
— Château de Kenilworth, page 78.
— Château de Pontefract, page 78.
— Chroniques, de la Canongate, p. 78.
— La Danse du Lac, page 79.
— Démonologie et Sorcellerie, p. 108.
— Eaux de Saint-Roman, page 79.
— Épisode des guerres de Monterose, p. 79
— Essais sur les Romans, page 66.
— Essais historiques et littéraires, p. 86.
— Fiancée de la Mermoor, page 79.
— Guy-Manering, page 79.
— Halidon-Hill, page 79.

Walter-Scott. — Histoire du Temps des Croisades, p. 79.
— Histoire d'Écosse, page 36.
— Histoire de France, page 21.
— Ivanhoé, page 79.
— La Loi du dernier Menestrel, p. 79.
— Lettres de Paul, page 100.
— Marmion, page 79.
— Mathilde de Rokeby, page 79.
— Mémoires sur Swith, page 41.
— Miroir de la tante Marguerite, p. 81.
— Le Monastère, page 80.
— Péveril du Pic, page 80.
— Le Pirate, page 80.
— La prison d'Édimbourg, page 80.
— Les Puritains d'Écosse, page 80.
— Quentin Durward, page 80.
— Redgauntlet, page 80.
— Rob-Roy, page 80.
— Vie de Driden, page 41.
— Vie de Napoléon, page 28.
— Vision de don Roderick, page 80.
— Waverley, page 81.
— Woodstock, page 81.

Walton. — Biblicus apparatus, page 133.
Weber. — Mémoires, page 32.
Wieland. — Oberon, page 72.
Willemart. — Lectiones Evangelicæ, page 164.

Y.

Yves. — Morales chrétiennes, page 157.
— Conduite du Religieux, page 158.
Yvon. — Digestum sapientiæ, page 156.

Z.

Zacchias. — Questionum Medico-Legalium opus, p. 115.
Zagoskine. — Youry Nirloslausky, page 75.
Zecchius. — De Republica ecclesiastica, page 124.
Zschokke. — Soirées de Chamouni, page 73.
— Le Créole, page 68.
— La Giesbach, page 69.
— La princesse Christine, page 76.
— Soirées d'Aaron, page 73.

www.ingramcontent.com/pod-product-compliance
Lightning Source LLC
Chambersburg PA
CBHW071524160426
43196CB00010B/1647